新曲綫 New Curves | 用心雕刻每一本……
http://site.douban.com/110283/
http://weibo.com/nccpub

用心字里行间　雕刻名著经典

这才是心理学

看穿伪科学的批判性思维

第 11 版

［加］基思·斯坦诺维奇　著
窦东徽　刘肖岑　译

人民邮电出版社
北　京

图书在版编目（CIP）数据

这才是心理学：看穿伪科学的批判性思维：第 11 版 /（加）基思·斯坦诺维奇著；窦东徽，刘肖岑译. -- 北京：人民邮电出版社，2020.3（2025.6 重印）

ISBN 978-7-115-46453-8

Ⅰ. ①这… Ⅱ. ①基… ②窦… ③刘… Ⅲ. ①心理学 Ⅳ. ① B84

中国版本图书馆 CIP 数据核字（2020）第 024046 号

这才是心理学：看穿伪科学的批判性思维（第 11 版）

◆ 著　[加] 基思·斯坦诺维奇
译　窦东徽　刘肖岑
策　划　刘　力　陆　瑜
特约编审　谢呈秋
责任编辑　刘冰云　李仙杰　朱公明
装帧设计　陶建胜

◆ 人民邮电出版社出版发行　北京市丰台区成寿寺路 11 号
邮编　100164　电子邮件　315@ptpress.com.cn
网址　http://www.ptpress.com.cn
电话（编辑部）010-84931398　（市场部）010-84937152
三河市少明印务有限公司印刷

◆ 开本：710 × 1000　1/16
印张：17　2020 年 4 月第 1 版
字数：270 千字　2025 年 6 月河北第 11 次印刷

著作权合同登记号　图字：01-2018-6939

定价：78.00 元

本书如有印装质量问题，请与本社联系　电话：(010) 84937152

内容提要

在今天的大众媒体和图书市场上，到处充斥着关于潜能提升、心理操控、色彩星座、催眠读心等伪装成心理学的主题，更有一些伪心理学家、所谓的心理治疗师打着心理学的旗号欺世盗名，从中渔利。在浩如烟海、良莠不齐的心理学信息面前，如何拨除迷雾，去伪存真，成为一个明智的心理学信息的消费者呢？这本书将教给你科学实用的批判性思维技能，将真正的心理学研究从伪心理学中区分出来，告诉你什么才是真正的心理学。

本书第 1 版出版于 1983 年，30 多年来一直被奉为心理学入门经典，在全球顶尖大学中享有盛誉，现在呈现在读者面前的是第 11 版。这本书并不同于一般的心理学导论类教材，很多内容是心理学课堂上不曾讲授的，也是许多心理学教师在教学中感到只可意会不可言传的。作者正是从此初衷出发，以幽默生动的语言，结合一些妙趣横生、贴近生活的实例，深入浅出地介绍了可证伪性、操作主义、实证主义、安慰剂效应、相关和因果、概率推理等心理学中的基本原则。与上一版相比，第 11 版更新了最新的研究资料和实例以及 290 篇新文献。

本书不仅适合心理学专业的学生，有助于建立心理学研究中必要的批判性思维技能与意识，其通俗易读性也非常适合所有对心理学感兴趣的读者。它将帮助你纠正对心理学的种种误解，学会独立地评估心理学信息，用科学的精神和方法理解自己与他人的行为。同时，本书也有助于培养日常生活中的批判性思维技能。

To Paula, who taught me how to think straight about life

心理学有什么与众不同之处

心理学是一门很容易让人误解的学科。与其他学科不同，它研究的是与人们生活紧密相关的问题，有些还正好是大家都熟悉且经常关心的问题。比如：什么样的人容易讨人喜欢？什么样的事情令我们记忆深刻？什么样的事情让人高兴（或痛苦）？为什么男人比女人更爱聊政治时事？人为什么要自杀？意念能不能被植入梦中？……正因为人们关心这些问题，他们就会有自己的分析、自己的证据，得出自己相信的结论。很多时候，这些自觉的结论与心理学家的研究结论并不完全一致。比如说，我们心理学家就发现，青梅竹马的婚姻很难成立，婴儿并不是有奶便认娘，性格并不决定一个人的命运，等等。每当矛盾、怀疑、迷惑甚至气愤产生的时候，我们到底是该相信自己的直觉、经验和常识，还是该相信心理学的研究、证据和知识呢？

不幸的是，大多数的心理学教科书只满足于告诉大家心理学的研究、发现和知识，但从不说明为什么这些研究、发现及知识是值得我们关注和信任的。这些书的作者好像都在假设每一位读者思考起问题来都像心理学家一样，相信和理解心理学的研究、发现与知识。幸运的是，基思·斯坦诺维奇教授写了这本 *How to Think Straight about Psychology*，一本与众不同的心理学教科书。他总结了心理学家的职业特质，让每一位读者都有机会去理解心理学家是如何思考、分析和解读人类的行为与心理的。每一章都将一个常识的、朴素的、直觉的有关人类心理的分析和思考与一个科学的、严谨的、心理学的分析和思考相对比，以帮助读者理解心理学家的分析逻辑和研究思路。

我个人觉得，在斯坦诺维奇阐述的心理学特质中，有两点应该是区分我们心理学家和其他人（包括其他领域的科学家）的地方。

其一是我们心理学家的批判性思维习惯，也就是说，心理学家不相信个人的智慧，更相信科学的方法，而科学方法的本质是证伪，即对我们的经验、常识和直觉，产生怀疑、挑战和批评。从原则上而言，心理学家不怕犯错误，但害怕以假乱真。心理学家也不相信那些能回答所有问题的绝对真理，但相信对所有问题应该有一个相对正确的答案。心理学家从不相信个案和例子，因为其随机性和主观性太过明显，但我们愿意相信大样本基础上的科学研究发现。我们希望听到动听的心理故事，但更愿意看到众多心理学观察的数据和总结。

其二是我们心理学家的概率性思维习惯。我们和很多自然科学家思考方式的不同之处就在于我们更容易相信，任何人类的行为都是概率性的表现，也就是说，它有一定的不确定性，会受到其他随机事件的影响。其实人类很多学科都是建立在概率基础之上的，比如核物理、天体物理、生物进化、病理学、所有的社会科学（经济学、社会学、政治学等）等等，它们都不可能准确预测每一个研究对象的具体活动，但都对整体的事物活动规律有很好的描述和预测。只不过我们心理学家更愿意承认并强调我们学科的不确定性而已。

总之，我很高兴看到这本书在中国再版。杨中芳老师的早期译本是我很喜欢向心理学爱好者推荐的一本心理学教科书。而新版的译本，尤其令我兴奋，因为它是由我欣赏的两位年轻同事东徽和肖岑，在清华大学的青年教师公寓里，下功夫、花时间，认真翻译完成的。他们两位既是同行，也是夫妻，应该是我们心理学界不鲜见的学术伴侣之一。这可能也是我们心理学界与众不同的地方吧。

彭凯平

清华大学社会科学学院院长、心理学系主任

译者序

每个学心理学专业的人都会被人问到三个问题，第一个通常是："你知道我现在心里在想什么吗？"第二个问题可能是："那你一定会催眠和解梦咯？"排名第三的问题则一般会是："什么，你们心理学还做实验？"这类对于问话人来说再正常不过的问题，却总能让那些学心理学的人哭笑不得。

但是，一个真正称职的心理学工作者是不应回避或敷衍这类问题的，正确的做法是直面它们并认真分析其中的意义，给予人们正确的解答。从最常被问到的这三个问题中，我们便能以管窥豹地看出公众对于心理学的一些常见误解和迷思。

第一个问题所揭示的事实是，心理学在大众心目中被万能化了。所谓万能化，是指心理学研究对象和功能的边界被无限地夸大了。首先，许多人认为心理学无所不包，星座、属相、血型、玄学、人生哲理及各种心灵鸡汤都被认为是心理学的范畴——实际上，心理学研究虽然涉及人类广泛的客观行为和心理现象，但作为心理学的研究对象必须满足"可检验"这一标准，超验的、超感知的问题不在科学心理学的研究之列；另外，并不是说心理学不能研究血型、星座和超感知，实际情况是，这类现象和理论在历史上都曾经是心理学的研究对象，但已被各种科学的方法所证伪并从心理学的研究对象中剔除出去了。还有一种观点认为，心理学是无所不能的，学了心理学就能读心算命，甚至能在千里之外控制他人的大脑并操纵其行为，还兼具其他种种神奇的功效。我们说心理学很神奇，是因为它能在一定程度上解释心理现象和预测行为，并能提供一些行之有效的干预方法。但是，科学心理学所有的预测和解释都基于客观数据，所有的结论都具有概率的性质，有一定的适用范围和条件，干预方案也必须符合客观的心理和行为规律。因此，没有能完美地解释一切现象的心理学理论，也没有超出人类经验以外的干预和应用。

第二个关于催眠的问题则揭示了另外一种对心理学的常见误解：心理学就是弗洛伊德的精神分析，就是心理咨询。弗洛伊德这位伟大的心理学家确实让后世的心理学研究者“既爱又恨”。弗洛伊德的功绩在于，他以其非凡的工作投入和严谨的思辨构筑了一套宏大、晦涩而让人着迷的理论体系，开启了一片探索人类心灵世界的全新领域，对社会文化、艺术创作产生了不可估量的影响，并真正让世人开始了解和重视心理学。迄今为止，他的理论仍然广泛应用于心理治疗和干预的诸多领域。今天人们都能熟练运用“焦虑”“压抑”“潜意识”这些词来描述或解释分析自己的心理状态，也是拜弗洛伊德和他的精神分析学派所赐。说到心理学家，或许很多人不知道冯特和斯金纳，但没有人会不知道弗洛伊德。然而，弗洛伊德的盛名也带来了一系列问题，最主要的是两点：一是他的光芒掩盖了其他领域心理学研究者的工作和成就；二是弗洛伊德所构建的这些精巧的理论很难用实证的方法加以验证，这也为后来众多伪心理学和虚假治疗手段的滋生和发展留下了一道后门。

最后一个问题也是最关键的——公众不了解主流的科学心理学已经在实证主义的道路上行进了很远。心理学是一门科学，必然遵循科学的标准，即研究的必须是实证可解决的问题；方法上要遵循系统的实证主义；研究结论要能够被重复验证，并能经过同行评审获得认可。这三条标准也是区分科学心理学和其他伪心理学的分水岭。心理学的研究因此也与操作性定义、实验组和控制组、变量控制、数据统计等词汇联系起来，而不是个人化的体验及感悟、头脑风暴或纯粹的逻辑推导。

那么，是什么阻碍了公众了解和认识真正的科学心理学？原因应该是多方面的。这其中既有大众的原因，也有学院派研究者自身的问题，当然也包括学科自身特点的限制。

首先，对心理学的渴求使得大众对心理学产生了特殊的期待。心理现象和心理问题与每个人休戚相关，人们试图通过心理学解释这些问题和现象，并从中获得行之有效的帮助和建议。在这方面，针对个体的精神分析和治疗技术有一定的优势，而其他大多数心理学研究针对的则是群体的普遍行为规律，偏重于解释和预测，其研究结论都具有概率性和领域特异性，因此无法有针对性地、面面俱到地解决个体所有的心理问题。这有时难免会让一部分抱着“求医问药”的心态来了解心理学的人感到失望。

第二，术语体系产生的阻隔。心理学作为科学，为了让研究者之间形成共识并利于重复验证，产生了一套严谨的术语体系，这一点与其他科学学科并无二致。但不同的是，没有人会因为不懂量子力学的各种晦涩的术语而鄙视物理学，但他们却会因不能忍受心理学术语所造成的隔膜而对科学心理学产生拒斥，继而转向了那些通俗易懂但科学性无法得到保证的理论或方法。究其原因，还是因为心理问题和现象与每个人的关系太过紧密了，最近的需要总是要以最快捷的方式介入和解决，这就构成了快速实用和科学研究之间的一对矛盾。

第三，心理学的许多基础研究确实与大众生活有一定的距离。首先是因为这些研究往往是控制十分严密的实验室实验，探讨的是最基本的生理、行为机制，有些唤起特定反应的刺激在日常生活中几乎不可能出现（如人造的假字等）；其次，并不是说基础研究的成果没有任何实用价值，而是很多成果转化为实际的应用需要一段时间，有的研究发现甚至要几十年之后才能体现出应用价值。这种滞后性有时会让人产生一种科学心理学研究毫无意义的错觉。

第四，许多学院派心理学工作者的做法也难辞其咎。首先，虽然说许多基础研究与大众生活有一定的距离，但心理学研究的最终目的是要服务于人类。基础研究之外还有许多与现实生活紧密相关的理论及应用研究。这方面好的研究应当是“现象为师”的，即从社会生活现象出发去发现问题、做出假设、收集观测数据、进行验证，最终得出的结论也应该能够在一定程度上解释或解决现实问题。但许多研究者往往是从概念出发，空对空地进行一些干瘪乏味的研究，结论的实用性和推广性十分有限；另外，学院派的心理学工作者一个普遍的问题是，醉心于研究而不注重或不善于将成果进行普及和推广，这块阵地最终被伪心理学家和各种江湖术士所攫取。

最后一个原因是，大众媒体在科学心理学的传播方面做得并不够好。随着心理学的热度持续升温，许多电视台、电台、网站、纸媒和出版商也不断推出与心理学相关的节目、专栏或书籍，但由于种种原因（如专业限制、商业考虑等等），最终呈现在大众面前并得到广泛传播的往往并不是科学的心理学，而是包装精美的伪心理学；有一些所谓的“心理学家”甚至在媒体平台上用错误的理论误导大众。与之相对应的是，真正的心理学家和专业书籍无人问津，而星座、血型、养生以及各种未经实证检验的古怪疗法却打着心理学的旗号招摇过市，让心理学蒙受了许多质疑和指责。

基于以上种种问题，如何让公众了解真正科学的心理学变得十分必要。市场上有关心理学的书籍很多，但对象分化的情况也很突出：针对心理学专业学生和心理学工作者的专业书籍能够提供很多有用的信息和知识，但有专业门槛的隐形限制，而针对普通读者的非专业书籍相对通俗但在信息质量方面良莠不齐。基思·斯坦诺维奇教授所写的这本《这才是心理学》（*How to Think Straight about Psychology*）的定位则兼顾心理学的初学者和对心理学感兴趣的更广大的读者群体，从质量来说应为此类心理学入门读物之翘楚。在这本20万字左右的小册子里，作者以生动而严谨的笔触告诉读者什么才是真正的心理学。书中重申了科学心理学的诸多重要标准和核心理念，澄清了有关心理学的种种误解和迷思，有破有立，言之凿凿；理论讲述与精彩的实验案例交相呼应，集科学性和趣味性于一体，十分耐读；有些犀利的论点足以对读者原有的知识信念构成挑战，但这种不安很快就会被知识重构的提升感和思辨的乐趣所取代。

这本书先前的版本曾经由杨中芳老师翻译，已使很多读者从中受益。本书第 8、9、11 版则由北京新曲线出版咨询有限公司委托我与刘肖岑老师共同翻译。接到任务我们深感责任重大。翻译的过程对我们来说也是一个学习和审视自己的过程。书已近付梓，但因译者水平所限，难免有不周或纰漏之处，还请广大读者给予指正。

本书的第 11 版在之前版本的基础上有所更新，主要体现在三个方面：首先，删去了一些内容，主要包括比较陈旧的文献和被最新的研究证明是有争议的结论；其次，补充了最新的研究结论和案例，反映了所涉领域最新的进展；最后，对一些评述文字的说法和措辞进行了调整，使之与所论述的主题更为贴近。全新升级之后，这一版不仅原汁原味地保留了上一版的精髓，同时在内容上更为丰富和具有时效性。

最后我们要感谢北京师范大学心理学部邹泓教授、华东师范大学心理学系桑标教授、清华大学心理学系主任彭凯平教授在本书翻译过程中给予的指点和帮助，以及他们一直以来在学术和思想方面给予的引导和教诲。同时，这本书的顺利出版，与新曲线公司刘力先生和陆瑜女士的信任，以及本书特约编审谢呈秋女士和刘冰云、朱公明、李仙杰等几位编辑认真负责的工作是分不开的，在此一并致谢。

美国心理学协会前任主席、积极心理学创始人马丁 · 塞利格曼教授曾用一个、两个和三个词形容心理学现在的状态，分别是："good"（好）、"not good"（不好）和 "not good enough"（还不够好）。确实，心理学是一门很好的科学，它有着辉煌的过去、蓬勃的现在和光明的未来。虽然也有着不尽如人意的地方，但我们坚信，现在所做的一切工作，都是在让心理学变得更好。

窦东徽　刘肖岑

2011 年盛夏于清华大学青年公寓

2019 年修改于中央财经大学中财大厦 1014

简要目录

序　言　xviii

第 1 章　心理学充满生机（在科学阵营里表现不俗）　1

第 2 章　可证伪性：如何打败头脑中的小精灵　23

第 3 章　操作主义和本质主义："但是，博士，这到底是什么意思？"　42

第 4 章　见证和个案研究证据：安慰剂效应和了不起的兰迪　60

第 5 章　相关和因果：用"烤箱法"避孕　83

第 6 章　让一切置于控制之下：聪明汉斯的故事　96

第 7 章　"但这不是真实的生活！"："人为性"批评与心理学　121

第 8 章　避免爱因斯坦综合征：聚合性证据的重要性　135

第 9 章　打破"神奇子弹"的神话：多重原因的问题　158

第 10 章　人类认知的阿喀琉斯之踵：概率推理　167

第 11 章　偶然性在心理学中扮演的角色　186

第 12 章　不招人待见的心理学　204

主题索引　231

参考文献著录索引　236

参考文献　245

详细目录

序　言　xviii

第 1 章　心理学充满生机（在科学阵营里表现不俗）　1

弗洛伊德问题　1

现代心理学的多样性　3

多样性的影响　6

科学的统一性　7

那么，什么是科学　9

系统的实证主义　10

可公开验证的知识：可重复性和同行评审　11

可实证解决的问题：科学家对可检验理论的探求　14

心理学和世俗智慧："常识"的问题　16

心理学是一门年轻的科学　20

小　结　21

第 2 章　可证伪性：如何打败头脑中的小精灵　23

理论和可证伪性标准　24

敲门节奏理论　26

弗洛伊德与可证伪性　27

小精灵　29

并非所有的证实都等价　31

可证伪性与世俗智慧　32
承认错误的自由　33
想法不值钱　36
科学中的错误：逼近真理　37
小　结　40

第 3 章　操作主义和本质主义："但是，博士，这到底是什么意思？"　42
为什么科学家不是本质主义者　42
本质主义者喜欢咬文嚼字　43
操作主义者将概念和可观测事件联系在一起　44
信度和效度　46
直接和间接的操作性定义　50
科学概念的演进　51
心理学中的操作性定义　53
作为人性化力量的操作主义　56
本质主义问题和对心理学的误解　57
小　结　59

第 4 章　见证和个案研究证据：安慰剂效应和了不起的兰迪　60
个案研究的地位　62
为什么见证叙述毫无价值：安慰剂效应　64
"鲜活性"问题　67
单一个案的压倒性影响　71
鲜活的逸事和见证为何如此有说服力　72
了不起的兰迪：以彼之道，还施彼身　73
见证为伪科学打开方便之门　75
小　结　81

第 5 章 相关和因果：用“烤箱法”避孕 83
第三变量问题 84
为什么戈德伯格的证据更好 85
方向性问题 89
选择偏差 91
小 结 94

第 6 章 让一切置于控制之下：聪明汉斯的故事 96
斯诺与霍乱 97
比较、控制和操纵 99
随机分配与操纵共同定义了真实验研究 100
控制组的重要性 103
聪明汉斯——神马的故事 107
20 世纪 90 年代和如今的聪明汉斯 110
分离变量：创设特殊条件 114
直觉物理学 116
直觉心理学 118
小 结 120

第 7 章 “但这不是真实的生活！”：“人为性”批评与心理学 121
为什么自然性并非总是必要的 121
随机取样与随机分配的混淆 123
理论研究与应用研究的异同 124
心理学理论的应用 127
“大二学生”问题 129
客观看待真实生活和大二学生问题 133
小 结 134

第 8 章　避免爱因斯坦综合征：聚合性证据的重要性　135

关联性原则　136

消费者规则：警惕是否违反关联性原则　137

“跃进”模式与渐进整合模式的比较　139

聚合性证据：在缺陷中进步　140

聚合性证据的类型　143

科学共识　149

研究方法和聚合性原则　150

向更有效的研究方法迈进　151

不要对矛盾数据感到绝望　154

小　结　157

第 9 章　打破“神奇子弹”的神话：多重原因的问题　158

交互作用的概念　160

单一原因解释的诱惑　162

小　结　165

第 10 章　人类认知的阿喀琉斯之踵：概率推理　167

“某某人”统计学　170

概率推理以及对心理学的误解　171

有关概率推理的心理学研究　174

未充分使用概率信息　175

未能使用样本大小信息　177

赌徒谬误　179

再谈统计与概率　182

小　结　184

第 11 章 偶然性在心理学中扮演的角色 186

试图解释偶然性事件的倾向 186

解释偶然性：相关错觉和控制错觉 190

偶然性与心理学 191

巧 合 191

个人的巧合 194

接受错误以减少错误：临床预测与统计预测 196

小 结 203

第 12 章 不招人待见的心理学 204

心理学的形象问题 205

心理学和超心理学 205

自助类读物 208

菜谱式知识 209

心理学与其他学科 211

我们是自己最坏的敌人 212

我们是自己最坏的敌人之二：心理学已成为单一的意识形态文化 217

每个人不都是心理学家吗？行为的内隐理论 224

科学心理学受到抵制的根本原因 225

结束语 229

主题索引 231

参考文献著录索引 236

参考文献 245

序　言

有这样一门尚不为大多数人所知晓的知识，它涉及人类行为和意识的不同形式，可以用来解释、预测和控制人类的行为。那些能够获得这种知识的人利用它去了解他人。与那些没有这方面知识的人相比，他们对决定他人行为和想法的因素有更完整和准确的认识。

你可能想不到，这门不被知晓的知识就是心理学。

当我说心理学仍不为人所知时意味着什么？你一定会想此话不能从字面上来理解。如今，书店里充斥着大量所谓的心理学图书，电视和广播脱口秀定时播放以心理学话题为主题的节目，杂志文章和网站也经常引述所谓的心理学家对各种问题所发表的意见，怎么能说心理学无人知晓呢？但从某种严谨的意义上讲，心理学确实仍是一个不为人知的知识领域。

经由大众媒体传播的那些“心理学”知识，在很大程度上只是一种幻象。很多人不知道他们在许多书店里看到的大部分所谓的心理学图书，都是由一些在心理学界根本站不住脚的人撰写的。很多人也不知道，大多数频频亮相的心理学“专家”，其实对心理学领域的知识积累没做过丝毫的贡献。

媒体这种对于“心理学”话题的浅薄关注，不仅向人们传递了许多错误信息，还让人们难以了解心理学领域中真正的、不断发展的知识。公众不能肯定到底什么是心理学，什么又不是，也不知道该怎样独立地评估有关人类行为的主张。雪上加霜的是，不少别有用心的人利用大众或是缺乏判断能力、或是认为心理学主张无法评估的弱点，正在牟取私利。后一种观点有时被称为“怎么说都行”的态度，是本书要讨论的谬误之一，这种态度对社会危害极大。公众不知道，关于人类行为的主张是可以验证的，很多伪科学正是利用公众的这种无知而成为价值数百万美元的产业。人们并不知道这些伪科学（例如占星术、通灵手术、快速阅读、生物节律、接触治疗、潜意识自助录音带、辅助沟通术、深蓝孩童和通灵侦探等）所提出的许多主张，其实早已被证明是虚假的。本书提到的这些伪科学产业，助长了媒体对科学进行炒作式报道的趋势。这种趋势对心理学的危害远甚于其他学科，理解个中缘由，是学会正确看待心理学的一个重要环节。

本书面向的不只是即将成为心理学研究者的人，而是一个更大的读者群——心理学信息的消费者。本书的目标读者是心理学的初学者，以及那些在大众媒体上接触过一些心理学话题，又想知道如何去判断这些信息是否可靠的广大读者。

本书不是一本标准的心理学导论教材，它没有对心理学领域已取得的研究成果进行总结。事实上，让每个人到大学里选修一门心理学导论课程，可能并不是解决媒体对心理学不实描述问题的终极方案。众多对心理学抱有很大兴趣的非专业人士，没有时间、没有钱或没有机会进入大学进行正规的学习。更重要的原因是，作为一名大学心理学课程的教师，我不得不承认，我和同事们也不是总能引导初学者对心理学这门科学产生正确的认识。这是因为，初级水平的课程通常不会讲授批判性分析的思维技巧，而这正是本书的焦点所在。作为教师，我们常常只会关注课程“内容”以及“涵盖的材料”是否完备。每当我们稍微偏离教学大纲，和学生讨论一些诸如媒体眼中的心理学等话题时，都会感到些许内疚，并开始担心自己会不会因为跑题而不能在学期结束前完成所有授课内容。

现在的很多心理学导论教材都有 600~800 页，并且引用了数百篇已经发表的文献。当然，包含如此丰富的材料并没有什么错，它反映了心理学知识在不断增长。但不幸的是，也有一些副作用。教师们常常只忙于给学生灌输一大堆的理论、事实和实验，而无暇顾及那些学生在学习心理学的过程中产生的基本问题和错误观念。这主要是因为教师们（包括导论类教科书的作者）不是直接纠正这些错误观念，而是通常寄希望于学生在接触了足够多的心理学研究之后，自然就能从中推导出问题的答案。但是这个希望往往落空。到这门课的最后复习阶段或学期结束时，教师们才震惊和沮丧地发现，学生提出的一些问题及说法，应该在课程开始的第一天就提出来讨论，而不是在课程即将结束之时。比如："既然心理学实验不同于现实生活，那么它们能告诉我们什么呢？""心理学无法像化学那样成为一门真正的科学，是吗？""可是，我在电视上听一位心理治疗师讲的跟我们教科书上说的正好相反""我认为这个理论相当愚蠢——我弟弟的行为和这个理论所说的恰好相反""心理学不过是些常识而已，不是吗？""每个人都知道什么是焦虑——何苦还要去定义它呢？"对于很多学生来说，仅靠思考心理学教科书中的内容是无法为这些问题找到答案的。在本书中，我将对这类问题和说法做出明确回应，并对背后的误区进行澄清。

不幸的是，研究发现，一般的心理学入门课程并不能有效地纠正学生们对这个学科的诸多误解[1*]。这个不幸的事实正是促使我写作本书的根本原因。心理学的学生必须掌握批判性思维技能，这样才能独立地评估各种心理学信息。

即使若干年后学生们不再记得心理学入门课程中的内容，他们仍然可以运用本书所涵盖的基本原理去评判心理学的主张。即使他们把埃里克森的人生发展阶段论忘得一干二净，也仍可以运用本书介绍的思维工具去辨别媒体中新出现的心理学信息的真伪。一旦掌握，这些技能就可以成为终身受用的思维工具，帮助我们去评判各种知识主张。比如，这些技能为评估"专家"

---

* 此阿拉伯数字为本章参考文献顺序号，可根据该顺序号到附录的"参考文献著录索引"中查找相应的作者名和出版年，再登录http://box.ptpress.com.cn/y/46453或于附录的"参考文献"相应处扫二维码下载查阅。

观点的可信度提供了一些标准。因为在复杂的社会中，人们越来越需要依赖专家的观点，所以在获取知识时，对专家观点可信度的判断就变得尤为重要了。

许多心理学家对努力让心理学不受曲解的尝试持悲观态度。虽然这种悲观并非没有道理，但是这本类似“消费者指南”式的书源自一个信念，那就是心理学家不能让这一问题成为一个自我实现的预言。

尽管我很高兴《这才是心理学》能有多次再版的机会，但令人遗憾的是，我当初撰写本书第 1 版的原因对如今这版也是同样适用的。学生在开始上心理学入门课程时，对心理学的误解还是与以往一样多。他们认为单靠常识就能理解人类的行为，甚至更糟糕的是，他们转而投向伪科学的怀抱。正因为如此，本书所有后续版本的目标始终如初：对批判性思维技能进行简要介绍，帮助人们更好地理解心理学的主题。

第 11 版更新的内容

第 11 版的《这才是心理学》在基本结构上没有大的改动，因为之前的一个版本已经对章节做了重组。各章的基本内容和顺序也保持原样。应评审者和读者的要求，这一版与上一版的篇幅相同。读者和使用者都不希望本书篇幅增大，事实上我也无意增加篇幅。我继续更新和修订了书中的许多例子，用最新的研究和议题替换了那些过时的例子，同时保留读者最喜欢的那些例子。我最主要的努力是引用和更新了与本书所提及的各种概念和实验结果相关的最新研究资料。这一版中有大量新的引文（确切地说是 290 条！），以便读者继续获得关于所有例子和概念的最新参考文献。

本版加入了一些新的例子、讨论和小节。这些新增内容包括以下问题和讨论：开车时使用手机；心理学在儿童监护权纠纷中的运用；临床心理学中的伪科学；创伤事件后危机咨询的效果；人们做出错误投资决策的原因；教育界的“阅读战争”；暴力电子游戏的影响；用于孤独症患者的辅助沟通术；在互联网上进行实验；左脑 / 右脑谬误；饮酒对健康的影响；看电子仪表盘造成驾驶人分心；对心理学中重复危机的报道；重点强调在“注水期刊”上发表论文的危害；心理学中实验室研究结果和现场研究结果之间的关系（新增一节）；关于亚马逊劳务众包平台的讨论；关于生动鲜活的神经科学结果如何扭曲结论的讨论；关于多任务处理这一错误观点的讨论；关于沃尔特·米歇尔著名的棉花糖研究以及该研究如何成为心理学从基础理论到现实应用典范的讨论；媒体滥用“新研究显示”一词所带来的危险；心理学中使用元分析研究的更多例子（包括婚姻寿命、大脑训练、工作表现的预测因素和自杀预防）；探讨媒体在报道孤独症、阅读障碍和注意缺陷 / 多动障碍的研究时，如何暗示科学是非累积性的。

本书的出版宗旨一如既往：简要介绍批判性思维技能，帮助学生更好地理解心理学的主题。在过去的 15 年间，大学里强调批判性思维技能的呼声越来越高[2]。的确，美国一些州立大学系统已经开展了旨在加强批判性思维技能教育的课程改革。与此同时，也有其他教育学者认为，批判性思维技能不应该脱离具体的事实性内容。《这才是心理学》正好融合了这两种观点，帮助教师在教授丰富的现代心理学知识的同时传授批判性思维的技能。

欢迎读者将自己对本书的意见发送到下面的电子邮箱：keith.stanovich@utoronto.ca。

致　谢

我在以前的版本中感谢过的许多人继续在为本书出谋划策。不过，我必须对詹姆斯麦迪逊大学的 Richard West 教授单独致敬，他在本书的修订过程中持续做着最有价值的贡献。他是一位具有人文精神的学者，一个真正的朋友，他在智力和情感上的支持令我感激万分。

还有一些学者为这一版本和早先的版本提供了有价值的反馈。他们包括：Wayne Bartz, American River College; Christopher Bauer, University of New Hampshire; Ludy Benjamin, Texas A&M University; Angela M. Birkhead-Flight, University of Cincinnati; Virginia Blankenship, University of Northern Arizona; Edward C. Chang, Northern Kentucky University; Michael Choban, West Virginia Wesleyan University; James Clark, University of Winnipeg; Jim Coan, University of Arizona; Ellen Cole, Alaska Pacific University; Ellen Cotter, Georgia Southwestern State University; Anne Cunningham, University of California, Berkeley; Ian Deary, University of Edinburgh; Julie Deisinger, Saint Xavier University; David DiBattista, Brock University; Wallace Dixon, Heidelberg College; Mark Fineman, Southern Connecticut State University; Herbert Fink, SUNY–Brockport; Heinz Fischer, Long Beach City College; Ronald Gandelman, Rutgers University; Michael Gasser, University of Northern Iowa; Traci A. Giuliano, Southwestern University; William Graziano, Purdue University; Nancy J. Gussett, Baldwin-Wallace College; Gordon Hammerle, Adrian College; Randy Hansen, Oakland University; William L. Hathaway, Regent University; George Heise, Indiana University; Albert Heldt, Grand Rapids Junior College; Dori Henderson, Metropolitan State University; George Howard, University of Notre Dame; Barry Kendall, Ontario, Canada; Bernie Koenig, Fanshawe College; Victor Koop, Goshen College; Andy Kwong, University of New South Wales; P. A. Lamal, University of North Carolina, Charlotte; Stephen Louisell, Kalamazoo Community College; Gwen Lupfer-Johnson, University of Alaska, Anchorage; Margaret Matlin, State University of New York-Geneseo; Douglas Mook, University of Virginia; Timothy Moore, York University; Edward Morris, University of Kansas; Joseph E. Morrow, California State University at Sacramento; Michael O'Boyle, Iowa State University; Blaine Peden, University of Wisconsin, Eau Claire; John F. Pfister, Dartmouth College; Sam Rakover, University of Haifa; Richard Redding, Hahneman University; Michael Ross, University of Waterloo; John Ruscio, Elizabethtown College; Walter Sa, Grand Valley State University; Allen Salo, University of Maine at Presque Isle; Frank Schieber, University of South Dakota; Mike Seiler, Oakland University; Jillene Grover Seiver, Bellevue College; Marjorie Semonick, University of Minnesota; David Share, University of Haifa; Jeffrey Sherman, Northwestern University; Linda Siegel, University of British Columbia; Norman Silverman, University of Illinois, Chicago; Frank Smoll, University of Washington; Paul Solomon, Williams College; Mike Stadler, University of Missouri; Maggie Toplak, York University; Larry Vandervert, Spokane Falls Community College; John Vokey, University of Lethbridge; Carol Wade, College of Marin; Marty Wall, University of Toronto; Barbara Wanchisen, Baldwin-Wallace College; Toni G. Wegner, University of Virginia; Edward Wisniewski, Northwestern University; Murray S. Work, California State University at Sacramento; 以及 Edward Zuckerman, Guilford Press。

特别感谢萨基诺谷州立大学的 Gerald L. Peterson 提出的许多非常有见地的评论。

我与奥克兰大学的 Ted Landau，Larry Lilliston 和 Dean Purcell 就教学方法进行了多次讨论，他们的深刻见解和我由此获得的灵感都纳入了书中。我要感谢以下为最近的几个版本提供了宝贵建议的评阅者：Michael Choban, West Virginia Wesleyan University; David DiBattista, Brock University; Steven Isonio, Golden West College; John Ruscio, Elizabethtown College; Allen Salo, University of Maine at Presque Isle; Cindy Sifonis, Oakland University; Michael Tagler, Nebraska Wesleyan University; 以及 Chris Ward，Stonehill College。

培生的编辑 Priya Christopher 为本书倾注了指导、热情和支持。本书的顺利出版还得益于以下各位的支持：Erin Mitchell, Carly Czech, Anita Castro, Courtney Welsh, Allison Campbell, Anju Baskar, Joel Morgan Kearney。感谢 Robyn Macpherson 在本书之前版本的图书资料和参考文献方面的大力协助。

最后，我还要感谢 Paula J. Stanovich，不仅仅是出于所有致谢词中都会提到的情感支持。她对全人类，特别是那些不幸者的关注，激励着所有认识她的人。我们都认同一个理念：所有的人都应该有机会充分发挥自己的潜力。这本书证明我曾有过这样的机会。包括残障人士在内的所有人都将享有这样的机会，而 Paula 的工作正在让这一天能够早日到来。

第 1 章

心理学充满生机（在科学阵营里表现不俗）

学习目标

1.1 解释为什么弗洛伊德的方法不能代表现代心理学

1.2 描述心理学的多样性及其影响

1.3 将心理学与其他研究人类行为的学科区分开来

1.4 描述定义科学的三个特征

1.5 区分心理学与世俗智慧

1.6 解释对心理学这门学科产生敌意的原因

弗洛伊德问题

在街上随便拦住 100 个人，让他们说出一个活着的或已故的心理学家的名字，然后记下他们的答案。毫无疑问，菲尔博士（Dr. Phil）以及其他一些“媒体心理学家”肯定会被提到。如果我们把这类媒体和大众心理学家排除在外，只考虑那些对心理学学科做出过卓越贡献的心理学家，那么这项非正式调查的结果就几乎没什么悬念了。西格蒙德·弗洛伊德（Sigmund Freud）会名列榜首，斯金纳（B.F. Skinner）可能会排名第二，但远落后于弗洛伊德[1]。除了这两位，人们甚至想不起来其他的心理学家了。因此可以说，弗洛伊德，连同媒体上的大众心理学，在很大程度上定义了公众心目中的心理学。

弗洛伊德的名声极大地影响了普通公众对心理学的看法，并造成了诸多误解。例如，许多学习心理学导论课程的学生惊讶地发现，如果统计一下美国心理学协会（American Psychological Association, APA）中所有关注弗洛伊德精神分析的会员人数，他们所占的比例将低于5%[2]。在另一个主要的心理学组织——心理科学协会（Association for Psychological Science, APS）中，这一比例会更低。一本广受欢迎的心理学导论教科书[3]篇幅超过700页，但其中只有15页提到了弗洛伊德或精神分析，而这15页也往往包含对其观点
2 的批判（“大多数弗洛伊德的概念都曾经且现在依旧被大多数实证取向的心理学家所排斥”，p.19）。发展心理学家艾莉森·戈波尼克[4]称弗洛伊德理论是一种僵尸理论，在它几乎从心理学中消失多年之后，竟还出没于大学的英语系。

简言之，现代心理学既没有沉迷于西格蒙德·弗洛伊德的思想，也不主要由它来定义。在现代心理学家所关注的各种问题、数据和理论中，弗洛伊德的工作只占极小的一部分。除此之外更为庞大的研究和理论体系，囊括了5位诺贝尔奖得主［戴维·休伯尔（David Hubel）、丹尼尔·卡尼曼（Daniel Kahneman）、赫伯特·西蒙（Herbert Simon）、罗杰·斯佩里（Roger Sperry）、托尔斯滕·维泽尔（Torsten Wiesel）］和17位美国国家科学奖章获得者所做的工作[5]，而他们几乎都不为公众所知。

弗洛伊德对于现代心理学的重要性被极大地夸大了，这已经够糟糕的了。更糟的是，弗洛伊德的研究方法完全不能代表现代心理学家如何开展他们的研究。事实上，弗洛伊德的研究方法彻底误导了人们对心理学研究的印象。例如，弗洛伊德并不采用控制实验，而我们将在第6章讲到，控制实验是现代心理学家的方法库中最有力的武器。弗洛伊德认为，个案研究可以证明理论的真实或谬误，在第4章中，我们将谈谈这一理念为何是错误的。正如一位研究心理治疗史的学者所指出的：“如果弗洛伊德本人是一位科学家，那

么他宣扬的是一门奇怪的科学……精神分析包含理论和假设，但是缺乏实证观察的方法。”[6]

最后，弗洛伊德的工作中最大的问题是理论和行为数据之间的联系。我们将在第 2 章看到，一个理论要被认为是科学的，其理论和行为数据之间的联系必须满足一些最低限度的要求。弗洛伊德的理论不符合这些标准[7]。简而言之，弗洛伊德根据他得到的数据（个案研究和内省）建立了一套精细的理论，但这些数据并不足以支撑此理论。他专注于构建复杂的理论构架，但并没有像许多现代心理学家那样，保证这些理论建立在可靠的、可重复的行为关系数据的基础之上。总之，只精通弗洛伊德的工作风格，势必成为理解现代心理学的一大障碍。

在这一章中，我们将采用两种方法来解决“弗洛伊德问题”。首先，当我们展示现代心理学的多样性时，就能清楚地看到弗洛伊德的工作所占的比重其实很小。其次，我们将讨论在广泛的心理学领域中，有哪些特征是心理学研究所共有的（而这些特征正是弗洛伊德的工作所缺乏的）。我们将看到，现代心理学有一个统一的特征：用科学的方法寻求对行为的理解。

现代心理学的多样性 3

事实上，现代心理学包含的内容多种多样。一本心理学教科书曾经把心理学比作“一个松散地联合在一起的学术王国，其边界从生物科学领域一直延伸到社会科学领域”[8]。心理学有着令人惊叹的广泛而多样的研究领域，知道这一点对于理解心理学的本质至关重要。只要简单列举一些具体指标就能证明这一点：美国心理学协会（APA）有 54 个分支，每个分支都代表了一个特定的研究或应用领域（见表 1.1）。从表格中，你可以看到心理学家所研究的主题范围、所涉及的背景范围以及行为研究的不同方面。另一个大型心理学组织——心理科学协会（APS），也同样分支众多。其实，表 1.1 并没有充

表 1.1　美国心理学协会（APA）的分支机构

1. 普通心理学（General Psychology）
2. 心理学教学（Teaching of Psychology）
3. 实验心理学（Experimental Psychology）
5. 评估、测量和统计（Evaluation, Measurement, and Statistics）
6. 行为神经科学和比较心理学（Behavioral Neuroscience and Comparative Psychology）
7. 发展心理学（Developmental Psychology）
8. 人格和社会心理学（Personality and Social Psychology）
9. 社会问题的心理学研究（Psychological Study of Social Issues）
10. 审美、创造力和艺术心理学（Psychology of Aesthetics, Creativity, and the Arts）
12. 临床心理学（Clinical Psychology）
13. 组织咨询心理学（Consulting Psychology，也译作“咨询心理学”）
14. 工业和组织心理学（Industrial and Organizational Psychology）
15. 教育心理学（Educational Psychology）
16. 学校心理学（School Psychology）
17. 咨询心理学（Counseling Psychology）
18. 公共服务中的心理学家（Psychologists in Public Service）
19. 军事心理学（Military Psychology）
20. 成人发展与老化（Adult Development and Aging）
21. 应用实验和工程心理学（Applied Experimental and Engineering Psychology）
22. 康复心理学（Rehabilitation Psychology）
23. 消费者心理学（Consumer Psychology）
24. 理论和哲学心理学（Theoretical and Philosophical Psychology）
25. 行为分析（Behavior Analysis）
26. 心理学史（History of Psychology）
27. 社区心理学（Community Psychology）
28. 精神药理学和药物滥用（Psychopharmacology and Substance Abuse）
29. 心理治疗（Psychotherapy）
30. 心理催眠（Psychological Hypnosis）
31. 各州心理学协会事务（State Psychological Association Affairs）
32. 人本主义心理学（Humanistic Psychology）
33. 智力和发展障碍（Intellectual and Developmental Disabilities）

表 1.1（续）

34. 人口与环境心理学（Population and Environmental Psychology）
35. 女性心理学（Psychology of Women）
36. 宗教心理学（Psychology of Religion）
37. 儿童和家庭政策与实践（Child and Family Policy and Practices）
38. 健康心理学（Health Psychology）
39. 精神分析（Psychoanalysis）
40. 临床神经心理学（Clinical Neuropsychology）
41. 心理学和法律（Psychology and Law）
42. 独立从业的心理学者（Psychologists in Independent Practice）
43. 家庭心理学（Family Psychology）
44. 男同性恋、女同性恋和双性恋问题的心理学研究（Psychological Study of Lesbian, Gay, and Bisexual Issues）
45. 少数族裔问题的心理学研究（Psychological Study of Ethnic Minority Issues）
46. 媒体心理学（Media Psychology）
47. 锻炼和运动心理学（Exercise and Sport Psychology）
48. 和平心理学（Peace Psychology）
49. 团体心理学和团体心理治疗（Group Psychology and Group Psychotherapy）
50. 成瘾（Addictions）
51. 男性和男性化的心理学研究（Psychological Study of Men and Masculinity）
52. 国际心理学（International Psychology）
53. 临床儿童心理学和青少年心理学（Clinical Child and Adolescent Psychology）
54. 儿科心理学（Pediatric Psychology）
55. 药物治疗（Pharmacotherapy）
56. 创伤心理学（Trauma Psychology）

注：没有分支 4 和 11。

分展现出心理学领域的多样性，因为它给我们造成了一种印象，即每个分支都是一个特定的专业领域。事实上，表中所列出的 54 个分支中的每一个都有着非常宽泛的研究领域，包含各种各样的子分支！简言之，怎么夸大心理学领域中主题的多样性都不为过。

多样性的影响

许多人来学习心理学是希望学到一套能够将人类行为的方方面面统一起来并对其加以解释的宏大的心理学理论。但这类愿望经常会落空，因为构成心理学的不是一整套宏大的理论，而是许许多多不同的理论，每个理论仅能够解释行为的有限方面。心理学的多样性使得理论的统一变得极为困难。事实上，在许多心理学家看来，“统一”本身就是“不可能的任务”。尽管如此，还是有一些心理学家正在寻求领域内的理论统一[9]。例如，在过去的30年间，由于进化心理学家在理论方面的努力，心理学的学科一致性有所增强。这些研究者将人类的心理过程视为服务于某些重要进化功能（诸如亲缘关系识别、伴侣选择、合作、社会交换及后代抚养等）的机制[10]，并试图以此来实现概念的统一。同样，卡乔波[11]指出，社会认知神经科学等分支学科将心理学中的许多专业领域——在本例中是认知心理学、社会心理学和神经心理学——结合在了一起。

无论他们在心理学主题一致性问题上持何种立场，所有心理学家都一致认为，理论的统一将是一项极为困难的任务。理论整合的缺失招致了一些心理学的批评者对其已经取得的科学进步的诋毁。这类批评通常源于一个错误的观念，即所有真正的科学都必须具备一个宏大的、统一的理论。这是一个错误观念，因为许多其他的科学领域也同样缺乏一个完备统一的概念体系。

4 一些学者认为，“心理学”一词隐含着主题的一致性，而这不是这个学科的特点。因此，美国一些主要的大学院系已经更名为心理科学系（Department of Psychological Sciences）[12]。“科学”（Sciences）一词传达了本章的两个重要信息。这个词的英文是复数形式，这表明了我们所讨论的学科内容的多样性。“科学”这一术语也指明应从何处寻找这一学科的统一性——不是从它的内容，而是从它的方法。正是于此，我们发现心理学家们的目标更为一致。

科学的统一性

仅说心理学是关于人类行为的科学，并不能将它和其他学科区分开来。许多其他专业团体和学科——包括经济学家、小说家、法律、社会学、历史、政治科学、人类学等——都或多或少与人类行为有关，心理学在这方面并不是独一无二的。

在实际应用方面，心理学也不具有任何独特性。例如，许多大学生选择主修心理学，是因为他们有一个想要“帮助他人”的崇高目标。但是，数量众多的其他领域，如社会工作、教育、护理、作业治疗、物理治疗、警察科学、人力资源以及言语治疗等等，其应用部分也包括“帮助他人”。同样，培养应用性专业人才通过咨询来帮助他人，并不需要单独开辟一门叫作“心理学”的学科。通过咨询来帮助他人，也是众多其他领域的重要组成部分，这些领域包括教育、社会工作、警务工作、护理、教牧工作、作业治疗等等。

我们很容易论证，只有以下两点能证明心理学是一门独立的学科。其一，心理学研究采用科学方法来探究人类及动物的所有行为；其二，从这些知识中发展而来的实际应用是以科学为基础的。如果不是这样，心理学就失去了存在的理由。

心理学不同于其他行为学科的地方在于，它试图向公众保证两点：第一，心理学中关于行为的结论来源于科学证据；第二，心理学的应用都源于科学方法，并经过了科学方法的检验。心理学是否曾经偏离过这两个目标呢？有过，而且经常如此[13]。本书讲的就是我们如何能够更好地实现这两个目标。在第 12 章中，我将回到一些心理学家因为不遵守适当的科学标准而损害自身合法性这一问题。但是，从原则上讲，科学性正是保证心理学作为一门独立学科的标准。如果有朝一日心理学认为这些目标不值得追求——即它不再愿意坚守科学标准——它就应该关张大吉，将其关注的领域并入其他学科了事，因为它将成为一个完全多余的知识探究领域。

因此，毫无疑问，任何人想要理解心理学，第一步也是至关重要的一步，就是要认识到心理学的首要特征——它是基于数据的科学的行为研究。在本书后面的所有章节，我们都将把注意力放在理解这一事实的全部内涵上，因为这是培养我们清醒地认识心理学的能力的主要途径。相反，人们对心理学的理解之所以会出现各种偏差，正是因为常常未能认识到它是一门科学。例如，我们经常听到这门学科之外的人说它不是科学。为什么这种情况屡见不鲜呢？

那些企图让公众相信“心理学不能成为一门科学”的原因不一而足。例
5 如，我们的社会有很多围绕伪科学信念体系的产业，它们出于既得利益的考虑，总是想让公众相信，无论什么都能纳入心理学的范畴，而且心理学的主张不能以理性标准来衡量。“催眠减肥”“激发潜在心灵能量”“睡觉时学法语”等概念，以及其他利润高达数十亿美元的心理自助产业，都是在这种完美的氛围中炒作起来的。它们要么不是建立在科学证据的基础上，要么很多时候与已有的证据相冲突。

另一个抗拒科学心理学的原因是，一些人倾向于反对将科学扩展到那些由不容置疑的权威或“常识”长期统治的领域。历史上有许多最初公众抗拒使用科学，而接受用哲学思辨、神学谕告或世俗智慧来解释自然界的例子。每一门科学都经历了一个抵制其发展的阶段。与伽利略同时代的知识分子拒绝透过他的新望远镜观察天空，因为“木星存在卫星”这一事实颠覆了他们的哲学和神学信仰。由于禁止解剖人类尸体，解剖学在几百年中的发展可谓步履蹒跚。查尔斯·达尔文因其生物进化论而不断受到抨击。在 19 世纪的法国，保罗·布洛卡（Paul Broca）的人类学协会受到抵制，因为当时人们认为，关于人类的知识会颠覆国家。

关于人类的知识向前迈进的每一步都引发了对抗。然而，当人们意识到

科学并没有损害我们生命的意义，反而使它更加丰富时，对抗终将烟消云散。现在谁还认为星系图以及关于遥远星球构成的复杂理论会破坏我们对于宇宙的好奇？谁会用人体解剖常规化之前的医疗手段来替代他们社区中现有的医疗保健？对于星球和人体的实证态度并没有磨灭人性。更近的例子是，达尔文的进化论体系为生物学的非凡进步奠定了基础。然而，虽然我们越来越接近人类的本质及其起源，但反对派的残余依然存在。许多人仍然对进化论的启示感到不安[14]。如果进化生物学以其悠久而令人印象深刻的科学成就记录，时至今日仍然引起公众的反对，那么心理学，一门将人们长期持有的关于人类的信念置于科学审视之下的新兴学科，时下招致人们否认其合法性，又有什么好奇怪的呢？

那么，什么是科学

为了理解什么是心理学，我们必须理解什么是科学。或许我们可以从“什么不是科学”入手。首先，科学并不是由研究的主题来定义的。对宇宙万物任何方面的研究都可以发展成一门科学，当然也包括人类行为的所有方面。我们不能将宇宙万物划分为“科学的”和“非科学的”两类主题。尽管历史上始终有一股强大的力量，试图将人类排除在科学研究的范围之外，但正如我们所见，它们均以失败告终。拒绝将心理学作为一门科学来对待，可能代表了这一历史争论的余音。

科学也不能按照是否使用仪器和实验设备来定义。试管、电脑、电子设备或研究者的白大褂都定义不了科学。这些都是科学的外在标志，而不是其本质特征。确切地说，科学是一种思考和观察宇宙万物以便深入理解其运行机制的方法。

在本章的剩余部分，我们将讨论定义科学的三个重要且相互关联的特征：（1）系统实证主义的运用；（2）公共知识的产生；（3）对可解决问题的检验。

6 尽管我们将分别考察每个特征，但请记住，这三个特征构成了相互联系的统一整体。[更多有关科学的普遍特征的详细讨论，参见本书参考文献部分列出的布洛诺夫斯基（Bronowski)、梅达沃（Medawar）和波普尔（Popper）等人的著作。]

系统的实证主义

如果你在任何辞典中查找“实证主义”（empiricism）一词，你都会发现它的意思是“依靠观察的做法”。科学家通过检验来认识世界。这一点在你看来似乎显而易见，这正表明了科学态度在过去几个世纪的传播。在过去，它并非总是那么显而易见。回想一下伽利略的例子。用他原始的望远镜，伽利略宣称看见了环绕木星的卫星，而当时有学问的人认为天上只有七个“天体”（五个行星、太阳、月亮）。在那个时代，人们认为获得知识的最佳途径是纯粹的思辨或诉诸权威。一些同时代的学者拒绝透过伽利略的望远镜观察世界。另外一些人说，设计这台望远镜就是为了骗人。还有人说，望远镜可以用于观察地上之物，但不适用于天上之物[15]。另一位学者弗朗西丝科·西奇（Francesco Sizi）试图驳倒伽利略，但不是用观察，而是用下面的一番雄辩：

> 人的头上有七窍，两个鼻孔、两只耳朵、两只眼睛和一张嘴；因此在天界有两颗吉星、两颗灾星、两颗发光星，以及尚未决定但无关紧要的水星。从这点和其他无数相似的自然现象中，诸如七种金属等等（没必要一一列举出来），我们就可以得出行星的数量必然是七个……另外，犹太人和其他古老民族以及现代欧洲人，都将一周分为七天，并以七大行星来命名；如果现在我们增加了行星的数量，整个系统都将崩溃……进一步来说，木星的卫星用肉眼无法看到，因此对于地球没有影响，既然没有用，也就不存在了。[16]

关键问题不在于以上论述多么荒唐可笑，而在于当时它被视作一种对实际观察的合理辩驳！今天我们嘲笑它，是因为我们可以做事后诸葛亮。三个世纪以来，实证方法显示出了强大的力量，这使我们比可怜的西奇更有优势。要是没有经历这些实证主义的岁月，我们中的许多人可能都会点头同意并对他大加赞赏。事实上，实证方法并不一定显而易见，这就是为何即使在一个科学占主导地位的社会中，我们也不得不经常讲授实证方法的原因。

然而，纯粹、单一的实证主义还不够。请注意，本节的标题是“系统的实证主义”。观察法很好，而且很有必要，但对自然世界单纯的、非结构化的观察并不能产生科学知识。假使你记录下某一天从起床到睡觉之间观察到的所有情况，当你完成的时候，你会拥有一大堆事实，但并不会对这个世界有更深的理解。科学观察之所以被称为“系统的”，是因为它的结构化使得观察的结果能够揭示自然世界一些潜在的本质。科学观察通常是理论驱动的；它们检验对世界本质的不同解释。它们是结构化的，因此，根据观察的结果，一些理论得到支持，而另一些则被拒绝。

可公开验证的知识：可重复性和同行评审

从某种特殊意义上说，科学知识具有公开性。当然，并不是说把科学发现张贴在社区的公告板上就叫“公开”了。相反，我们指的是这样一个事实，即科学知识并不仅仅存在于某一特定个体的头脑中。从一种重要意义上说， 7
科学知识在提交给科学共同体供他人批评和实证检验之前根本不存在。那些被认为隶属于特定个体思维过程、不受他人审查和批评的“特殊”知识，永远都无法获得科学知识的地位。同样地，科学也拒绝只有某些特殊的群体才能获得某些特殊知识的说法[17]。

科学通过重复程序来实现其公开验证的理念。一项发现如果想在科学领域引起关注，就必须以这样一种方式提交给科学共同体，即能够让其他科学家尝试相同实验并获得相同结果。当这一切都完成，我们就可以说，这一发现是可重复的。科学家利用可重复性（replication）来定义公共知识。可重复性保证了特定发现并不仅是由于某个研究者的错误或偏差而产生的。简而言之，一项发现要想被科学共同体所接受，就必须能够被最初的调查研究者以外的人所重复。当一项发现以这种方式被提交时，它就具有公开性。它不再仅为最初研究者个人所有，而是能够被其他人获取，并以自己的方式对其进一步发展、进行批评，或加以应用。

诗人约翰·唐尼（John Donne）告诉我们："任何人都不是一座孤岛。"在科学中，没有一个研究者是一座孤岛。每个研究者都与科学共同体及其知识库相联系。正是这种相互联系使科学得以发展和累积。研究者不断在原有知识的基础上进行新的探索，力求超越已知。这一过程的前提便是，先前知识的陈述方式使任何研究者都能以之为基础来进行探索。

因此，可公开验证的知识，是指那些以一种可被科学共同体中的任何人重复、批评或扩展的方式提交的研究结果。这个标准不仅对于科学家，同时对于外行人来说也是最重要的，因为他们作为消费者，必须对来自媒体的科学信息进行评估。江湖术士和伪科学的从业者，与真正科学家的一个重要区别是，前者常常避开科学出版的常规渠道，而选择直接通过大众媒体公开他们的"发现"。当面对合法性不确定的科学论断时，公众可使用的一个行之有效的铁的标准就是问这样一个问题：这些发现是否在使用某种同行评审程序的公认科学期刊上发表过？对这一问题的回答往往能够区分"李鬼"和"李逵"。

同行评审（peer review，也译作"同行评议"）是指每一篇投到学术期刊的文章都要经过数位科学家的评审，评审者将批评意见提交给编辑。担任编辑的人通常都是在此期刊所覆盖的专业领域中有资深研究经历的科学家。编辑会权衡这些意见，然后确定这篇文章可以直接发表，还是需要进一步的实验研究和统计分析之后再发表，或是因为存在缺陷或价值太低而拒绝接受。

正规期刊会在每期杂志和网站上发布它们的编辑政策声明，所以你每次都应该检查一份期刊是否经过同行评审。这一点现在变得尤为重要，因为网络催生了许多开放获取的期刊，只要付费什么内容都能发表[18]。这些毫无价值的网络期刊，它们的目标对象是那些为了获得大学终身教职而拼命发表论文的年轻学者。它们在网络上的存在，使得普通公众更难将经过同行评审的科学研究，与网络上看似科学但未经同行评审的东西区分开来。

并非所有同行评审的科学期刊上的信息都一定是正确的[19]，但至少它已达到了同行批评和审查的标准。同行评审只是一个最低标准，而不是严格的标准，因为大多数学科领域中都会有几十种质量参差不齐的期刊。大部分科学思想在满足一些基本标准的前提下，都能以正规文献的形式发表。那种认为只有很小部分的数据和理论能够在科学界获得出版的观点是错误的。这种
观点经常被一些提供虚假疗法的江湖术士所利用，他们试图让媒体和公众相 8
信，他们被“正统科学”的阴谋排除在科学出版渠道之外。但是，让我们看一看心理学领域中有多少正规的渠道吧。美国心理学协会（APA）所建立的“心理学文摘索引数据库”（PsycINFO），汇总了来自 2000 多种不同期刊的文章，其中的大部分期刊都是经过同行评审的。几乎所有大致合理的理论和实验都能在如此众多的出版物中找到自己的发表渠道。实际上，要说有什么问题的话，那也是科学期刊的数量可能太多了。当然，也有太多非同行评审期刊和根本未经评审的“注水期刊”[20]。

再次强调，我并不认为所有发表在同行评审的心理学期刊上的观点都必然正确。相反，正如我先前所强调的，这只是一个最低的标准。然而，问题的关键在于，当某种理念、理论、主张或疗法，不能在经过同行评审的学科文献中获得适当的收录时，这个信号的含义就很明显了。尤其是当某一主张缺乏证据却通过媒体进行大肆宣传时，此理念、理论或疗法显然是骗人的。

同行评审的机制因学科而异，但其基本原理是相同的。同行评审是科学将客观性和公开批评的态度制度化的一种方法（另一种是可重复性）。观点

和实验要经过一个磨砺的过程，在这个过程中它们被提交给其他具有批判性的人来进行评估。通过了这一严格过程的观点才开始符合“可公开验证”这一标准。同行评审过程绝非完美，但它真的是我们仅有的消费者保护机制。忽视它，就等于让我们自己被巨大的伪科学产业玩弄于股掌之间，而这一产业又极其善于操纵媒体来达到自己的目的（见第 12 章）。在随后的章节中，我们将更详细地讨论，如果忽视真正的心理科学实践所固有的制衡机制，我们会付出多么高昂的代价。

可实证解决的问题：科学家对可检验理论的探求

科学处理的是可解决的、可具体指明的问题。这意味着，就其类型来说，科学家们所研究的问题，有可能通过现有的实证方法得到解答。如果用当前所掌握的实证方法，某个问题无法解决或某个理论不可检验，那么科学家们就不会对它展开研究。例如，“在日托期间接受结构化语言刺激的 3 岁儿童，是否比那些没有接受这些额外刺激的儿童更早地做好了接受阅读指导的准备？”代表的是一个科学问题，因为现有的实证方法可以对此作出回答。“人性本善还是本恶？”就不是一个实证问题，因此不属于科学领域。“生命的意义是什么？”同样也不是一个实证问题，因此也不属于科学领域。

科学的进步是这样一个过程：提出理论去解释世界中的特定现象，根据这些理论做出预测，实证地检验这些预测，基于检验的结果对理论进行修正。这个顺序通常可以描述为：理论→预测→检验→理论修正。因此，科学家所说的“可解决的问题”通常指的是“可检验的理论”。什么样的理论才算是“可检验的”呢？这一理论必须与自然界中可观察的事件有一定的关联；这就是“可实证检验”的含义。可检验性标准通常被称为可证伪性标准，这也是本书第 2 章的主题。

我们说科学家致力于可实证解决的问题，并不是说不同类别的问题本质

上是可解决的或不可解决的，并且这种区分是永远固定不变的。恰恰相反，
有些当前不可解决的问题，在理论和实证方法或技术更加先进的时候会成为 9
可解决的。例如，几十年前，对于“托马斯·杰斐逊是否与其奴隶萨丽·海明斯生下了一个孩子”这一争议话题，不会有历史学家认为它是一个可实证解决的问题。然而到了 1998 年，由于基因技术的进步，这个问题已成为可解决的，发表在《自然》（*Nature*）杂志上的一篇文章[21]指出，杰斐逊极可能是埃斯顿·海明斯·杰斐逊的父亲。

这就是科学得以发展以及新的科学得以产生的方式。然而，对于“当前什么是可解决的”这一问题，总是存在很多分歧。当涉及某一具体问题时，科学家们自己在这点上的意见都难以统一。因此，尽管所有科学家都认同可解决性标准，但他们对其具体应用可能存在不同的意见。诺贝尔奖得主彼得·梅达沃曾把他的一本书定名为《可解决性的艺术》（*The Art of the Soluble*），用以说明科学的部分创造力就在于寻找处于人类知识最前沿并将可以用实证方法来解决的问题。

心理学本身就提供了许多从不可解决到可解决的好例子。有许多问题，诸如“一个孩子如何获得其父母的语言？”“为什么我们会忘记我们曾经知道的事情？”“身处一个群体中会如何改变一个人的行为和思想？”等等，在人们认识到可以用实证的方法来解答之前，几个世纪中它们都只是哲学思辨的主题。随着这一认识的慢慢发展，心理学逐渐集合了来自各个领域中关于行为的各种问题。心理学的问题逐渐脱离哲学，一门独立的实证科学逐渐形成了。

认知心理学家史蒂芬·平克[22]提出“未知”可被划分为问题或玄谜，并对此进行了探讨。如果是问题，我们知道可能会找到一个答案，即使目前还没有找到，我们也知道它可能会是什么样子。如果是玄谜，我们甚至不能想象答案可能会是什么样了。利用这些术语，我们可以看到，科学就是将玄谜变为问题的过程。事实上，平克[23]指出，他之所以要写《心智探奇》（*How the Mind Works*）这本书，正是因为“几十个关于心智的玄谜，从心理表象到浪漫爱情，最近已经升级为问题了”（p. ix）。

心理学和世俗智慧：“常识”的问题

我们每个人都有一套解释行为的内隐模型，这些模型影响我们的人际交往以及我们如何看待自己和他人。事实上，一些社会、人格和认知心理学家正在探究这些内隐的心理理论的本质。然而，大多数人从来不会清晰且有逻辑地思考自己的这套理论。相反，我们通常只有在刻意关注它们或者发现它们受到某种挑战时，才会意识到它们的存在。

其实，我们个人的行为模型并不像真正的理论那样具有内部一致性。相反，当我们觉得需要对行为作出解释时，往往搬出一些关于人类行为的普遍原理、说教和老话。这些常识和世俗智慧存在一个问题，即它们之中有不少是自相矛盾的，因此也是不可证伪的（可证伪性原则是下一章的主题）。

人们经常用一些民间谚语来解释行为事件，即使之前在解释同类事件时曾用过与之完全矛盾的谚语。例如，大多数人都听过或说过“三思而后行”。
10 若不是我依稀记得之前有人告诫说“机不可失，时不再来”，我还会觉得这是个简单有用的行为建议呢。“小别胜新婚”明确预测了一种对分离的情绪反应，但“眼不见，心不想”又如何解释？如果“欲速则不达”，为什么又说“时不我待”？既然“三个臭皮匠，顶个诸葛亮”，为什么又说“人多误事”？如果我认为“行走江湖，安全第一”，为什么也相信“不入虎穴，焉得虎子”？如果“相异相吸”，为什么又“物以类聚”？我劝许多学生“今日事今日毕”，但我希望没跟我刚刚指导过的那个学生说过这番话，因为我方才还跟他说“要顺其自然”。

这类谚语和老话对人们有极大的吸引力，因为它们合起来作为对行为的内隐“解释”，是难以驳倒的。不管发生什么事，都可以搬出其中的一条解释一番。难怪我们都认为自己是判断他人行为和人格的高手。我们的世俗智慧对天底下发生的所有事都能给出解释。因此，从这种意义上说，世俗智慧是怯懦的，因为它不用冒着被驳倒的风险。

这种世俗智慧就是“事后诸葛亮”，在真正的预测意义上实际上是无用的。这就是为什么社会学家邓肯·沃茨将他的一本书命名为《一切都显而易见——一旦你知道答案》[24]。沃茨讨论了拉扎斯菲尔德 60 多年前的一篇经典论文[25]，这篇文章回应的是一个常见的批评：“社会科学没有告诉我们任何我们不知道的事。”拉扎斯菲尔德列举了对 60 万二战期间服役士兵进行的大规模调查所得出的一系列结果，例如，来自农村的男性在服役期间精神面貌要好于来自城市的士兵。人们往往认为所有的调查结果都是显而易见的。例如，在这个例子中，人们倾向于认为农村背景的男性已经习惯于艰苦的环境，因此能更好地适应部队生活，这是很显然的结论。其他的发现也是如此——人们觉得这些结果都是明摆着的。随后拉扎斯菲尔德甩出了他的包袱：这里列举的所有发现，都与原来的陈述刚好相反。例如，实际的情况是，来自城市的男性在服役期间的精神面貌比来自农村的士兵要好。这次学习任务的最后一部分是让人们意识到他们是多么容易就解释了恰恰相反的发现。对于实际的结果，人们往往会解释说（若先告知这一结果），这在他们的意料之中，因为城里人习惯于在拥挤的环境和森严的等级制度下工作。然而，他们从来没有意识到，他们是多么容易就可以为完全相反的结果编造一个解释！

所以，有时我们的世俗行为理论是无法反驳的。我们将在下一章中看到为什么这种不可反驳性使得这些理论没有多大用处。然而，即使我们的世俗信念有一定的明确性（也就是说，可以进行实证检验），也还是会产生一个问题。这个问题就是：心理学研究表明，许多常见的关于行为的文化信念在接受实证检验后，都被证明是错误的。

世俗信念（或称“常识”）出现谬误的例子俯拾皆是。比如，有一种说法是，学习好或爱读书的孩子都不擅长交际和体育。这个观点虽然错得离谱，但在当今社会上极为流行。有证据表明，与所谓“常识”的世俗信念相反，与不读书的人相比，爱读书的人和追求学业成就的人，身体更强健，社交更活跃[26]。经常读书的人比不常读书的人更有可能参加运动、慢跑、锻炼和课外活动。

许多关于行为的世俗信念一经产生便径自流传下去了。例如，在过去的数年间，在我们的社会和学校里，一个世俗信念逐渐形成，即低自尊导致攻
11 击行为。但实证研究显示，攻击行为和低自尊并无关联[27]。如果说有什么关联的话，情况似乎正好相反，攻击行为往往与高自尊相关。同样，过去几十年中有一个非常流行的假说认为，在学生中，学习成绩不好是低自尊的结果。事实上，后来证明，自尊和学习成绩之间的关系更有可能与教育者和家长的假设相反：优异的在校成绩（以及生活中其他方面的成就）导致了高自尊，而不是反过来[28]。

另一个世俗智慧出错的例子是对学生的一个常见告诫：如果他们对多项选择题的答案不确定，就不应该改变原来的选择。不仅大多数学生认为在不确定答案时不应该换答案，就连《巴伦 GRE 备考指南》也建议：“更改答案要非常谨慎。经验表明，许多学生会把正确的答案改成错误的答案。”[29] 这个建议是完全错误的，之所以说它错是因为，“改变答案会降低一个人的分数”这种传言本身就大错特错。实际研究表明，当学生对某一多选题的答案产生怀疑时，改变最初的答案往往会更好[30]。

还有一个例子，从中我们能真切地了解到世俗智慧是何等的泛滥。该民间传言说，我们只用了自己 10% 的脑力。这个传言尽管没有任何认知神经科学的根据[31]，但它已经流传几十年了，业已取得所谓“心理事实”的地位。所谓“心理事实”是指这样一种关于心理学的陈述：虽然不真，但是被重复了很多次，以至于一般人认为它就是一个事实。下面这个流行的信念也是如此——有些人是“左脑型”，而另一些人是“右脑型”，或者人格的某些方面由左脑控制，而其他方面则由右脑控制。尽管现代神经科学研究确实表明大

脑中存在微妙的特异化现象，但是言之凿凿地用“左”或“右”的概念来普及这一观点肯定是毫无道理的，尤其是研究已发现，我们的大脑是以一种整合的方式在工作[32]。

想想 2007 年对美国前白宫助理刘易斯·利比（绰号“滑板车”）的审判。一位著名心理学家的专家证词被驳回，因为法官裁定，记忆容易出错是众所周知的，陪审团可以放心地依靠他们的常识来确定记忆是如何工作的。事实上，研究表明，近 30% 的人相信人类记忆“像录音机一样工作”[33]。与法官的想法相反，他的陪审团中有 30% 的人迫切需要听取专家的意见！

世俗信念并不总是不受证据的影响。有时，当矛盾的证据变得广为人知时，民间心理学（“常识”）确实会改变。例如，多年前，关于儿童的一个广为流传的俗语是“熟得早，烂得早”。这句老话反映了这样一种信念，即儿童期早熟与成年后的异常有关，这种信念得到了许多类似“伤仲永”轶事的支持。在这个例子中，证明这个说法不准确的心理学证据已经被大众文化所吸收，你几乎再也听不到这个世俗“智慧”了。

然而，新的民间传言并未停止产生，当然也有一些会像病毒一样传播开来。似乎我们用证据消灭的每个民间传言，都会有另一个取而代之！比如说，过去十几年里，人们经常听到这样的说法：千禧一代由于成长于充满科技产品的环境，因此具有同时处理多个任务的能力，即他们可以把次要的任务添加到他们正在做的主要任务中，而不会降低完成主要任务的效率。千禧一代
自己有时也声称，他们可以一边学习，一边给朋友发短信和看电视，而且也 12
照样能学得好。这一世俗信念是错误的。千禧一代并不比其他人更擅长同时处理多个任务，因为研究表明，几乎所有人在多任务处理时表现都不佳[34]。在做额外的任务时，每个人（千禧一代和非千禧一代）在主要任务上的表现都会受到影响。

这种一厢情愿的思维，助长了“多任务处理是可能的”这一观点，也助长了其他民间传言的形成。例如，许多人相信“我们每个人都有只属于自己

的聪明才智”，而这一信念并没有得到关于智力本质的实际研究的支持[35]。还有人认为快速阅读是可行的（即阅读速度是正常速度的数倍，且理解几乎没有损失）。但事实并非如此[36]。

如果人们能认识到他们的世俗信念的易错性，民间心理学的这些问题就不会那么具有危害性了。然而，调查显示[37]，超过 80% 的公众认为日常生活提供了足够的心理学训练！恰恰相反，我们需要心理学这门学科，因为它可以检验常识的实证基础。有时，常识信念在检验时站不住脚，正如我们在之前的很多例子中所看到的。从这些讨论过的例子——还可以引用更多的例子——我们可以看到，心理学的这种世俗智慧实证检验者的角色，常常使其与很多根深蒂固的文化信念发生冲突。心理学往往是传递“坏消息”的信使，让原本为人们所接受的世俗信念再无立足之地。这就不难理解，为什么许多人不仅无视这些消息，还想消灭这些信使。

心理学是一门年轻的科学

为了证明其问题是可实证解决的，心理学一直在战斗，直到最近这一战役才取得胜利。不过随着科学的进步，心理学家将涉足越来越多的主题，这些主题涉及关于人类的某些牢固的信念，其中许多都是可以通过实证方法来检验的。心理学家现在研究的一些主题极富争议，比如道德推理的发展、浪漫之爱、祷告的功效、犯罪的决定因素、不同家庭结构的功效、导致离婚更普遍的因素，等等。例如，对儿童性活动的研究，就引发了很多争议[38]。在心理学所研究的许多主题上，人们都持有强烈的看法，比如利他主义、贪婪和说谎[39]。有些人反对在这些领域进行实证研究，但每个领域都取得了科学进展。

最后，即便是简单地描述人类行为的某些事实，也经常会冒犯人。例如，仅仅报道在单亲家庭中长大的孩子更有可能经历贫困和出现行为问题这一简单事实，就足以冒犯一些人[40]。这种对关于人类行为的简单经验事实的反对，正是心理学不得不经常面对的一个基本问题。当争议很激烈的时候，这种反对会变得充满敌意，并且会直接针对心理学家本人。记忆研究者伊丽莎白·洛夫特斯（Elizabeth Loftus）的研究揭示，人们声称回忆起了被压抑的受虐待和骚扰的记忆，但这种说法与真实情况不符。她为此遭遇了死亡威胁和诉讼[41]。群体中有些亚群体不喜欢科学心理学的很多发现，比如：智力是部分
遗传的；我们有些性行为可以从进化上来解释；一些认知偏差使我们相信伪 13
科学和阴谋论[42]。

作为一门学科，心理学经常处于一种无法获胜的境地。一方面，一些人反对把心理学称为科学，否认心理学家可以通过实证方法来揭示关于人类行为的事实。另一方面，有些人由于害怕心理学在某些人类行为领域揭示的真相会威胁到他们的信念，因而反对心理学家在这些领域开展研究。斯金纳学派的心理学家就经常面对这些相互矛盾的指责。例如，有批评者认为，行为主义的强化律不适用于人类行为。与此同时，另一些批评者则担心，有人会运用这些规律对人类进行严格的、不人道的控制。因此，行为主义者腹背受敌，一些批评者否认行为主义者所发现的行为定律有用，而另一些批评者则害怕这些定律被滥用！

上述现象之所以会出现，是因为相对较新的心理学才刚刚开始揭示行为某些方面的事实，而这些以前并未被研究过。它的年轻多多少少也解释了为什么许多人总是对这门学科感到困惑。但无论如何，在过去的几十年里，心理学已经在我们称之为科学的这个相互关联的知识体系中牢牢占据了一席之地。认识不到这一点，就必然会对心理学产生各种各样的困惑和误解。

小　结

心理学是一门内容极其多样化的学科，它所涵盖的主题并不总能被一些

共同的概念联系在一起。相反，这门学科的统一性在于它使用科学方法来理解行为。科学方法并不是指一套严格的规则，它是由一些非常普遍的原则所界定的。最重要的三条是：（1）科学采用系统的实证主义方法；（2）它以获取可公开验证的知识为目标；（3）它寻求的是可实证解决的问题并进而发展出可检验的理论（下一章的主题）。界定系统实证主义的结构化和有控制的观察将是本书后面几章的主题。科学通过诸如同行评审等程序以及可重复性等机制来保证知识的公开性。

心理学是一门年轻的科学，因而经常和所谓的世俗智慧相冲突。这种冲突是任何新兴学科都不可避免的，但理解这种冲突有助于解释一些针对心理学这门学科的敌意。同时，对常识智慧的质疑也使心理学成为一个令人兴奋的领域。很多人被这门学科所吸引，正是因为它提供了一个机会，让人们得以对那些被毫无疑问地接受了数百年的“常识”进行实际的检验。

第 2 章

可证伪性：如何打败头脑中的小精灵

学习目标 14

2.1 阐明可证伪性对科学理论的重要性

2.2 描述一门科学所犯错误的特异性如何随这门科学的进步而增加

1793 年，一场严重的流行病——黄热病袭击了费城。当时，这座城市里有一位名叫本杰明·拉什（Benjamin Rush）的顶尖医生，他是《独立宣言》的签署人之一。在疫情爆发期间，拉什是少数几位能够为数千例黄热病患者提供治疗的医生之一。拉什信奉一种医学理论，即伴有发烧的疾病应该采用大量放血的方法来治疗（用手术刀之类的工具或水蛭吸血的方法使血液从身体排出）。他为许多病人实施了这种疗法，当他自己感染这种疾病的时候，他也如法炮制。批评者指责他的治疗方法比这种疾病本身更危险。然而，随着疫情的蔓延，拉什对他的疗法的效果变得更加自信，尽管他的许多病人已经死亡。这是为什么呢？

有人这么总结拉什的态度："一方面坚信自己的医学理论是正确的，另一方面又缺乏对治疗结果进行系统研究的方法。他将每个好转的病例都归为治疗方法的疗效，而将每个死亡的病例都归为病情的严重性。"[1] 换句话说，如果病人情况好转，就被作为放血疗法有效的证据；如果病人死亡，就被拉什解释为病人已经病入膏肓，任何治疗都不会起作用。我们现在知道，拉什的批评者是正确的：他的治疗方法和黄热病本身一样危险。在本章中，我们将讨论拉什错在哪里。他的错误为阐明科学思维中最重要的原则之一提供了例证，而这一原则在评估心理学观点时尤其有用。

在本章中，我们将更详细地探讨第 1 章中已经讨论过的科学的第三个基本特征：科学只研究可解决的问题。科学家们所说的“可解决的问题”通常是指“可检验的理论”。科学家要确认某个理论是可检验的，采取的方法就是确保该理论是可证伪的，也就是说，理论对自然界中的真实事件有意义。接下来，我们就要看一看为何所谓的可证伪性标准在心理学中如此重要。

15 理论和可证伪性标准

本杰明·拉什在评估其疗法的结果时跌入了一个致命的陷阱。他评估证据的方法根本就不可能让人得出其疗法无效的结论。如果说，病人的康复是对其疗法有效性的肯定（因此，也是对其医学理论的肯定），那么病人的死亡就是对其治疗方法的否定，这才算是公平的。但事实上，他却把这种否定合理化了。拉什解释证据的方式，违反了科学中理论的建构和检验应遵循的最重要原则之一：他使自己的理论不可能被证伪。

科学理论的表述必须总是遵循这样的原则：从中得出的预测有可能被证明是错误的[2]。因此，对与某理论相关的新证据进行评价的方法，必须始终具有使数据证伪该理论的可能性。这项原则通常被称为可证伪性标准（falsifiability criterion）。科学哲学家卡尔·波普尔一直致力于强调可证伪性标准在科学进程中的重要作用，他的著作和文章仍被现在的科学工作者们广泛阅读[3]。

可证伪性标准申明，要使一个理论有用，它所做出的预测必须是具体的。也可以说，理论必须担点风险，它在告诉我们哪些事情会发生的同时，必须指出哪些事情不会发生。如果不会发生的事情确实发生了，我们就得到了一个明确的信号，即这个理论有问题：它可能需要被修正，或者我们需要去寻找一个全新的理论。不管哪种方式，我们将最终得到一个更接近真理的理论。相反，如果一个理论不能把任何可能的观察结果排除在外，那么它将永远不能被修正，同时我们将被禁锢在当前的思维方式中，失去了取得进步的可能。因此，一个成功的理论并不是那种可以解释所有可能结果的理论，因为这样的理论本身就丧失了任何预测能力。正如生物学家斯图尔特·法尔斯坦[3]所说，我们应该对科学有信心，不是因为它永远正确，而是因为我们有可能证明它是错误的。

在本书的余下部分，我们会经常涉及理论的评估，因此我们必须澄清一个关于“理论”一词的常见误解。这个误解体现在我们常说的一句话中:“哦，这只不过是个理论罢了。”这句话代表了外行人使用“理论”这个词时通常所指的意思：一项未经验证的假设，一个纯粹的猜想或直觉。这意味着一个理论与其他理论并无优劣之分。但“理论”这个词在科学上绝对不是这么用的！科学家所说的理论，并不是指未经验证的猜想。

科学上的理论是一组相互联系的概念，它能对一组数据做出解释，并对未来实验的结果做出预测。假设是从理论中得出的具体预测（理论则更加普遍和广泛）。目前可行的理论是那些已经证实了很多假设的理论。因此，这种理论的理论结构与大量的观察结果相一致。然而，当观察数据开始与来源于理论的假设相矛盾的时候，科学家们会尝试构建一个能更好地解释数据的新理论（或者，更常见的情况是，仅对已有的理论进行修正）。因此，目前科学所讨论的理论都已经在一定程度上被证实了，没有做出太多与现有数据相矛盾的预测。它们并非纯粹的猜想和直觉。

外行人和科学家们在使用“理论”一词时的这种差异，经常会被一些试图将神创论纳入公立学校教育的人所利用[4]。他们的论据通常是“进化论毕竟只是个理论”。这种说法试图借用外行人对“理论”这一术语的用法。在日常用语中，“理论”一词意味着“只是一个猜想”。然而，基于自然选择的进化论不是外行人所理解的“理论”（相反，在外行人看来，它应被称为“事

16 实”[5]）。它是科学意义上的理论，是由大量的各种数据支持的概念结构[6]。它不只是猜想，也不等同于其他任何猜想。相反，它与许多其他学科的知识紧密相联，这些学科包括地质学、物理学、化学以及生物学的所有分支。杰出的生物学家狄奥多西·杜布赞斯基[7]在一篇题为《如果不从进化论的角度来看，生物学的一切都毫无意义》的著名文章中阐明了这一观点。

敲门节奏理论

下面这个假想的例子将展示可证伪性标准是如何起作用的。一个学生在敲我的门。我办公室的一位同事有一个理论，可以预测不同类型的人的敲门节奏。在我开门之前，我的同事预测门外是一位女性。我打开门，果真是个女学生。事后我告诉同事，他的表现让我吃惊，但也只是有点儿吃惊而已，因为即使没有他所谓的“敲门节奏理论”，他也有 50% 的正确概率，实际上这一概率甚至要更高一些，因为在大多数大学里女生都比男生多。他说他还可以做得更好。另一个人来敲门，这个同事告诉我是个男生，而且不到 22 岁。我打开门，果然是个男生，而且我知道他刚从高中毕业。我承认我有点儿震惊了，因为我们大学有很多 22 岁以上的学生。当然，我仍然坚持说年轻的男性在大学里本来就很常见。见我如此难以取悦，我的同事提出做最后一次测试。在下一个人敲门之后，我的同事预测：“女性，30 岁，身高 157 厘米，左手拿书和挎包，右手敲门。”我打开门，完全证实了他的预测，对此我的反应截然不同了。假如我的同事没有耍花招，事先安排这些人出现在我的门口，我不得不说，我现在的确非常震惊。

为什么我的反应如此不同呢？为什么我同事的三次预测会让我产生从“那又怎么样？”到“哇哦！”的三种不同反应？答案与预测的具体性和精确度有关。越具体的预测在被证实后，给我们的触动越大。然而，要注意的是，具体性与可证伪性直接相关。预测越具体、越精确，有可能证伪它的观察现象就越多。例如，大学里有很多人都不是 30 岁、身高 157 厘米的女性。请注意，我的不同反应隐含着这样的意思：一个理论能预测出越多不应该发生的事件，就越会给我留下深刻的印象。

好的理论做出的预测，会让理论有可能被证伪。坏的理论则不会以这种方式把自己置于危险之中，它们做出的预测是如此笼统，以至于它们几乎注定是正确的（例如，下一个来敲我的门的人会不到 100 岁），或者这些预测会采用一种能完全免于被证伪的措辞方式（如本杰明·拉什的例子）。事实上，当一种理论过度自我保护以免于被证伪时，它就根本不再被认为是科学的了。哲学家卡尔·波普尔如此强调可证伪性原则的重要性，正是为了界定区分科学和非科学的标准。这一点与心理学以及第 1 章中我们有关弗洛伊德的讨论都有直接的联系。

弗洛伊德与可证伪性

在 20 世纪初的几十年里，波普尔一直在寻找一个问题的根本原因：为何有些科学理论似乎可以带来知识的进步，而其他理论则导致知识的停滞不前[8]。例如，爱因斯坦的广义相对论引发了一系列惊人的新发现（如，从一个遥远的恒星发出的光线经过太阳附近时会发生弯曲），恰恰是因为该理论的预测
结构是如此严密，以至于很多可能发生的事件都可能与之矛盾，从而使该理 17
论被证伪[9]。

波普尔推断，一些使知识停滞的理论却并非如此，并以弗洛伊德的精神分析作为例子。弗洛伊德的理论用了一个复杂的概念结构，该结构在事后（即事件发生以后）解释人类行为，但不做事前的预测。简而言之，弗洛伊德的理论可以解释一切。然而，如波普尔所说，也正是这个属性使得它在科学上毫无用处。它不做具体的预测。精神分析理论的拥护者耗费了大量的时间和努力让他们的理论来解释人类所有已知的活动，从个人的怪癖行为到广泛的

社会现象。他们成功地让这个理论成为事后解释的丰富来源，但与此同时也剥夺了其所有的科学实用性。如今，弗洛伊德的精神分析理论在激发文学想象方面的作用，比它作为当代心理学中的一个理论发挥的作用还要大。它在心理学中的地位日益下滑，部分原因就是未能满足可证伪性标准[10]。

但这种不可证伪理论的存在会造成实际的危害。例如，对孤独症（部分由基因决定的障碍）病因的解释，就被精神分析的解释带进了死胡同。受精神分析思想的影响，心理学家布鲁诺·贝特海姆（Bruno Bettelheim）普及了“冰箱母亲”是病因这个如今已名誉扫地的说法，他认为“造成婴儿孤独症的原因是父母不希望孩子存在”[11]。诸如此类的观念不仅造成了危害，还阻碍了孤独症的研究。

作为另一个例子,回想一下抽动秽语综合征（Tourette syndrome）的历史。这是一种以身体抽搐和可能涉及身体任何部位的痉挛为特征的障碍，并伴有言语症状，如嘟囔、吠叫、模仿言语（不自主地重复他人的话）和秽语（强迫性地重复淫秽词语）。抽动秽语综合征是一种器质性的中枢神经系统障碍，如今通常可以用药物疗法成功治疗[12]。重要的是，在 1921 至 1955 年之间，对这种病的解释及治疗一直被精神分析学派的概念体系所把持，这在很大程度上阻碍了人们对其病因及治疗的理解[13]。有关这种综合征的不可证伪的精神分析解释层出不穷。这些似是而非的解释造成了概念上的混乱，掩盖了这一综合征的实质，或许也阻碍了为准确理解该病症而进行的科学探究。例如，有一位作者曾经这样写道：

> （抽动秽语综合征是）精神分析导致脑疾病研究发生倒退的典型例子。勒·图雷特（La Tourette）将疾病归因于大脑的退行性变化过程。而在 20 世纪最初的几十年，弗洛伊德的理论开始流行后，对这种病的关注就偏离了大脑……这一倒退的后果是病人往往被转到精神科医生（通常是精神分析学派的医生）而非神经科医生那里，因此没有接受身体上的检查。[14]

夏皮罗等人[15]提到了一位精神分析师，后者认为他的病人“不愿意放弃抽搐，因为这成了她性快感的源泉”。另一位精神分析师认为抽搐是一种“肛门施虐阶段的转换症状”。第三位精神分析师则认为，抽动秽语综合征患者具有“强迫人格和自恋倾向”，病人的抽搐“代表了一种情感症状，一种对想要表达情感的防御”。心理学家杰罗姆·卡根[16]告诉我们，弗洛伊德的弟子桑德尔·费伦齐（Sandor Ferenczi），从来没有看过一个抽动秽语综合征患者，却写道：“抽动秽语综合征患者频繁的面部抽搐是压抑手淫冲动的结果”（p. 179）。

当研究者认识到精神分析的“解释”毫无用处的时候，对抽动秽语综合 18
征的理解和治疗才开始获得进展。那些毫无用处的解释是诱人的，因为它们似乎能对事情进行解释。事实上，它们对所有事情做出解释，只不过是在事后。然而，精神分析的解释不过是制造了理解的幻觉。由于总试图在事后解释一切，它们也就堵死了前进的大门。只有当一个理论并不试图预测一切，而是做出具体的预测，提前告诉我们世界上会发生什么具体的事情时，该理论才会进步。当然，从这样的理论推导出的预测可能是错误的，但这是优势，而非弱点。

小精灵

如果人们能够从研究的问题里跳出来，尤其是如果人们能以史为鉴（如本杰明·拉什的例子）的话，就不难识别出那些不可证伪的概念体系。如果例证明显是编造的，也很容易察觉其不可证伪性。举例来说，大家还不知道，我已经发现了控制行为的深层脑机制，你将很快在随处可见的八卦杂志上看到这个发现。我发现在大脑左半球的语言区附近住着两个小精灵，它们能够控制发生在大脑许多区域的电化学过程。而且，好吧，长话短说，它们基本上控制了一切。但是，有一个问题，那就是小精灵能够觉察到任何对大脑的侵入（外科手术、X 光等），一旦感知到外界的侵入，它们就会消失。（我忘记说了，它们会隐身术。）

我在这里用了一个更适合小学生的例子，无疑是侮辱了你的智商。这个例子明显是我编造的，这样我对小精灵的假设永远无法被证明是错误的。然而，考虑一下这一点。作为一名教授和心理学专题的公众演讲者，我经常被问到，为什么不讲授过去几年里超感官知觉（ESP）和超心理学方面的那些惊人的新发现。我不得不告诉这些提问者，他们所获知的关于这些主题的大部分信息，无疑都来自大众媒体，而非有科学声誉的信息源。事实上，一些科学家曾关注过这类说法，但没能重复这些发现。我要提醒各位读者，要将一个研究发现认定为确凿的科学事实，它的可重复性是至关重要的，尤其是当研究结果与以前的数据或现有的理论相矛盾的时候。

我进一步承认，许多科学家已经对超感官知觉研究失去了耐心。原因当然与此领域充斥着欺诈、江湖骗术和媒体炒作有关，但令科学界警醒的更重要的原因，可能是科学作家马丁·加德纳（Martin Gardner）多年前所称的“超感官知觉研究的第 22 条军规”的存在。

其运作方式如下：一名“信奉者”（在开始调查前就相信超感官知觉现象存在的人）声称已在实验室中证明了超感官知觉的存在。一名“怀疑者”（质疑超感官知觉存在的人）被邀请来证实这种现象。通常，在观察了实验情境之后，怀疑者会要求进行更多的控制（我们会在第 6 章中讨论这类控制），虽然这些要求有时候会被拒绝，但善意的信奉者们通常会同意他们的要求。当加入了实验控制之后，超感官知觉就不再出现了[17]。怀疑者对这种失败做出正确的解释：早先的超感官知觉演示结果是由于缺乏足够的实验控制，因此结论不能被接受。但他们往往惊讶地发现，信奉者并不承认早先的演示是
19 无效的。相反，他们搬出超感官知觉的“第 22 条军规”：他们坚称，心理能量是很敏感的、微妙的，容易受到干扰。怀疑者的“负面感应”很可能是瓦解这一“心灵能量”的罪魁祸首。信奉者认为，怀疑者的“负面气场”被移

开后，这种心灵能量肯定会再回来。

这种对无法在实验中展示超感官知觉的解释方式，在逻辑上与我编造的小精灵的故事相似。超感官知觉的运作方式就像小精灵一样，只要你不闯进去仔细观察它，它就在那儿；如果你闯进去观察它，它就不见了。如果我们接受这种解释，那么向任何怀疑者证明这一现象就变得不再可能。它只在信奉者面前出现。当然，这种说法在科学领域是不能接受的。我们没有磁性物理学家和非磁性物理学家之分（即那些相信磁性存在和不相信磁性存在的物理学家）。用这种方式解释超感官知觉实验，使得超感官知觉的假设就像小精灵的假设一样不可证伪。正是这种解释结果的方式，将超感官知觉排除在了科学领域之外。

并非所有的证实都等价

可证伪性原则对于我们如何看待一个理论的证实过程具有重要意义。如果认为只有证实理论的证据数量才是评价理论的关键，那就太简单了。可证伪性原则意味着一个理论被证实的次数并不是关键因素。原因在于，正如“敲门节奏理论”所展示的那样，并非所有的证实都是等价的。证实令人信服的程度，取决于预测本身所冒的被否定的风险。对一个非常具体的、可能被证伪的预测（例如，一位女士，30 岁，身高 157 厘米，左手拿书和挎包，用右手敲门）的证实，比对 20 个实质上不可证伪的预测（例如，敲门的是一个不到 100 岁的人）的证实具有更强的说服力。

因此，我们必须不仅关注证实性证据的数量，更要关注证实例证的质量。将可证伪性标准作为一种评价证据的工具，可以帮助那些科学研究的消费者抵制不科学的、全能（可以解释一切的）理论的诱惑。这种全能理论不可避免地会妨碍我们进行更深入的探索。事实上，这种理论上的死胡同通常是很吸引人的，因为它们永远不能被证伪。它们是混乱的现代世界中的稳定之岛。

波普尔经常指出，“这些不可证伪理论巨大的心理吸引力的奥秘在于它们解释一切的能力。预先知道无论发生什么，你都能理解它，不仅给你一种掌握知识的感觉，而且更重要的是，给你应对这个世界所需的情绪上的安全感”[18]。但是，这种安全感的获得并不是科学的目标，因为对这种安全感的追求是以知识发展的停滞为代价的。科学是一套不断挑战原有信念的机制，在这种机制里，原有信念以一种能够被证明是错误的方式接受实证检验。这一特点常常使科学——尤其是心理学——与所谓的世俗智慧或常识相冲突（正如我们在第 1 章中所讨论的）。

可证伪性与世俗智慧

心理学对世俗智慧所提供的安逸感是一种威胁，因为作为一门科学，它不能安于无法反驳的解释。心理学的目标是对各种行为理论进行实证检验，以排除其中一些理论。某些世俗智慧表述得很清晰，经得起实证检验，这当然是心理学所欢迎的，而且其中许多已经被整合到心理学理论中。然而，心理学并不追求那类事后能解释一切，但事先无法做出任何预测的解释系统所
20 带来的安逸感。心理学也不接受那些永远不需改变、代代相传的世俗智慧体系。试图向学生和公众隐瞒这一点无疑是自毁长城。遗憾的是，一些心理学教师和普及者觉察到心理学对世俗智慧的威胁给一些人造成了困扰，于是他们有时通过传递一种错误信息来试图安抚这种情绪，这种信息隐含着这样的意思：“你会学到一些有趣的东西，但别担心，心理学不会挑战那些你深信不疑的观点。”这是错误的，它对“什么是科学”和“什么是心理学”都会带来理解上的困惑。心理学致力于构建关于性行为、智力、犯罪、经济行为、婚姻的作用、儿童养育以及其他很多人们感受强烈的主题的事实。如果对上述主题的研究没有发现一些令某些人感到不安的事实，那才奇怪呢！

科学寻求概念上的改变。科学家试图描绘世界的真实面貌，而非我们原

有信念所认为的世界该有的面貌。现代思潮中一个危险的趋势是，应避免让普罗大众知道世界的本质：一种无知的面纱是必要的，以保护没有能力应对真相的公众。心理学与其他科学一样都反对这样的观点，即人们需要规避那些让他们感到不适的发现。对于那些希望自己的信念不受证据挑战的人来说，心理学不是一个“安全空间”[19]。

承认错误的自由

科学家们发现，可证伪性原则最具解放意义和最有用的一个启示是，在科学上犯错并不是罪过。哲学家丹尼尔·丹尼特[20]曾说过，科学的本质就是“在公众面前犯错——在众目睽睽下犯错，希望他人能够帮助修正这些错误”（p. 380）。当数据与理论不符时，通过对理论不断进行修正，科学家们最终共同构建起能更好地反映世界本质的理论。生物学家斯图尔特·法尔斯坦[21]写道，人们通常列出的科学的支柱——如理性、事实、真相、实验、客观性——常常都缺少一个关键的支柱。法尔斯坦认为，我们经常忘记的支柱是失败。法尔斯坦所说的失败，是能让我们从中学到东西的错误。他指的是波普尔派意义上的错误。确实，法尔斯坦称波普尔为“失败”的哲学家。

事实上，如果我们能在个人层面上使用可证伪性原则，我们日常生活的质量可能会大为改善。这就是为什么我在本节的第一句话中使用“解放”一词的原因。它对个人具有特定的含义，因为由这个原则所引申出来的意义已经超越了科学。如果我们能够明白，当我们的信念与世界中的证据相冲突时，我们最好是调整信念而不是否认证据和坚持有问题的想法，那么我们的社会和个人问题就会少得多。

想一想，过去有多少次，当你正与某人激烈争论的时候——也许就是当你给出一次有力的反击来捍卫你的观点之时——你突然意识到你搞错了某个关键事实或证据？你是怎么做的？你有没有收回前面的话，向别人承认你的假设是错误的，同时承认别人的解释现在看起来比你的更合理？或许没有。如果你和大多数人一样，你会不断地进行合理化。你试图在拒不承认失败的情况下，使自己从争论中全身而退。你最不可能做的就是承认自己错了。这样一来，你和争论中的另一方都会更加疑惑，到底哪一种信念更接近真理？如果争论从来没有公开过（不像科学中那样），如果正确和错误的信念得到
21 同样激烈的辩护，如果争论的效果不能得到正确的反馈（如本例），那就找不到适当的机制使信念与现实相吻合了。这就是为什么那么多私人和公开的对话令人困惑，以及为什么相比所谓的常识或民间智慧，心理科学在解释人类行为的原因方面更加可靠。

在科学的进程中犯错是正常的，对于科学进步来说，真正的危险是人类有一种固有的倾向，即避免让我们的信念暴露在可能被证明是错误的情境之中。许多科学家已经证实了这一观点的重要性。科学家必须避免这种倾向，诺贝尔奖得主彼得·梅达沃[22]提醒科学家要记住“*一个假设被确信为真的程度，与该假设是否为真无关*”（p. 39; 原文为斜体），以此来避免这种倾向。

我们可以这样理解梅达沃的话。喜剧演员斯蒂芬·科尔伯特在2005年10月17日的节目中，杜撰了“感实性”一词[23]。感实性是指“内心感到某样东西是真实的，但是没有证据支持”[24]。梅达沃所说的意思是，科学拒绝感实性。这常常使科学与现代社会格格不入，在现代社会中，感实性比以往任何时候都更为流行。

许多著名的心理学家都遵循了梅达沃的建议：“一个假设被确信为真的程度，与该假设是否为真无关。”在一篇关于著名实验心理学家罗伯特·克劳德（Robert Crowder）职业生涯的文章中，他的一位同事马扎林·巴纳吉（Mahzarin Banaji）被引述说：“他是我认识的最不维护自己理论的科学家。如果你发现一种方法证明他的理论有漏洞，或者他的实验结果有局限或缺陷，他会非常高兴，并和你一起计划如何推翻该理论”[25]。文章作者描述了克劳德如何提出一个叫作“前分类声音存储器”的记忆成分理论，然后又仔细地设计实验

研究来证伪自己的模型[26]。

但是，要让科学发挥作用，一定要让每个科学家都具备证伪的态度。科学具有揭示世界真知的独特力量，并不是因为科学家具有独特的美德（如，他们是完全客观的，他们在解释研究结果时从来不带偏见，等等）。实际上，这种力量的产生是因为易犯错的科学家们沉浸在一个相互制衡的过程中。在这个过程中，总会有其他科学家提出批评并清除他们同行的错误。科学的力量并不是因为科学家特别有道德，而是来自他们不断交叉检查彼此知识和结论的社会过程。

这种交叉检查的社会过程，确实是科学领域的一个与众不同的特征。的确，在其他生活领域也有许多人强调客观性的价值。但是，没有任何一个领域像科学一样将如此结构化的交叉检查内置化。相反，在生活的其他领域，自我中心偏见占据了主导地位。自我中心偏见是一种行为倾向，该倾向使得人们以一种偏向于自身原有信念、观点和态度的方式来评估证据、提出证据和检验假设[27]。滑稽报纸《洋葱报》（*The Onion*）以这样的标题讽刺了自我中心偏见[28]："儿童举报，大多数父母虐待儿童！"

自我中心偏见在政治领域很常见。例如，自由派经常谴责保守派，因为保守派不承认有强烈证据表明人类活动是全球变暖的罪魁祸首。自由派这样做是有道理的，因为正如我们将在第 8 章中讨论的，这一结论的证据是高度聚合的。不过，大多数自由派未能意识到自己已经落入了自我中心偏见的陷阱，因为他们精心挑选了气候变化这一问题。在自由派关注的这一问题上，自由派很容易认同科学结论，而保守派很难同意科学结论。自由派在气候变化问题上对保守派穷追猛打，但他们没有意识到，保守派也很容易从另一个方向上精心挑选对自由派不利的话题，他们可以轻而易举地要求自由派接受科学的证据并得出让自由派不适的结论，例如，智力至少是中度遗传的，或者事实上女性做相同工作的收入并不比男性少 20%（见第 6 章和第 12 章）。自由派和保守派都犯了自我中心偏见的错误。这就是为什么我们需要科

22 学——因为它的过程，而非其中的个体。科学家并不比任何人更公正，但他们置身于一个发现错误和交叉检查的过程，而这一点是相对独特的。

想法不值钱

从前面关于检验世俗智慧的讨论中，我们得出了可证伪性原则的另一个有趣推论：想法不值钱。更准确地说，我们的意思是，某些类型的想法不值钱。生物学家和科学作家史蒂芬·古尔德[29]对此是这样阐述的：

> 15 年的每月专栏写作生涯让我收到了非专业人士关于科学方方面面的海量来信……我发现了常见误解中最为典型的一种。人们会写信告诉我，他们提出了一种革命性的理论，该理论将拓展科学的边界。这些理论通常以单倍行距打印在几张纸上，全都是对最深刻的终极问题的推测——生命的本质是什么？宇宙的起源？时间的起点？但是，这些想法不值钱。任何智力正常的人都能在早饭前产生几个这样的想法。科学家们也能够就这些终极问题提出想法。但我们不这样做（或者说，我们只让它们留在自己的脑子里），因为我们想不出验证它们的方法，以决定它们是否正确。从原则上来说，一个看似吸引人但无法被证实或证伪的想法，对科学来说又有什么价值呢？

古尔德最后一个问题的答案是："没有任何价值。"古尔德所说的这些想法是廉价的，也是我们之前在对卡尔·波普尔观点的讨论中所提到的宏大理论，这些理论是如此包罗万象、复杂而"模糊"，以至于能够用来解释一切。这种理论的建构更多是为了提供情感支持，因为它们没打算被改变或被抛弃。古尔德告诉我们，这种理论对于科学目的是无用的，无论它们多么让人感到安慰。科学是一个创造性的过程，但是这种创造性需要让概念结构与实证数据相符。这并不容易做到。那些如实解释世界的想法一点儿也不廉价。或许这就是为什么好的科学理论如此难以获得，而不可证伪的伪科学信念体系无处不在的原因，因为后者容易建构得多。

事实上，它们是如此容易构建，以至于有一个叫作“糟糕的特设性假说大赛”（BAH-Fest）的活动，专门颁奖给通过特设性假说和事先声明而变得不可证伪的最有创意的理论[30]。构建不可证伪理论之所以很容易，是因为防止理论被证伪的一个万无一失的方法是，在理论中塞满模糊和难以理解的术语[31]。许多不可证伪的阴谋论（例如，美国政府蓄意传播艾滋病，或者美国政府事先知道“9・11”恐怖袭击）都具有这种性质。这就是为什么阴谋论中的信念往往是相互关联的——如果你相信一个，你就倾向于相信另一个[32]。人们似乎有一种普遍的倾向，即容易对不可证伪的模糊性着迷。

科学中的错误：逼近真理

在解释可证伪性原则的过程中，我们概述了一个简单的科学进步模型。首先提出理论，从中推导出假设，然后使用各种技术（我们将在本书余下的部分讨论这些技术）来对假设进行检验。如果假设被实验证实，该理论就得
到了某种程度的确证。如果假设被实验证伪，就必须对理论做出某种改变， 23
或者以一个新的理论来取代。

当然，这里说科学知识是尝试性的，由理论得出的假设可能是错误的，并不是说什么都可以拿来检验一番。科学中有很多关系已经被多次证实，以至于被称为公理，因为它们几乎不可能被未来的实验推翻。我们不大可能在某一天发现，血液不在静脉和动脉中循环，或者地球不绕太阳运行。这些众所周知的事实并不是我们一直在讨论的假设。它们也不是科学家们的兴趣所在，因为它们已经是确定无疑的了。科学家只对那些处于已知边缘的自然现象感兴趣。对于确定无疑的事实，他们不感兴趣。

科学实践的这一面——科学家被处于已知边缘的问题所吸引，而忽视那些已经被充分证实的问题（所谓的公理）——对大众来说很难理解。科学家们似乎总是更强调未知的事物而非已知事物。的确是这样，而且科学家有充分的理由这么做。为了推动知识的进步，科学家们必须身处已知的前沿。当然，这正是事情不确定的地方。但科学正是通过试图减少知识极限的不确定性而进步的。这常常使科学家在公众面前显得“不确定”。这种印象是错误的，科学家只是对知识的边缘不确定，即科学正在取得进步的地方。科学家不会对那些已经被可重复研究证实的事实不确定。

还需要强调的是，当科学家谈到基于观察证伪了一个理论，或者用一个新理论替代了被证伪的旧理论时，他们并不是指要将先前用以建立旧理论的事实完全抛弃（我们会在第 8 章展开讨论这个话题）。相反，新理论必须能够解释旧理论能解释的全部事实，再加上旧理论不能解释的新事实。所以，一种理论被证伪并不意味着科学家们必须从头开始。复杂的理论不必完全正确，但可以大体正确；信念也不必绝对为真，但可以逼近真理。

科学作家伊萨克·阿西莫夫[33]在一篇题为《错误的相对性》（*The Relativity of Wrong*）的文章中很好地阐述了理论修正的过程，他在文中谈到了我们对地球形状的理解是如何完善的。他首先提醒我们，不要以为“地球是平的”这一古老信念是愚蠢的，因为在平原上（第一个有文字的人类文明起源于平原），地球看上去相当平坦。阿西莫夫敦促我们考虑对不同理论的定量比较可能揭示的信息。首先，我们可以用地球表面每英里的假设曲率来表述不同的理论。“地平理论”会说曲率为 0 度 / 英里。现在我们都知道，这种理论是错误的。但从某种意义上说，它又很接近真理。正如阿西莫夫[34]所述：

> 大约在亚里士多德之后的一个世纪，古希腊哲学家埃拉托斯特尼（Eratosthenes）注意到，太阳在不同纬度上投射的影子长度不同（如果地球是平面的，所有的影子应该一样长）。根据影子的长度差异，

> 他计算出地球球体的大小，并计算出地球的周长为 2.5 万英里（1 英里 = 1.609344 千米——译者注）这样一个球体的曲率大约是 0.000126 度 / 英里；你可以看到，这个数值非常接近 0……从 0 到 0.000126 的这个细微差异，解释了为何我们用了如此长的时间才放弃“地球是平的”这一观念，并转而相信地球是球体。提醒你一下，即使是像 0 和 0.000126 之间这样细微的差异也是至关重要的。失之毫厘，谬以千里。如果不考虑这种细微差异，如果不把地球看作球体而视为平面，我们就不可能准确地绘制出地球上大片区域的地图。（pp. 39-40）

当然，科学没有止步于“地球是球体”这一理论。正如我们之前讨论过 24
的，科学家们一直在尝试尽可能地完善他们的理论，并检验现有知识的局限。例如，牛顿的引力理论预测地球不是完美的球体，这个预测确实已被证实了。现在已经证明，地球在赤道附近略微凸起，而在两极附近略微扁平。它是一个扁球体。地球从北极到南极的直径是 7900 英里，赤道直径则是 7927 英里。所以，地球的曲率并不是恒定的（像一个完美的圆球体那样），而是有从每英里 7.973 英寸到每英里 8.027 英寸（1 英寸 = 2.54 厘米——译者注）的微小变化。正如阿西莫夫[35] 所言：“从球体到扁球体的修正比从平面到球体的修正要小得多。因此，虽然‘地球是球体’这一观念并不正确，但严格地说，它没有错到‘地球是平面的’那种程度。”

阿西莫夫关于地球形状的例子为我们展示了科学家们使用“错误”（*mistake*）、“偏差”（*error*）和“证伪”（*falsified*）等术语的背景。这样的术语并不意味着被检验的理论错得一无是处，而只是意味着它是未完成的。所以，当科学家强调知识是尝试性的，并且可能被未来的发现所修正的时候，他们指的就是这样的情形。当科学家相信地球是球体时，他们也认识到在未来某一天，这个理论在细节上可能需要修正。无论如何，从球体到扁球体的改变保留了“地球是球体”这一“大体正确”的观念。我们绝不会在某天醒来突然发现地球是一个立方体。

临床心理学家斯科特·利连菲尔德[36]将阿西莫夫的观点介绍给心理学专业的学生：

> 当向学生解释科学知识本来就是尝试性的、可以被修正的时候，有些学生可能会错误地认为真正的知识是不存在的。这种观点在某些后现代主义圈子里非常流行，它忽略了将更确定的知识主张与不太确定的知识主张区分开来。虽然绝对的肯定在科学中很可能无法实现，但有一些科学论述，如达尔文的自然选择理论，已经被极好地证实了。而另一些理论，如支持占星术的理论，已经遭到了有力的驳斥。还有一些理论，如认知失调理论，仍处在科学争议当中。因此，对科学主张的信心是一个连续体；有些几乎已经成为事实，而另一些则被完全地证伪了。方法论上的怀疑主义不能对科学问题给出完全确定的答案（这些答案原则上可以被新的证据推翻），这一事实并不意味着知识是不存在的，而只是说这种知识是暂时性的。（p. 49）

小　结

科学家所说的可解决的问题，通常指的是可检验的理论。可检验的理论在科学上的定义是非常明确的：它意味着该理论有可能被证伪。如果一个理论不可证伪，那么它对自然界中的实际事件就没有任何意义，因此是无用的。心理学一直被不可证伪的理论所困扰，这也是这一学科发展缓慢的原因之一。

好的理论能够做出具体的预测，而且具有高度的可证伪性。相比一个不明确的预测，一个明确具体的预测如果得到证实，更能支持该预测所依据的理论。简言之，可证伪性原则的一个含义就是，并非所有对理论的验证都具有同样的价值。可证伪性越强、预测越具体的理论在得到证实之后，越受科学家的青睐。即使预测没有得到证实（比如它们被证伪了），这种证伪对于理论的发展也是有用的。一个被证伪的预测说明，原有理论要么应当被抛弃，要么需要加以修改以解释不数据模式的差异。因此，正是由于被证伪的预测所引发的理论修正，像心理学这样的科学才能逐步向真理逼近。

第 3 章

操作主义和本质主义："但是，博士，这到底是什么意思？"

25 **学习目标**

3.1 解释为什么科学不回答本质主义问题

3.2 解释为什么心理学需要操作主义来评估理论主张

物理学家真的知道地心引力是什么吗？我的意思是*真正*。"地心引力"这个术语的真实含义是什么？它的内在本质是什么？说到地心引力时，到底指的是什么？如果刨根问底，它究竟是怎么一回事？

诸如此类的问题反映了对科学的一种看法，哲学家波普尔称其为"*本质主义*"。本质主义认为，只有从内在本质或者本质属性的角度对现象做出终极解释的理论，才算得上是好的科学理论。在本章，我们将讨论为什么科学不去回答这种本质主义问题，而是靠对概念进行*操作性定义*得以进步的。

为什么科学家不是本质主义者

事实上，科学家并不声称要获得本质主义者所追求的那种知识。对本章开头提出的问题的恰当回答是：物理学家不知道在这个意义上地心引力是什么。科学并不试图回答关于宇宙的“终极”问题。生物学家彼得·梅达沃[1]曾写道：“那些科学不能回答，并且在科学发展的可预见范围之内也不可能得到回答的问题，确实是存在的。这些问题是孩子们会问的‘终极问题’……我能想到的这样的问题有：万物是从何开始的？我们来到这个世界是为了什么？生活的意义是什么？”（p. 66）。

科学家之所以质疑某个人、某个理论或者信念体系为终极问题提供了绝对答案的说法，一个原因就是他们认为关于“终极”的问题是无法回答的。科学家并不宣称他们可以提供完美的知识。科学的独特优势不在于它是一个不会犯错的过程，而在于它提供了一种消除错误的方法，这些错误是我们知
识库的一部分。同时，那些完美或绝对知识的说法往往会扼杀对知识的探索。 26
因为自由而开放地探索知识是科学活动的一个前提，科学家们总是对已经找到终极答案的说法持怀疑态度。

本质主义者喜欢咬文嚼字

本质主义者态度的一个常见迹象是：在开始探求知识之前，过分关注术语或概念的定义。本质主义者常用的一个口号是：“不过，我们必须首先定义我们的术语。”“这个理论概念的真正含义是什么？”这似乎意味着，在一个词被当作某个理论中的概念之前，我们必须对这个词的使用所涉及的所有潜在语言问题有全面而清晰的理解。事实上，这与科学家的工作方式正好相反。在研究物质世界之前，物理学家不会就如何使用“能量”一词展开争论，或者当我们谈到物质的基本组成时，“粒子”一词是否真正抓住了我们所要表达的含义的本质。

在科学领域中，确定某个概念的意义是在与该术语有关的现象得到广泛的研究之后，而非研究之前。对概念性术语的修正来自科学过程所固有的数据和理论之间的相互作用，而不是针对语言用法的争论。本质主义会让我们

陷入无休止的文字游戏之中，而科学家认为，这样的文字游戏使我们脱离了对实质问题的关注。例如，针对“生命一词的真正含义是什么”这个问题，两个生物学家的回答令人惊讶：“没有什么真正的含义，它只是一种用法，是为了很好地满足我们生物学家的工作需要，这并不是争论或辩论的焦点”[2]。简而言之，科学家的目的是解释现象，而非对措词进行分析。在所有的学科中，进步的关键都在于放弃本质主义而接受操作主义。这正是本章探讨的主题。

操作主义者将概念和可观测事件联系在一起

那么，如果不是来自语言上的讨论，科学概念的含义又来自哪里呢？恰当使用某一科学概念的标准是什么？为了回答这些问题，我们必须讨论操作主义。它对于科学领域中的理论建构至关重要，尤其对评估心理学中的理论主张有重要作用。

尽管操作主义有多种形式，但是对于科学信息的消费者来说，从最广泛的角度去思考操作主义是最有效的。操作主义就是这样一种思想：科学理论的概念必须以某种方式建立在可观察事件的基础之上，或与之相关联，而这些可观察事件是可以被测量的。将某个概念与一个可观察事件相联系，会使这个概念公开化。操作性定义将这个概念从特定个体的感觉和直觉中分离出来，并允许任何能够实施可测量操作的人对其进行检验。

例如，把“饥饿”这个概念定义为“我胃里的啃咬感”就不是一个操作性定义，因为它与“啃咬感”这种个人体验相联系，因此不能被其他观察者感知到。相比之下，包含可测量的食物剥夺时间或一些生理指标（如血糖水平）的定义是操作性的，因为它们包含了任何人都可以进行的可观察的测量。同样，心理学家不能满足于将“焦虑”定义为“我有时会产生的不适感和紧张感”，而是必须通过调查问卷和生理指标测量等一系列操作来定义这个概念。前面那个定义仅限于个人对身体状况的解释，他人无法重复。后者将这一概念置于科学的公共领域。

重要的是要认识到，科学中的概念是由一组操作定义的，而不是由单个 27
行为事件或任务定义的。相反，几个略有不同的任务和行为事件被用来聚合于一个概念上（在第 8 章我们将会更多地讨论聚合性操作）。例如，教育心理学家根据诸如"伍德库克阅读能力量表"[3]之类的标准化工具所测得的成绩来定义"阅读能力"这个概念。该量表包含一整套的任务，其阅读能力总分由几个分量表测得的能力指标组成。这些分量表测查的技能稍有不同，例如阅读一篇文章、想出一个合适的单词在文章中填空、写出一个词的同义词、独立拼读一个较难的词，等等。在所有这些任务上的表现共同定义了"阅读能力"这个概念。

操作性定义促使我们认真地、实证性地思考（根据对真实世界的观察）我们希望如何定义一个概念。试想我们要给一个看起来相当简单的概念"打字能力"下一个操作性定义，这么做是为了比较两种打字教学方法的优劣。思考一下你必须要做的所有决定。当然，你想要测量打字速度。但是要打多长的一段文章呢？只有 100 个词的文章可能太短，而 10000 个词的文章又似乎太长。那么到底多长才算好呢？打字速度要保持多久才能与我们对打字能力这一理论构念的最佳设想相匹配呢？用什么类型的文章来测试呢？它是否应该包含数字、公式和不常见的间距？我们如何处理错误？在测量打字能力时，时间和错误似乎都应被考虑在内，但究竟应该用什么公式将这两个指标结合起来呢？我们是赋予时间和错误相同的权重，还是一个比另一个更重要？寻求一个好的操作性定义会迫使你认真考虑所有这些方面；它会让你对如何将打字能力概念化进行非常透彻的思考。

我们要学会培养对操作性定义的细节进行深究的习惯。认知科学家丹·莱维丁[4]给我们举了一个倡议团体的例子，该组织声称：在 10~18 岁的学生中，70% 的人是性活跃的。首先，10~18 岁是一个很大的成熟度范围。而且，从数学的角度看，这么高的百分比意味着年仅 10 岁和 11 岁的青少年中肯定有相当比例的人是性活跃的。这让我们对“性活动”这一概念是如何被操作化定义的又多了几分好奇。要知道如何解释这一高比例，我们需要真正深入地探究宣传这一统计数据的团体究竟是如何定义“性活动”这个概念的——但对此我们将略而不谈，因为这不是一本限制级的书。

畅销书作家迈克尔·刘易斯在他的《思维的发现》（*The Undoing Project*）一书中描述了多年前，美国职业篮球联赛（NBA）的休斯敦火箭队如何试图开发比以往更好的方法来评估一名球员的表现。例如，他们不是仅仅计算一个球员拿到篮板球的数量，而是用篮板球数除以篮板球机会的数量（也就是说，他们测量的是成功抢到篮板球的比例）。他们从统计每场比赛的得分、抢断、篮板球等数据，转为以每分钟为基础来计算[5]。火箭队想做的实质上是开发出比以前更好、更精细的球员影响力操作性定义。他们的努力表明，更好的操作性定义通常更加具体。

最后，让我们考虑一下美国食品药品监督管理局（FDA）所面临的任务，它必须决定对于各种食品来说，什么是“不可接受”水平的污染，而非“不可避免的缺陷”[6]。像 FDA 这样的联邦机构不能主观地对待这些事情。它需要对其检查的每种食物中的污染物作出判断，而这些判断需要严格的操作性
28 定义。因此，举例来说，它提出了如下的操作性定义[7]：番茄汁中“不可接受”的污染水平是每 100 克有 10 个以上的苍蝇卵；蘑菇中“不可接受”的污染水平是每 100 克有 5 个或更多 2 毫米或更长的蛆虫。令人作呕，但值得称赞的是可操作！

信度和效度

在科学中，一个概念的操作化涉及测量，即通过某种规则，用一个数字来表示某次观察结果。科学作家查尔斯·塞弗[8]指出，一旦我们开始在测量

中使用数字，我们就会突然开始关心它们。他的论点是，当数字仅仅被用作抽象符号时，数学家之外的人很少关心数字的性质。我们不关心 5 这个数字本身。但是，一旦数字 5 变成 5 "英镑"、5 "美元"、5 个 "通货膨胀百分点" 或 5 个 "IQ 得分"（智商），我们就会突然开始关心起来。塞弗说："没有单位的数字是虚无缥缈和抽象的。有了单位，它便获得了意义，但与此同时，它也失去了纯粹性"（p. 9）。塞弗所说的 "失去纯粹性"，是指一旦我们涉及测量——数字有了单位——我们就突然开始关心数字的 "正确" 属性了。从科学的角度来看，什么是一个数字的 "正确" 属性呢？这个问题的答案是，在科学中，一个数字应具有的 "正确" 属性就是信度和效度。

一个概念的操作性定义必须同时具备信度和效度才会有用。信度是指测量工具的一致性——如果你对同一概念进行多次测评，是否能够得到相同的测量结果。信度的科学概念很容易理解，因为它非常类似于一般人对它的定义，也与它的字典定义之一非常相似："任何总能产生相同结果的系统所具有的一种属性。"

试想一下，一个外行人会如何评价一件事是否可信呢？想象一个每天早上要赶公共汽车从新泽西去曼哈顿上班的人。公共汽车每天预计在上午 7:20 到达这人等车的站点。在一个星期中，如果公共汽车到达的时间分别是 7:20、7:21、7:20、7:19 和 7:20，那么我们就会说在那一周汽车的到达时间是相当可信的。如果下周汽车到达的时间分别是 7:35、7:10、7:45、7:55 和 7:05，那么我们就会说在那一周汽车的到达时间是非常不可信的。

对科学中操作性定义的信度进行评估的方式与上述例子基本相同。如果我们使用一个测量工具对同一概念进行多次测量时得到相似的数字，那么我们就说该测量工具表现出了较高的信度。如果在同一周的周一、周三和周五，我们用同一个 IQ 测验的不同形式测量同一个人的智力，得到的分数分别是 110、109、110，我们会说这个 IQ 测验是非常可信的。相反，如果三次测验的分数分别是 89、130 和 105，那么我们就会说这个 IQ 测验似乎信度不高。

评估不同类型的测量工具的信度有专门的统计技术，这些内容在所有标准的方法论入门教材中都有介绍。

但是请记住，信度只与一致性有关，而与其他方面无关。一个操作性定义只有信度是不够的。信度是一个必要而非充分条件。一个概念的好的操作性定义还必须是这个概念的有效衡量指标。“结构效度”这个术语是指一个测量工具（操作性定义）是否测量了它本应测量的内容。心理学家保罗·考兹比[9]在他所著的方法论教材中，为我们讲述了一个只有信度而没有效度的幽默例子。假设你想测测自己的智力，测试者让你伸出脚，放到一个像鞋码器的测量仪器里，然后测试者给出一个读数。当然，你会认为这是一个笑话。
29 但是请注意，这个测量工具将表现出方法论教材所讨论的信度类型中的不止一种。这个仪器在星期一、星期三和星期五会给出几乎相同的读数（称为“重测信度”），并且无论谁操作它，它都会给出相同的读数（称为“评分者间信度”）。

用鞋码器来测量智力，问题不在于信度（它是有信度的），而在于效度。它不是所要测量的概念（智力）的一个好的衡量指标。我们认定它不是智力的有效指标的一种方法是，我们会发现它与许多其他变量无关，而我们会期望一个智力的指标与这些变量是相关的。鞋码器的测量结果与学业成就无关，与脑功能的神经生理学指标无关，与职场成功无关，与认知心理学家提出的信息加工效率的测量指标无关。相反，实际的智力测验与所有这一切都有关[10]。在心理学领域，真正的智力测量工具同时具有效度和信度，而用鞋码器来测量智力只有信度而没有效度。

现在，你可能想知道信度和效度的另一种组合方式的情况，所以让我来重申一下我们的立场。在操作性定义中，我们同时寻求信度和效度，因此高信度和高效度是我们追求的目标。我们刚刚讨论了鞋码 IQ 测验，以证明高信度和低效度对我们没有任何帮助。第三种情况是低信度和低效度，这显然是无用的，不值得讨论。但是你可能想知道第四种，也就是最后一种可能的组合方式：如果效度高而信度低呢？答案是，与低效度和高信度的例子（鞋码器的例子）一样，这种组合也毫无帮助。事实上，更准确地说，这种情况是不可能的。因为如果你的测量不可信，你就不能声称测量有效。

当我们试图提出有效的操作性定义时，确切地知道我们要测量什么概念非常重要。例如，美国职业橄榄球联盟使用一种被称为"传球者评分"的概念结构来评估四分卫的表现[11]。重要的是要认识到，这个概念结构被精确地命名为"传球者评分"，也就是说，它并不是四分卫评分。这是因为"传球者评分"的操作性定义只考虑了传球，而没有考虑四分卫所做的一切。具体而言，传球者评分是一个数学公式，包括以下四项内容：传球完成百分比、每次传球尝试的码数、每次传球尝试的达阵数和每次尝试的抄截数。传球者评分的统计数据不包括：四分卫获得的冲球码数、呼叫战术能力、胜负记录、擒杀次数、掉球次数以及其他各种可量化的四分卫变量。出于这个原因，另一种具有不同操作性定义的概念结构被开发出来，它被称为"总四分卫评分"。

归根结底，测量的目的是在有意义的背景下解释数字。如果没有适当的背景，一个简单的数字没有任何意义，甚至具有误导性。数学教授乔丹 · 艾伦伯格[12]告诉我们，有一位博主曾警告说，飞机机舱内的加压空气中含有高浓度的氮气（"有时几乎高达 50%"）。这位博主没说的是，地球大气中氮气的天然比例是 78%！同样，许多人惊讶地发现，30 多年过去了，美国银行柜员的人数与 1980 年时一样多。他们很惊讶自动化并没有让很多柜员丢掉工作。但是自动化已经取代了许多这样的工作。这个说法（"与 1980 年时人数相同"）没有考虑到适当的背景。我们应该考虑到人口自 1980 年以来增长了 40% 这一事实。柜员职位的比例的确下降了，因为事实上，很多这样的职位已被技术所取代。

脱离适当的背景去解释数字，会产生深远的实际影响。科学作家吉娜·科 30
拉塔在一篇文章中提到，现在更多的前列腺癌检测结果不明确的男性会选择主动监测（从几十年前的 10% 上升到了 40%），而不是放疗或手术[13]。这是因为研究发现，Gleason 评分为 6 分及以下的男性，在未来 10 年内死于前列腺癌的概率不到 1%。Gleason 评分是病理学家对前列腺细胞恶性程度的评估，分数介于 2~10 分之间。尽管 6 分看起来是个很高的数字，但实际上是细胞能被称为癌细胞的最低分数。在 2~10 分的背景下，6 分看起来很高，它吓得很多男人去做了手术。为此，世界卫生组织将 Gleason 评分中的 6 分重新命名为 1~5 级系统中的第 1 级[14]。在这个背景下，原来的分数被重新表述得更为准确，它提示癌症虽然存在，但仍处于早期阶段[15]。

直接和间接的操作性定义

概念与可观测的操作之间的联系，在直接或间接的程度上有很大差异。很少有科学概念几乎完全是通过真实世界中可观测的操作来定义的。大部分概念的定义采用更为间接的方式。例如，某些概念的使用是由一组操作以及特定概念与其他理论构念之间的关系所决定的。最后，还有一些概念不是通过可观测的操作来直接定义，而是通过它们与其他概念间的关系来定义的。这种概念有时被称为“潜在构念”，它们在心理学中很常见。

举例来说，许多研究关注所谓的 A 型行为模式，因为它与冠心病的发病率有关[16]。在第 8 章中，我们将会更加详细地讨论 A 型行为模式。但是，这里重点要说的是，A 型行为模式实际上是通过一系列二级概念来定义的，包括强烈的竞争欲望、潜在的敌意、时间紧迫感、完成目标的强烈驱动力、愤怒等等。然而，每一个用于界定 A 型行为模式（强烈的竞争欲望、敌意等等）的概念，本身也都需要操作性定义。事实上，研究者们已经付出了很多努力来对每个概念进行操作性定义。我们当前讨论的要点是，A 型行为模式是一个复杂的概念，它并不是由操作来直接定义的。相反，它与其他一些各自具有操作性定义的概念联系在一起。

A 型行为模式提供了一个间接操作性定义的例子。临床心理学中一个用类似方式定义的概念是痛苦耐受性[17]。这个整体概念是由几个更简单的子构念来定义的，这些子构念与一些操作性的测量指标联系更为紧密，包括对不确定性的耐受性、对模糊的耐受性、对挫折的耐受性、对负面情绪的耐受性和对身体不适的耐受性。

简而言之，尽管理论概念与观测之间联系的紧密程度不同，但所有概念都在一定程度上通过与这些观测之间的联系来获得意义。

科学概念的演进

科学概念的定义并不是固定不变的，而是随着相关观测结果的丰富而不断变化，认识到这一点非常重要。如果一个概念最初的操作性定义在理论上是无效的，那么它就会被抛弃，取而代之的是另一组定义操作。因此，科学中的概念是不断发展的，并且随着相关知识的增加，其抽象性也会增加。例如，人们曾经认为电子是一个围绕原子核旋转的带负电的微小球体。现在它被视为在某些实验条件下具有似波特性的概率密度函数。

在心理学领域，智力概念的发展提供了一个类似的例子。起初，智力仅 31
有一个严格的操作性定义：智力是通过心智功能测验所测到的东西。随着实证证据的不断积累，智力被证明与学业成就、学习、脑损伤、神经生理学以及其他行为和生物学变量有关，这一概念也逐渐得到丰富和完善[18]。现在看来，最好将智力概念化为由几个更具体的信息加工操作定义的高阶构念。这些假设的加工过程又有更为直接的操作性定义，用可测量的表现来表述。

人类记忆理论中的概念也有着同样的演进过程。现在，心理学家很少使用像记忆或遗忘这样的宽泛概念；相反，他们会测量那些定义更明确的记忆子过程的属性，如短时听觉记忆、图像存储、语义记忆和情景记忆。以前的记忆或遗忘的概念，已被细化为几个具体的操作性概念。还可以回想一下我们之前关于休斯敦火箭队如何开发并逐渐完善球员效率测量工具的讨论。

随着科学概念的演进，它们常常与几个不同的理论体系交织在一起，并且获得不同的操作性定义。这种情况的出现并不意味着概念本身出了问题。例如，你可能认为像失业率这样的测量指标应该是稳定而简单的。但如果这样想，你就错了。你在收音机里听到或在报纸上读到的标准数字，只是经济学家计算失业率的六种方法之一[19]。你经常在电视上听到的统计数据被称为U3，它将那些没有工作、在过去四周积极寻找工作、并且现在就可以工作的人归为失业者。在另一种被称为U1的计算方法中，只有失业15周或更长时间的人才被称为失业者。因为这个定义比U3更严格，用它计算出的失业率低于U3所表示的失业率。U6与U1处于相反的极端。U6比U3多了以下几种类型：怯志工作者（不积极寻找工作的人）、希望寻求全职工作的兼职工作者以及处于边际状态的人。因此，U6代表的失业率总是高于U3，比U1更是高得多。此外，还有三个与U1、U3和U6略有不同的计算方法，它们得出的失业率也多少有些不同。它们都是失业率这一概念的可选操作性定义。

尽管在其他学科中，概念也常常有多个不同的操作性定义，比如像失业率这样的例子，但许多人仍然因为心理学中的许多重要理论构念有不止一种操作化和概念化的方式而认为心理学不可信。这种情形并非心理学所独有，也不是一件令人绝望或束手无策的事情。事实上，这种情况在科学领域是普遍存在的。例如，“热”可以从热力学和动力学两个理论角度来概念化。物理学并未因此遭到贬斥。类似地，想想电子，它的许多属性可以用波的概念来解释。然而，如果将其视为粒子，则另一些属性更好掌握。到目前为止，这些替代概念的存在并没有诱使任何人提出放弃物理学。

2006年，人们在这一点上有了深刻的认识。当时媒体报道国际天文学联合会（International Astronomical Union）对“行星”一词重新进行了操作化定义，这种定义方式将冥王星排除在行星之外[20]。对“行星”这样看似基础的概念都会有不同的看法，确实让公众大吃一惊，但事实上，这在科学领域是司空见惯的。在行星的定义上，一组天文学家倾向于强调天体的地质构成，而另一组则强调行星的动力属性，例如它们的轨道和引力效应。在前一组天文学家的操作性定义中，冥王星是行星，而在后一组天文学家的操作性定义 32
中，冥王星则被排除在外[21]。根据这个操作性定义，天体需要满足三个条件才能被称为行星：天体必须绕太阳运转，必须近似球体，以及必须"清除邻近区域"（这意味着通过推开较小的天体或者把它们变成卫星来控制自身的轨道）。冥王星不符合最后一个条件（尽管它确实符合前两个）。因此，它被降级为"矮行星"。这些有争议和分歧的操作性定义，反映的不是天文学界的混乱，它们只是反映了该学科从不同角度定义概念的方式。在心理学中也是如此，有时概念有多个可选择的操作性定义。有些事物难以定义并不意味着没有真实的东西可以研究。

心理学中的操作性定义

许多人在想到物理学或化学时，能够理解操作主义的必要性。他们知道，如果科学家要讨论某一类型的化学反应、能量或者磁场，就必须有相应的方法来测量这些东西。遗憾的是，当人们想到或谈到心理学时，却经常无法认识到操作主义的必要性。心理学术语必须有直接或间接的操作性定义，才能成为科学理论中有用的解释性构念。这为什么不是显而易见的呢？

原因之一是心理学中所说的"预设偏见问题"。这个问题是这样的：人们在研究地质学时，不会对岩石的性质带着具有感情色彩的信念，而在心理学中，情况就大为不同了。纽约大学心理学教授伊丽莎白·菲尔普斯[22]曾开玩笑说，她的母亲是一位海洋生物学家，从来没有非科学界的朋友告诉过她，她对河口污染物的研究"没有意义"，但似乎每个人都对菲尔普斯关于记忆和决策偏差的研究有自己的看法。

我们每个人都有关于人格和人类行为的直觉理论，因为我们在生活中一直在向自己"解释"自己和他人的行为。我们所有的个人心理学理论中都包含着理论概念（例如聪明、攻击和焦虑）。心理学中的许多专业概念都是用日常语言中的词汇命名的，这是误解产生的最大根源之一，也是在媒体上准确地呈现心理学发现的最大障碍之一。这种日常用法为各种各样的误解敞开了大门。外行人很少意识到，当心理学家把“智力”“焦虑”“攻击”“依恋”等词语用作理论构念时，他们所指的含义不一定与大众使用这些词汇时的含义相同。

从之前关于操作主义的讨论中就能明显看出这种区别的本质。当在心理学理论中使用诸如“智力”“焦虑”等术语时，它们直接或间接的操作性定义决定着它们的正确用法。这些定义常常是高度技术性的，通常相当具体，并且常常在许多方面与流行的用法不同。例如，当听到“对大量认知任务进行因素分析所得到的第一个主成分”这个短语时，许多人都不会意识到它是“智力”这一术语的操作性定义的一部分。

同样，在外行的用法中，“抑郁”一词的意思是“情绪低落”。相比之下，在《精神障碍诊断与统计手册》(*Diagnostic and Statistical Manual of Mental Disorders*）中，抑郁症的技术性定义占了十几页的篇幅[23]，并且其含义与“情绪低落”有很大的不同。临床心理学家所说的抑郁，不同于外行人所说的抑郁[24]。“Significant”这样一个基本而简单的英文单词，对于心理学家和外行
33 人来说，其含义是不同的[25]。对于后者，它的意思是“值得注意的”或“重要的”。在关于研究的心理学话语体系中，其所指则更为具体且更具技术性：它指的是统计显著性——对所获研究结果纯属偶然的可能性的评估。

当心理学家和外行人用同一词语来表达不同含义时，他们常常误解对方。如果创造新词来代表心理学构念，这种混淆就会少一些。有时也创造了一些新词。正如物理学家们有他们的“尔格”和“焦耳”一样，心理学也有它的“失调”和“编码”。事实上，这些词不是新创的，但比较生僻，足以防止混淆。

“但是，”外行人可能会反对，“为什么心理学家要把这强加给我们？新的行话，高度技术性的定义，生僻的用词。我们为什么需要它们？为什么我

所认为的‘智力’概念就得不到认可呢？”

我们在这里看到的是对心理学研究的一种严重的误解——这种误解经常反映在对心理学研究的媒体报道中。一份全国性报纸以“你能用克林贡语重复一遍吗？”（《星际迷航》中所讲的人造语言——译者注）为题，报道了1996 年美国心理学协会的年会[26]，指的是“心理学家讲一门完全属于他们自己的语言”。该文嘲讽了在会上报告的一篇论文的题目：“用 Gf-Gc 理论解释对 WJ-R 和 KAIT 的联合因素分析。”尽管记者表示他“甚至不敢去猜测这个标题的真正含义”，但几乎所有受过适当训练的心理学家都能理解这个标题涉及智力测验理论方面的新进展。理应如此。Gf-Gc 理论是智力结构理论的一个技术性发展，记者没有理由听说过这个概念——就如同我们不会期望记者知道物理学家发现的最新基本粒子的细节一样。可是，不知何故，记者对科学术语的无知（完全可以理解）却被看成是现代心理学的问题。当话题是物理学时，记者们似乎知道，正是他们自己的无知阻碍了理解。但当话题为心理学时，他们的表现就好像心理学家应该为他们的不理解负责一样。

我们来看看问题的症结所在。解决它的第一步，就是强调我们已经讨论过的一个观点：操作主义并非心理学所独有，它是所有科学门类的特征。大多数情况下，我们很容易接受它，并认识到它显而易见的性质。如果一个科学家在研究放射性，我们会理所当然地认为他肯定有某种可观察到的方法来测量这种现象——其他研究者也能使用该方法获得相同的结果。这种方法让科学的公开化成为可能，而公开化是科学的关键特征之一。两个科学家就同一个操作性定义达成一致，这样一个人就可以用它去重复另一个人的结果。然而，在其他情况下看来显而易见的事情，在我们谈到心理学的时候，有时却不那么明晰。人们往往认识不到“智力”和“焦虑”等概念的操作性定义的必要性，因为我们总是在使用这些术语，毕竟，我们不是全都“知道”它们是什么意思吗？

答案是：“不，我们不知道”——不是像科学家必须知道的那样——也就是说，在公开化的意义上。一个科学家必须通过如下方式“知道”智力的含义：他能够精确地定义一种方法，使其他实验者能够以完全相同的方法测量这一概念，并且得到有关此概念的相同结论。在明确性和精确性上，这与日常交谈中为达到随意理解所需的含糊的言语内涵有很大差别。

作为人性化力量的操作主义

过分依赖我们“知道”的东西这一问题，同样也存在于所有的直觉（非实证的）信念体系中。关于某个事物，你所“知道”的可能与张三或李四所
34 “知道”的并不完全相同，我们如何决定谁是正确的呢？你或许会说：“好吧，我对此有非常强烈的感觉，强烈到我*知道*我是对的。”但是，如果张三的观点与你不同，但他的感受比你还强烈呢？还有李四，他的观点与你俩都不同，宣称自己肯定是正确的，因为他的感受甚至比张三*还要*强烈。

这个简单的小段子只是为了用来说明科学知识的一个基本特性：在科学中，一个知识主张的正确与否，并不取决于提出该主张的个体的信念强度。这个特性已成为人类历史中一股重要的人性化力量。所有建立在直觉基础上的信念体系都有一个共同的问题，即对于矛盾的主张，它们缺乏一种机制来判别孰对孰错。当每个人都凭直觉认为自己是对的，但这些直觉主张却相互冲突时，我们该如何决定谁正确呢？可悲的是，历史表明，这种冲突的结果通常是权力斗争。

一些人错误地宣称，心理学的操作取向缺乏人性化，因而我们应该把关于人类的观点建立在直觉的基础之上。恰恰相反，真正的人道立场应该将关于人类的理论观点建立在可观测的行为上，而不是理论者的感觉上。科学使知识主张公开化，这样，人们就可以用争论的各方都能接受的方式对相互冲突的观点加以检验。科学用观察取代了权力斗争。这让我们可以通过一种大家事先都同意的和平机制来从理论中进行选择。科学的公开性高度依赖于操

作主义理念。通过对概念进行操作化定义，我们使概念进入了公共领域——在这里，任何人都可以对其进行批判、检验、改进或否定。

心理学概念不能依赖于某人的个人定义，因为这类定义可能是不常见的、怪异的或者模糊的。由于这个原因，心理学必须拒绝所有个人对概念的定义（就像物理学拒绝个人对能量的定义，气象学拒绝个人对云的定义）。心理学家们必须依靠可公开获取的概念，这种概念是用操作界定的，并且任何一个接受过正规训练并拥有适当设备的人都可以实施这些操作。在拒绝个人化定义的过程中，心理学并没有将外行人拒之门外，而是像所有的学科一样，将这一领域向公众敞开，以寻求人人都可以共享的获得共同认可、可公开获取的知识。

本质主义问题和对心理学的误解

许多人在接触心理学时放弃操作主义观点的另一个原因是，他们寻求对某些人类问题的本质主义答案。回想本章开头提出的问题："地心引力"一词的真正含义是什么？它的内在本质是什么？在谈到"地心引力"一词时，我们到底指的是什么呢？大多数人会认识到，回答这些问题需要了解一个现象终极的、内在的本质，而当前的物理学理论不能为这类问题提供答案。任何熟悉有关物理学近几百年来发展的通俗读物的人都知道，地心引力是一个高度复杂的理论构念，并且其概念性与操作性之间的关系也在不断地变化。

可是，如果将上述问题中的"地心引力"全都换成"智力"（"智力的本质是什么""当我们说某人聪明时，我们到底是什么意思"），奇迹就突然出现了。现在，这些问题被赋予了重大意义。它们看起来是那么自然和富有深意。它们简直是在乞求一个终极答案。可是当心理学家给出和物理学家一样的答案，即"智力是一个复杂的概念，它的含义来自于测量它的操作以及它与其他构念之间的理论关系"，却往往会被鄙视并被指责回避真正的问题。

心理学所面临的一个难题就是，公众要求心理学去回答本质主义问题，而对其他学科却通常没有这样的要求。此类要求，往往正是一些人试图贬低心理学领域已取得的进步的深层原因。因为心理学家们（像其他科学家一样）
35 无视了对本质主义答案的要求，而只是专注于自己的工作，因而这类要求并未阻止这一领域自身的发展，但它却阻碍了公众对心理学的认识。当一个不懂行的批评家声称心理学没有取得进步时，公众就会感到困惑。这种说法很少遇到挑战，这反映了一个不幸的事实，也是本书的主要前提：公众对究竟什么算心理学领域的科学成就知之甚少。如果仔细审视，不难发现那些对心理学的批评通常可以归结为这样一种论点：心理学至今没有为它的任何问题提供终极答案。对于这项指控，像所有其他学科一样，心理学愿意低头认罪。

没有一个学科，包括心理学在内，可以回答本质主义的问题；有些人可能对此感到不适。想想物理学和放射性衰变现象，在此过程中，发生衰变的放射性元素的原子数量与时间呈指数函数关系。然而，这种函数并不能解释放射性衰变现象为什么会发生。它不能回答外行人的问题即它为什么会遵循这个函数，也不能回答放射性衰变到底是什么这个问题。同样，物理学也不试图解释为什么万物遵循电磁定律或引力定律。物理学并不解释事物究竟是什么，或者为什么它们会这样。

同样，那些为人类本性问题寻求本质主义答案的人，若求助于心理学，也注定会失望。心理学不是宗教，它是一个广阔的领域，寻求对行为各个方面的科学理解。因此，心理学目前的解释是暂时性的理论构念，它比其他说法能更好地解释行为。这些构念在将来注定会被更好的、更接近真理的理论概念所取代。

操作性定义的理念在评估心理学理论的可证伪性方面非常有用。未直接或间接地基于可观察操作的概念的存在，是识别不可证伪理论的重要线索。因此，对存在松散概念的理论，即理论的提出者不能为概念提供直接或间接的操作性联系，应当持怀疑态度。

科学家所称的"简约"原则也与此相关。这一原则规定，当两个理论具有相同的解释力时，较为简单的理论（涉及较少的概念和概念关系的理论）优先[27]。原因是，含有较少概念关系的理论在将来的检验中可能更具可证伪性。

小　结

操作性定义是用可观察的操作来表述的概念定义，而这些操作是可测量的。我们保证某个理论具有可证伪性的主要方法之一，就是确保理论中的关键概念具有操作性定义，并且这些定义是用已经被重复过的行为观察来表述的。用操作定义的概念使得科学知识可被公开验证。这样的定义属于公共领域，因此它们所定义的理论概念能够接受所有人的检验，而不是像"直觉的"、非实证性的定义那样，只属于特定个体，无法公开地接受所有人的检验。

由于心理学使用了一些来自日常谈话的词语，譬如*智力*和*焦虑*，而许多人对这些术语的含义已有先入为主的想法，因此人们往往认识不到对这些术语进行操作性定义的必要性。心理学像所有其他学科一样，需要对其术语进行操作性定义。然而，人们常常要求心理学回答本质主义问题（与某个概念的绝对内在本质有关的问题），而对其他学科却没有这样的要求。没有学科能够回答这样的终极问题。相反，心理学和其他学科一样，寻求不断地完善其操作性定义，以便理论中的概念能够更加准确地反映世界的实际情况。

第 4 章

见证和个案研究证据：安慰剂效应和了不起的兰迪

36 ## 学习目标

4.1 概述个案研究和见证作为理论的科学证据的局限性

4.2 解释安慰剂效应如何使见证或个案研究证据无效

4.3 解释信息的鲜活性如何影响对科学证据的解释

4.4 描述如何识别伪科学主张

20 世纪 90 年代和 21 世纪初，提供大量自助建议的电视脱口秀节目非常流行（“奥普拉·温弗瑞脱口秀”是这些节目中收视率最高的）。节目主持人往往会邀请所谓的“专家”嘉宾，他们经常回答观众的问题。下面是一个例子。

今天的嘉宾是俄狄浦斯人类潜能研究所的所长阿尔弗雷德·庞蒂菲科特（Alfred Pontificate）博士。这位博士提出了一个富有争议的有关出生次序的新理论，该理论的基本理念是：个体的生命进程是由家庭互动决定的，而家庭互动是由出生次序决定的。主持人鼓励观众就此理论进行提问。讨论不可避免地由理论上的关注转向要求对观众个人生活中的重要事件做出解释。这位博士欣然应允。

例如，“博士，我的哥哥是个不要命的工作狂。他对妻子和家庭完全不管不顾，把与工作有关的问题看得比什么都重。他有溃疡和酗酒问题，但他拒不承认。他们家已经两年没有度过一个真正意义上的假期了。他要离婚了，但他似乎并不在乎。他为什么要选择这样一种自我毁灭式的生活呢？”

博士回答道：“亲爱的，他在家中排行老几？”

“哦，他是子女中的老大。”

“这就对了，”博士说道，“这很常见。我们在诊所里经常见到这种情况。这类情况出现的深层原因是因为父母将他们的人生期望和挫折都转移到他们第一个出生的孩子身上。通过无意识的愿望转移过程，即使父母从未表达出来，孩子也内化了这些愿望和挫折。然后，通过这种我称之为‘动力期望螺旋’ 37
的无意识过程，父母的期望成为了孩子对于成就的病态渴求。”

尽管节目中的观众有时会在嘉宾挑战他们的信念时提出一些尖锐的问题，但是当行为“专家”似乎是在印证观众的传统观念时，这种情况就很少发生了。不过，偶尔也会有观众质疑嘉宾言论背后的证据，让节目变得生动起来。这一次，有一位热切而直率的观众正在演播室里。“但是请等一下，博士，”提问者开始问道，“我的哥哥也是家里的老大。我的父母把那个笨蛋送到哈佛，而让我去了一个两年制的学校，做一名牙科保健员。但他们的‘神童’一年之后就辍学了，去了科罗拉多州的某个山顶上。我们最后一次见到他时，他正在编篮子！我搞不懂你关于‘长子’的说法。”

这位观众使现场气氛骤然紧张，但是博士总是能够逢凶化吉：“哦，是的，我也曾经见过很多像你哥哥一样的案例。是的，我在从业经历中经常遇到这样的人。他们的‘动力期望螺旋’短路了，产生了一种无意识的欲望来阻碍愿望的转移。因此，个体的生活规划会朝着与传统成就期望相反的方向发展。”接着是一阵沉默，然后讨论转向了下一个“案例”。

当然，我们对此非常熟悉，这是第 2 章讨论过的本杰明 · 拉什问题的又一个例子。关于出生次序的“理论”是在没有一个事例能够证明其“不成立”

的思维框架下被构想出来的。由于它是一个不可证伪的理论，提出再多能证明它的证据也没有意义，因为这个理论不能排除任何可能的情况。

然而，我们在本章所关注的并非这一理论本身，而是那些用于支持它的证据。当被要求提供证据时，庞蒂菲科特博士搬出了他的“临床经验”或“个案研究”作为证据。这在媒体心理学领域是一个极为常见的套路。脱口秀节目、网站和书架上充斥着基于作者临床经验的心理学理论。通过这些渠道向公众展示的许多疗法，其依据无非是那些接受过治疗并认为自己的情况得到了改善或已被治愈者的个人见证。在本章中，我们将为心理学信息的消费者建立一个非常有用的原则：个案研究和见证作为评估心理学理论和治疗的证据几乎是毫无价值的。

在本章中，我们将证明这个原则为什么是正确的，还将讨论个案研究在心理学中应有的作用。

个案研究的地位

个案研究是对单个个体或极少数个体进行的深入细致的调查。个案研究信息的作用，很大程度上取决于科学研究在某个特定领域进展到什么程度。从个案研究或临床经验中获得的见解，在某些问题的早期研究阶段或许比较有用，因为它们可以提示哪些变量需要更深入的研究。个案研究在开启心理学新的研究领域方面起到过关键作用[1]。让・皮亚杰（Jean Piaget）的工作中有一些著名的例子。皮亚杰的研究提出了一种可能性，即儿童的思维并不只是成人思维的简易版或低级版，而是有其自身的结构。皮亚杰关于儿童思维的部分推测已经被证实，但很多还有待证实[2]。然而，对于我们这里的讨论来说，重要的不是皮亚杰的推测有多少得到了证实，而是要认识到，皮亚杰的个案研究尽管没有证明任何事情，但它为发展心理学家提供了令人难以置信的富有成果的研究领域。是第 5 章和第 6 章将要介绍的相关研究和实验研究，为皮亚杰个案研究中提出的假设提供了支持或否定的证据。

当我们从科学研究的早期阶段（在此阶段个案研究可能是非常有用的） 38
进入更为成熟的理论检验阶段之后，情况就大为不同了。由于个案研究在某个特定理论的检验中不能作为证实或证伪的证据，所以它在科学研究的后期阶段不再有效。原因在于，个案研究和见证叙述都是孤立的事件，缺乏必要的比较性的信息来排除其他可能的解释。

弗洛伊德工作的局限性之一是，他从未迈出第二步，即从基于个案研究的有趣假设转向对这些假设的实际检验[3]。研究弗洛伊德的主要作家之一弗兰克·萨洛韦（Frank Sulloway）曾说："科学是一个两步走的过程。第一步是提出假设。弗洛伊德提出了一系列令人瞩目的、当时看上去极具说服力的假设，但他从未以真正的科学所要求的严格方式采取关键的第二步"[4]。

见证叙述与个案研究相似，因为它们都是孤立事件。依赖见证叙述证据的问题在于，几乎每一种尝试过的疗法都有见证的支持。因此，利用见证来支持任何一种特定的疗法都是错误的，因为所有相互竞争的疗法也都有见证提供支持。当然，我们想知道的是哪种疗法是最好的，但我们不能依据见证来决定。这是因为每一种伪科学的医学疗法都有真心相信的病人，他们会提供疗法"确实对他们有效"的见证叙述。例如，有大量的见证声称潜意识自助录音带（用低于听觉阈限的信息制作的录音带）可以提高人的记忆力或自尊，但是，在控制条件下进行的研究显示，这类录音带对记忆力或自尊没有任何作用[5]。

"其他可能的解释"这一理念，对于理解理论检验来说至关重要。实验设计的目标就是构建事件，以便在支持一种特定解释的同时否定其他解释。正如我们在第 2 章（可证伪性）所讨论的，只有当收集的数据排除了一些解释时，科学才能进步。科学为理论观点的自然选择创设了条件。有些理论观点经过实证检验留存下来，而另一些则被淘汰出局。那些保留下来的理论观点更接近真理。这是个磨砺的过程，在此过程中，各种理论观点被筛选出来，以便发现那些包含最多真理的观点。但是在这一过程中必须有所取舍：为支持某一特定理论所收集的数据，不能同时支持许多其他可能的解释。基于这一理由，科学家在他们的实验中设有控制组（或称为对照组）。这样做的目的，是为了能够在比较控制组与实验组的结果时，排除其他可能的解释。如何做到这一点将是后面几章的主题。

个案研究和见证叙述都是孤立的现象。它们缺少必要的比较性信息来证明某一特定的理论或疗法更优越。因此，引用某个见证叙述或个案研究的结果来支持某一特定理论或疗法是错误的。如果这么做的那些人不指明他们提供的所谓证据其实也可以有大量其他的解释，那么他们就是在误导公众。简言之，针对某个现象的孤证具有高度的误导性。安慰剂效应的例子可以更具体地说明这一点。

为什么见证叙述毫无价值：安慰剂效应

几乎每一种医学和心理学设计发明的疗法都有一定数量的支持者，并且总能催生出一些发自内心认可其疗效的人。医学文献曾经记载了关于猪牙齿、鳄鱼粪便、埃及木乃伊粉末（以及很多更富想象力的疗法）的疗效的见证[6]。
39 事实上，人们早已熟知，仅仅暗示正在接受某种治疗，就足以使许多人感觉病情好转了。

无论一种治疗方法是否有真正的治疗成分，人们都倾向于报告治疗对他们有帮助，这种倾向被称为*安慰剂效应*[7]。安慰剂效应的概念在电影《绿野仙踪》中得到了很好的诠释。仙女并没有真的给铁皮人一个心脏，没有给稻草人一个大脑，也没有给狮子勇气，但是他们都感觉更好了。实际上，由于只是近百年来，医学才发展出大量确实具有疗效的治疗方法，因此人们常说：“20 世纪以前的整个医学史只能说是安慰剂效应的历史罢了。”

我们可以通过对生物医学研究的考察来说明安慰剂效应这一概念。在生物医学研究中，所有的新药研究程序都必须包括对安慰剂效应的控制。一般来说，如果在一组病人身上试验一种新药，就要组建一个患同样病症的对等组，给他们服用不含该药的药剂（安慰剂）。两组病人都不知道他们吃的是什么药。这样，当比较两组的结果时，安慰剂效应——即给予病人任何一种新的治疗都会使他们感觉更好的倾向——就得到了控制。仅仅表明接受新药的病人中有一定比例的人报告说他们的症状得到缓解是不够的，因为如果没有控制组的数据，就不可能知道这其中有多少病人这样说是由于安慰剂效应而不是药物本身的疗效。

安慰剂效应在抑郁症治疗中是 29%（即 29% 的病人服用安慰剂后报告症状缓解了），在十二指肠溃疡中是 36%，在偏头痛中是 29%，在反流性食管炎中是 27%[8]。安慰剂效应可以非常强大，以至于曾有报告说有人对安慰剂成瘾[9]，这些人需要服用剂量越来越大的安慰剂来保持他们的健康状态。研究发现，许多因肩袖肌腱撕裂而接受手术的人报告说，他们的疼痛消失了，尽管磁共振成像（MRI）显示他们的肌腱还没有痊愈[10]。最后，人们发现，所谓的“开放标记式”安慰剂竟然也可以治疗腰痛[11]。开放标记式安慰剂的情况就是，人们被告知他们得到的是安慰剂！

诸如此类的例子无疑解释了为什么接近一半的医生报告说他们故意给患者开安慰剂[12]。最后，安慰剂效应会受到情境预期的调节。有研究发现[13]，价格较贵的安慰剂比价格便宜的安慰剂更能缓解痛苦！

当然，在药物治疗的实际研究中，安慰剂控制并不是一种不含任何成分的药片，而是含有目前已知的对相关病症最有效药用成分的药剂。实验比较的目的在于揭示，新药是不是比目前最有效的药还要好。

你每次吃处方药时都会得到安慰剂效应的提示信息，下次吃处方药时（如果你非常健康，就看看你祖父的药吧！），仔细查看一下药物附带的说明书（或者登录药品制造商的网站浏览一下），你会看到关于它对所治疗病症的安慰剂效应的信息。例如，我吃一种叫作 Imitrex（琥珀酸舒马曲坦）的药物来缓解偏头痛。该药附带的说明书告诉我，控制研究已经证明，在服用一定剂量的药物之后，57% 的病人在两个小时之内症状得到了缓解（我就是这幸运的 57% 之一！）。但是说明书同时告诉我，同样的研究显示，这类偏头痛的安慰剂效应是 21%——有 21% 的人在服药后两小时内症状得到缓解，即使他们服用的药物里是安慰剂而非琥珀酸舒马曲坦。

40 所有类型的心理治疗都涉及安慰剂效应[14]。许多有轻度至中度心理问题的人，在接受心理治疗后说他们的情况有所好转。然而，控制研究表明，这一康复比例中，有相当一部分是由于安慰剂效应以及时间的推移[15]。后一种情况被称为自发性缓解。唐·雷德梅尔（Don Redelmeier）碰巧既是一名医生，也是一名决策科学家[16]。他在接受训练的早期，就对医生们经常自动地将病人的康复归因于特定的治疗而不考虑其他的可能性，感到很震惊。与此相反，他心想："很多疾病都是自限性的，本来就会自愈。经受痛苦的人会去寻求治疗。当他们寻求治疗时，医生们觉得有必要做点什么。你用水蛭给他们吸血，他们的病情好转了。这能让人一辈子都相信水蛭的功效。你试了这种疗法，第二天他们好转了，这很有说服力"[17]。大多数具有疗效的疗法都是有效治疗成分和安慰剂效应的未知组合。但是，重要的是要认识到，对于安慰剂的积极反应并不意味着病人的问题是想象出来的。

在关于心理治疗有效性的研究中，确定安慰剂控制组的确切治疗方法，往往很棘手，但是这些复杂的问题不是我们在这里所要关注的[18]。重要的是要理解研究者为什么要将真正的治疗效果与安慰剂效应以及自发性缓解区分开。例如，研究表明，心理疗法确实优于只用安慰剂所产生的效果[19]。但是，使用了安慰剂控制组的实验也表明，仅仅引用报告病情好转的人的总体百分比，会大大高估只能归因于该疗法的改善程度[20]。问题就在于，得到见证叙述简直不费吹灰之力。当"感觉好转"的基础比率如此之高时，即使是毫无价值的治疗手段也会显得有效。简言之，无论干预的效果如何，只要我们进行治疗干预，安慰剂效应就有可能产生。问题在于，安慰剂效应是如此强大，以至于无论某个人使用的疗法多么荒唐可笑，只要是被应用于一大群人的话，总有一些人会乐于为它的效果做出见证（清晨头部击打疗法，每天使用让你神清气爽！给我寄 10.95 美元，你就可以得到这个特制的、经过医学测试的橡胶锤）。

但我们确实不应该拿这种严肃的事情开玩笑。无端地依赖见证叙述和个案研究的证据，可能会导致灾难性的后果。第 2 章曾提到，为抽动秽语综合征的现代界定——将之定义为器质性障碍——作出了贡献的研究小组指出，对于个案研究证据的错误依赖，使得关于该病的解释被不可证伪的精神分析理论长期盘踞，导致在障碍的病理研究上无法产生真正的科学进步。正如退休医生哈丽雅特·霍尔[21]所说："个人见证实乃证据之敌"（p. 58）。

在这一节中有一个"爱之深责之切"式的告诫，这也是为什么标题的一部分是：为什么见证叙述毫无价值。人们很容易相信见证叙述，它们很容易理解。对它们进行批判性思考需要付出努力，而许多人不愿意做出认知上的努力。但诚实的科学家和老师必须告诉学生和公众，见证证据这种受欢迎的办法，确实是毫无价值的。事实上，这根本什么也证明不了。正如认知心理学家丹尼尔·列维京[22]所言："如果你把 20 个头疼的人带到一个实验室，给他们一种新的神奇头疼药，其中 10 个人好转了，你没了解到任何东西"（p.158）。你……没……了解到……任何东西。这很犀利，但的确如此。

"鲜活性"问题 41

指出安慰剂效应的存在如何使见证叙述成为无用的证据，固然是件好事，但我们必须认识到，还存在着另外一个障碍，它阻碍了人们理解为何见证叙述无法作为某个主张的证据。社会和认知心理学家研究了人类记忆和决策中的所谓"鲜活性效应"[23]。当面临问题解决或决策情境时，人们会从记忆中提取与当前情境有关的信息。因此，人们倾向于利用更容易获得的、能够用来解决问题或做出决策的信息。强烈影响可获得性的一个因素，就是信息的鲜活性。

问题在于，再没有什么比真诚的个人见证——说某件事情发生了或某事是真实的——更鲜活、更能打动人了。个人见证的鲜活性常常令其他一些可靠得多的信息黯然失色。我们在购物前仔细收集了不同品牌的大量信息，最后却由于某个朋友或某则广告对另一产品的推荐，而在最后一刻放弃了自己的选择。买车就是一个典型的例子。在翻看了《消费者报告》中对数千个消费者的调查之后，我们终于决定要购买一辆 X 品牌的车。又参考了几本汽车杂志之后，看到里面的专家们也都推荐 X 牌子的车，这更坚定了我们的选择。直到在一次聚会上，我们遇到一位朋友，他说他一个朋友的朋友买了一辆 X 牌子的车，结果是残次品，光维修就花了几百美元，而且决定再也不买这个牌子的车了。显然，这样一个个别案例本不该在很大程度上影响我们的看法，因为我们是在收集了针对数千名用户所做的调查报告和众位专家的评判之后，才决定要买 X 牌车的。然而，我们中究竟有多少人能不过分看重这个个别案例呢？

设想一下，一个周五的早上，你在报纸上看到下面这个标题："大型喷气式飞机坠毁，393 人丧生。"天啊，你也许会想，多可怕的事故啊！发生了多么悲惨的事情啊！继续设想，在接下来一周的周四，你起床看到报纸写道："另一架大型喷气式飞机失事，367 人死亡。""哦，不！"你也许会想。"不要再发生灾难了！多么可怕啊，我们的空运系统究竟是怎么了？"然后想象一下——请尽可能地想象——下一个周五，你起床后看到报纸上写着："第三起空难悲剧：401 人死亡。"不仅是你，整个国家都会抓狂。一场联邦调查将被启动，所有航班停飞，各种调查委员会成立，还有海量的法律诉讼被提起。各大杂志将会对此作封面报道，它还会在好几天内占据电视新闻节目的头条。电视纪录片将会对此主题做深度挖掘。这将引发巨大的骚动。

这并不是一个虚构出来的问题，它是真实的。每周的确都有大型喷气式飞机坠毁。其实不是一架喷气式飞机，而是很多小型喷气式飞机。好吧，也不是小型喷气机，而是小型交通工具。这种小型交通工具叫作汽车。在美国，每周都会有大约 400 人死于汽车交通事故（每年超过 20000 人），人数足够坐满一架大型喷气式飞机了[24]。在世界范围内，一天中死于车祸的人数就相当于 2011 年日本海啸中丧生的人数[25]。

美国每周在高速公路上死于车祸的人数，相当于一架大型喷气式飞机的载员数，但我们对此漠然置之。为什么？这是因为“能坐满一架喷气式飞机的人死了”这一信息没有通过媒体以一种鲜活的形式传达给我们。因此，每周死于汽车交通事故的 400 人（加上每周死于摩托车事故的 85 人），对我们来说不具有鲜活性。我们在餐桌上不会像谈论一架喷气式飞机坠毁并且死了很多人那样谈论这些人。我们不会就汽车出行的安全性进行争论，但是，如果大型喷气式飞机每周都发生坠毁，并且每次都导致 400 人死亡的话，我们就会讨论航空交通的安全性。车祸中死亡的这 400 人不会上新闻，因为他们分布在全国各地，因此对于大多数人来说只是统计学上的抽象概念。媒体不
会为我们生动地呈现这 400 名死者，因为他们并不是死在同一个地方。相反，42
媒体（偶尔）给我们呈现一个数字（例如，每周 400 人）。这本应足够引起我们的思考了，但是我们对此毫无反应。与我们生活中的其他任何行为相比，驾驶汽车都是一种极端危险的行为[26]。然而，关于它的风险和相对应的收益，却从未有过全国性的大讨论。这对于我们选择的生活方式来说，是不是一个可以接受的代价？我们从不去问这样的问题，因为问题还没被意识到，而没被意识到的原因就是，代价没有像空难那样以鲜活的方式呈现给我们。

想想下面这个例子的荒谬之处吧。一个朋友开车 30 公里载你去机场，在那里你要乘飞机作一次 1200 公里的旅行。分别时，你的朋友可能会说：“一路平安。”这句临别赠言令人伤感又具有讽刺意味，因为你的朋友在回家的 30 公里路上死于车祸的风险，要比你飞行 1200 公里的风险高出 3 倍。这就是鲜活性问题，它解释了 A 对 B 旅途安全的祝愿存在着明显的不合理性，因

为 A 反而比 B 面临更大的危险[27]。

正是出于这一原因，美国联邦航空局（the Federal Aviation Administration, FAA）虽然建议婴幼儿在飞机上有自己的座位（且附带经认可的儿童安全椅），但对此没有强制要求[28]。他们不这样要求的原因是担心如果强制为年幼儿童购买座位，一些父母会选择开车而不是坐飞机——这比让孩子坐在父母的腿上坐飞机危险得多。在我们日常的环境中，对孩子来说，没有比在汽车里更危险的地方了，然而很多父母根本无法正视这一事实。2016 年，全球只有 271 人死于商业飞机坠毁，但有 130 万人死于车祸[29]。

鲜活性对判断的影响很难避免。以康奈尔大学为例，该校以学生自杀率高而闻名。我们必须问一问，为什么它会有这样的名声。我们不得不问这个问题，因为在统计上它并不是一所高自杀率的学校。事实上，其自杀率低于全国平均水平的一半[30]。康奈尔大学的这种名声与实际的统计数据无关——与实际的自杀频率完全无关。这与康奈尔校园的两侧都是冰川峡谷以及横跨其间的大桥有关[31]。毫不奇怪，这些大桥上经常发生自杀事件，导致交通堵塞，因为救援队要从峡谷里运回尸体，而且更重要的是，从自杀现场传来了生动的电视画面。药物过量不会引发类似的媒体报道。康奈尔的这一名声来源于鲜活性，而非统计数据。

人们根据媒体展示的鲜活画面做出错误的个人判断，这种情况在其他领域里也广泛存在。一些研究调查了父母最担心他们的孩子遭遇哪种风险[32]。结果显示，父母最担心的是孩子遭绑架，而这一事件发生的概率是 1/600000。相比之下，父母并不太担心孩子在车祸中身亡的危险，然而这种可能性比遭绑架要高出几十倍[33]。同样，与被陌生人绑架和杀害相比，孩子在游泳池里溺亡的可能性要大得多[34]。显然，对绑架的担心大部分是媒体渲染的结果。相比绑架和鲨鱼袭击，车祸、意外、儿童肥胖和自杀对我们孩子福祉的威胁要大得多。由于媒体制造的鲜活性效应，我们的风险感知完全失常了。

事件呈现的鲜活性甚至可以影响我们对科学证据本身的解释[35]。一些研究表明，在认知神经科学中，如果科学实验的结论包括对结果进行总结的大脑图像，而不是描述相同结果的图表，则被认为更可信[36]。生动的大脑图像的影响是如此极端和无处不在，以至于记者称其为“大脑黄图”[37]。也有人称之为“神经营销”“神经迷思”和“生物谎言”[38]。

单一个案的压倒性影响 43

由于逸事信息的鲜活性，人们往往对其过于看重[39]。过分依赖鲜活的逸事信息会对健康行为和医疗决定产生负面影响。2011 年 10 月，美国预防服务工作组（U.S. Preventive Services Task Force, USPSTF）建议医生不要使用前列腺特异性抗原（PSA）检测来筛查前列腺癌。USPSTF 对科学证据的审查表明，与检测相关的危害（与不必要的治疗相关的副作用），超过了降低死亡率方面的好处（充其量是微小的，或许根本不存在）。USPSTF 的建议受到了抵制，心理学家哈尔·阿克斯和沃尔夫冈·盖斯迈尔[40]对此进行了研究，并得出结论：产生抵制的最有力的一个原因就是鲜活的逸事证据的力量。

关于人们如何对鲜活的逸事信息做出不同反应的一个著名例子，来自于 20 世纪 60 年代中后期媒体对越战的报道。随着战事的拖延，美军的死亡人数仿佛无休止地增加，媒体开始报道当周美军死亡的人数。一周又一周，这个数字在 200 至 300 之间徘徊，公众似乎已对这种报道习以为常了。然而，某主流杂志用连续几个版面的篇幅刊登了前一周阵亡者的个人照片。这时，公众在非常具体地看着在有代表性的一周内逝去的大约 250 个鲜活的生命。结果，此举导致了对这场战争造成的巨大损失的强烈抗议。250 张照片所产生的影响是每周的数字报道所远不能及的。但是作为一个社会成员，我们应该克服这种不相信数字而必须亲眼目睹才去相信的倾向。大多数影响我们社会的复杂因素都只有靠数字才能准确捕捉。只有当公众学会像重视图像材料一样重视以数字形式表达的抽象材料时，公众自己的立场才不会像屏幕上闪过的最新图像那样变化无常。

不仅公众受到鲜活性问题的困扰，在心理学和医学领域，有经验的临床从业者一直都在努力摆脱个别案例的压倒性影响给他们的决策蒙上的阴影。作家弗兰辛·卢索[41]描述了弗吉尼亚大学的肿瘤学家威利·安德森面临的两难困境。安德森一直提倡控制性实验，并且定期招募一些病人来做有控制的临床测试。但是他仍然纠结于自己对突出个案的反应，那些鲜活的个案对他的决策产生了情感上的影响。尽管他是科学导向的，但他承认："当真实的人眼巴巴地看着你的时候，你将被他们的期望以及自己对他们期望的期望所包围，这确实很难"（p.36）。但是安德森知道，有时对他的病人来说，最好的办法就是忽略"看着你眼睛的那个真实的人"，并且遵循最佳证据的指示。最佳证据来自于有控制的临床试验，对此将在第 6 章中加以描述。

媒体报道往往强调生动的、非代表性的例子。一项对 100 多篇关于学生债务的新闻报道的研究发现，报道中的学生平均借款 85000 美元[42]。但在这项研究完成的那一年（2014 年），只有 7% 的学生借款超过 75000 美元，所有借款人中 2/3 的人借款少于 25000 美元。媒体报道中的学生债务并不具有典型性，但却是生动的例子。

鲜活的逸事和见证为何如此有说服力

当然，所有这些例子都提出了一个问题，为什么鲜活性的影响力如此突出？就人类认知而言，为什么鲜活的见证叙述和逸事证据的影响力如此之大？数十年的认知心理学研究已经证明，人类是所谓的"认知吝啬者"，因为我们天生的设定是在处理一个问题时使用最不费力的心理加工过程（称为 1 型加工）[43]。这种设定具有进化上的意义，因为如果一个问题可以通过使用简单的线索来解决，那么我们会有额外的脑力去做其他的工作。然而，当这

些简单的线索要么不够充分，要么远不如现有的更复杂的线索时，就会产生 44
问题。当某人选择相信个人观点而不是科学证据时，也会出现这样的问题。

当我们评估一种个人观点时，大脑中与社交有关的、进化上较为古老的区域会自动参与进来。相比之下，理解科学证据需要更复杂的战略思维和逻辑思维，这是人类较晚才发展出的文化成就，需要缓慢而耗费精力的 2 型加工。从这种双重加工的角度，我们可以看到，个人观点可能在几个方面凌驾于科学思维之上。首先，因为科学的思维策略是后天习得的，有些人可能还没有学会。然而，即使一个人能够评估科学证据，在面对更具有情感说服力的个人观点时，预设为 1 型加工的倾向仍可能导致一些人忽视科学推理。我们倾向于成为认知吝啬者，这常常阻碍我们完成更耗费精力的 2 型加工，而这是抑制 1 型加工并代之以统计思维所必需的。好消息是，科学和统计思维可以通过练习来达到自动化的程度，从而成为一种不那么耗费精力的选择。这正是本书想要促成的目的。

了不起的兰迪：以彼之道，还施彼身

依赖见证证据所造成的问题一直存在。这类证据的鲜活性往往掩盖了更可靠的信息，使人们的理解模糊不清。心理学教师担心，仅仅指出依赖见证证据的逻辑谬误，还不足以深入理解这类数据的陷阱。那么我们还能做些什么呢？还有其他方法可以让人们了解这个概念吗？幸运的是，还有一种选择——一种与学术方法略有不同的选择。这种方法的实质是用鲜活性来对抗鲜活性。让见证叙述搬起石头砸自己的脚！让见证叙述用自身的荒谬来吞噬自己。这种方法的实践者之一，就是独一无二的、无可置疑的“了不起的兰迪”！

詹姆斯·兰迪（James Randi）是一位魔术师，还是个多面手，他曾经被麦克阿瑟基金会授予过“天才”奖。多年来，他一直尝试教公众学会一些批判性思维的基本技巧。“了不起的兰迪”（Amazing Randi，他的艺名）通过揭穿所谓“通灵”能力的骗术和江湖医术来达到教育公众的目的。兰迪运用他那非凡的才智，不断揭露超感官感知、生物节律、超自然力、通灵外科手术、漂浮术以及其他伪科学背后的谬误，从而维护公众的知情权[44]。

兰迪主业之外的小消遣之一就是要证明，为任何荒谬的事件或无中生有的言论收集见证证据是多么容易。他的手法是让人们掉进自身的见证所编织的陷阱。在一个广播节目中，兰迪揭示了一种被称为生物节律的伪科学能够如此流行的原因[45]。一位听众同意每天都记日记，并将其与一份特别为她准备的两个月的生物节律表做比较。两个月以后，她打来电话告诉听众，应该非常认真地对待生物节律，因为她的节律表准确率超过了 90%。兰迪不得不告诉她，他的秘书犯了一个愚蠢的错误，把另一个人的节律表发给了她，而不是她自己的。然而，这位妇女还是同意看一下真正属于自己的表格是怎样的，于是她很快又收到一份表格，并且被要求再打电话过来。几天后，这位妇女带着解脱感打进电话来说，她自己的表格也同样准确——事实上更为准确。在下一期节目中，大家发现又搞错了。这位妇女收到的是兰迪秘书的节律表，而不是她自己的！

45 兰迪的生物节律小把戏，其实是一种被称为“巴纳姆效应”现象的一个例子。（巴纳姆是著名的狂欢节和马戏团经营者，创造了“每分钟都有一个容易上当受骗的人出生”的说法。）心理学家们对这一效应进行了大量的研究[46]，他们发现，绝大多数人会认为泛化的个性总结是对自己准确而独特的描述。这里有一个谢尔默[47]所举的例子：

> 你是一个非常体贴的人，总是及时地帮助别人。但也有一些时候，如果你诚实的话，你会发现自己也有自私的一面……有时候你太忠于自己的感受，以至于会暴露过多的自己。你善于把事情想清楚，并且对任何事情，在改变想法之前都希望看到证据。当你处在一个

新的情境之中的时候，你会非常小心，直到你看清楚发生了什么事情，然后才会开始自信地行动……你知道怎样做一个好朋友。你懂得约束自己，所以在别人看来你能掌控自己，但其实有时候你是缺少安全感的。你希望在人际关系中比现在更受欢迎，更加自如。你面对世界表现得很有智慧，这种智慧来源于艰难的体验而非书本学习。

很多人都发现这个总结是对其个性非常准确的描述，但是很少有人自发地意识到，大多数其他人也同样认为这代表了他们自己！有一些众所周知的语句和短语（如这个例子），大多数人认为它们适用于自己。任何人都可以将其作为个人化的心理“分析”提供给“客户”，这些客户常常会为这些个人化的“个性解读”的准确性感到惊讶，却不知道其实每个人的解读都是一样的。当然，巴纳姆效应是人们对手相学和占星术的准确性坚信不疑的基础。巴纳姆效应还可以证明见证的产生是多么容易以及见证为何毫无价值。

这就是詹姆斯·兰迪运用上述小把戏努力想要达到的目的——给人们好好上一课，告诉人们见证证据是没有价值的。他不断地证明，为任何虚假的说法生成见证是多么容易。正是由于这个原因，用见证来支持某一特定的主张是毫无意义的。只有从有控制的观察中获得的证据（将在第 6 章中描述），才足以实际检验一个主张。

见证为伪科学打开方便之门

有时候人们会说，类似刚才所讨论的各种伪科学，如超心理学、占星术、生物节律和算命等，只不过是给自己找乐子的一种方式，无伤大雅。再者说，我们又何必较真呢？不就是有几个人在异想天开，而另外几个人从中赚点儿小钱吗？

首先，人们倾向于不考虑经济学家所说的“机会成本”。如果你花时间做一件事，你就失去了做另一件事的时间。你失去了把时间花在其他事情上的机会。当你在一件事上花费了金钱，你就没有钱做其他的事了——你失去了让钱花在其他地方的机会。伪科学有巨大的机会成本。当人们把时间（和金钱）花费在伪科学上时，他们一无所获，而且还浪费了本可以花在更有价值的事情上面的时间。

46 对此问题进行一番全面的考察就不难发现，伪科学的盛行对社会的危害比人们普遍认为的要广泛得多，而且其代价超出了机会成本的范畴。在一个复杂、高科技的社会中，一些能够影响千万人的决策可能会对伪科学的影响起到推波助澜的作用。也就是说，即使你并不认同这些伪科学的观念，你也可能受到这些观念的影响。例如，虽然大量的科学证据表明含氟的水可以显著减少蛀牙，但 1/3 的美国人都喝无氟的水[48]。根据美国疾病控制中心（Centers for Disease Control）的估算，在氟化水上每花费 1 美元，就能节省 38 美元的牙科治疗费用[49]。但是，数以百万的美国人居住在无氟地区，他们正承受着不必要的蛀牙的折磨，因为他们的邻居坚持相信伪科学的阴谋论，认为氟有很多有害的影响。少数持有这类伪科学信念的人向各个社区施加压力，要求他们将氟化水拒之门外，从而剥夺了住在附近的每个人享用氟化水益处的权利。简言之，少数人的伪科学信念给许多人带来了负面的影响。

当伪科学的信念渗透于整个社会时，即使我们并不认同这些信念，我们也会在很多方面受到影响[50]。例如，警察局会雇请通灵师来协助办案，即便研究表明这一做法是没有任何效果的[51]。没有一个记录在案的案件是通过使用通灵信息而成功找到失踪者的[52]。

如今，诸如占星术这样的伪科学是一项巨大的产业，涉及报纸专栏、广播节目、图书出版、杂志文章、网络、社交媒介以及其他传播渠道。伪科学是个油水颇丰的行业，数以千计从业者的收入取决于公众的接受程度。这些行业使公众损失了数百万美元。

除了机会成本和金钱成本之外，还有其他成本。33% 的膳食补充剂和草药产品中含有产品标签上没有列出的成分，其中的一些成分具有潜在的危险性[53]。美国政府已经花费了数百万美元来提倡补充和替代医学，尽管在科学的控制实验中，这些被推广的技术没有被证明是有效的[54]。癌症存活者吉迪恩·巴罗斯（Gideon Burrows）在他的一本题为《这本书治愈不了你的癌症》（2015）[55]的书中说，替代疗法尚未得到科学证明，我们不应该对此感到惊讶。巴罗斯因为接受常规的癌症治疗而存活下来[56]，他提醒了我们，替代疗法当然尚未经过科学研究的验证。如果是的话，我们就直接称之为医学了！

在铲除伪科学方面，一些协会和组织比心理学更激进。2007 年，美国联邦贸易委员会（FTC）对通过电视广告和名人代言销售减肥药物的四个商家征收了数百万美元的罚金。在宣布罚款时，FTC 的女主席狄波拉·普拉特·梅杰拉斯（Deborah Platt Majoras）试图教育公众，她说：“美国人需要明白，个人见证不能代替科学”[57]。同样，许多医学协会也比心理学界更积极地抨击伪科学，致力于划分合法与非法的医疗实践。下面是由美国关节炎基金会发布的指南，曾被美国众议院老龄化问题委员会所引述，用于识别不道德的推销者（US Congress, 1984）：

1. 他或许会提供一种用于治疗关节炎的“特别的”或“秘密的”处方或设备。
2. 他会做广告，用的都是“个案史”和来自满意“患者”的见证。
3. 他可能会许诺（或暗示）这是一种快速或简单的治疗方法。
4. 他或许会声称知道关节炎的成因，并且谈到“清除”你体内的“毒素”， 47
   同时“促进”你的健康。他会说外科手术、X 光和医师所开的处方是没有必要的。
5. 他可能会指责“医疗机构”故意阻挠进步，或者迫害他……但是，他不允许人们用经过尝试和验证的方式，对他的方法加以检验。

这份清单同样可以作为识别带有欺骗性的心理学疗法和理论的指南。在这里，请注意第 2 条，这正是本章关注的焦点。同时请注意，第 1 条和第 5

条说明了之前讨论过的一个重要观点：科学是公开的。除了提出见证叙述作为“证据”，伪科学的从业者经常指责他人阴谋压制他们获得的“知识”，试图以此规避科学的公开可验证性标准。他们以此为借口，直接把他们的“研究成果”交给媒体，而不是通过正规的科学出版程序将其作品公诸于世。

可以被添加到上述清单中的一个警告是，当某人似乎在向你提供一种能够逃脱既定的权衡取舍的结果时，要注意提防。例如，众所周知，在投资中，风险与回报有关（投资回报越高，风险越大）。说到减肥，我们都知道，长期的体重减轻取决于长期的热量摄入改变。关于教育干预，众所周知，持续时间较长的教育收益来自于长期的密集干预项目。简而言之，必须在两者之间进行权衡：经济收益与风险，体重减轻与热量摄取，学习收益与密集干预。在这些领域里推行伪科学思想的人总是声称他们可以摆脱这些权衡。你可以在没有风险的情况下获得高的货币回报；你可以一边减肥，一边仍然吃你想吃的东西；短期干预可以显著提升教育成就。你可以确信，那些声称已经避免了这些基本权衡的说法都是虚假的。例如，你可以放心，一种叫作“小小爱因斯坦”的产品肯定是名不副实的[58]。

重要的是要认识到，只要电视、网站和印刷媒体认为有受众，它们就会宣传心理学领域中几乎任何稀奇古怪的言论，无论这些言论与现有的证据多么矛盾。媒体上充斥着各种言论和专家，把正统的科学家和伪科学的江湖骗子混为一谈。在这一章的开头，我提到了上世纪 90 年代和 21 世纪初的自助电视节目，以及诸如“奥普拉秀”这种在电视上风靡了 20 多年的节目。公平地说，我们必须承认，这类节目经常向观众介绍一些经过认证的专业人士，他们在从乳腺癌到个人理财的各种主题上给观众提供了优质的信息。但是这些节目中也混入了一些最无耻的江湖骗子，他们经常就同样的主题夸夸其谈，观众往往无从分辨[59]。例如，奥普拉曾宣传了某人用塔罗牌来诊断疾病的替代疗法，此人认为女性的甲状腺问题是“喉部能量阻滞”的结果，这是“一生都在压抑自己想说的话”所导致的[60]。

人们一旦涉入伪科学，就可能无法利用他们所能得到的真正的治疗方法。许多病人把时间浪费在追求虚假的治疗上，从而延误了接受医学治疗的时机。著名的计算机企业家史蒂夫·乔布斯在得知自己罹患胰腺癌之后，无视医生的建议，将手术推迟了 9 个月，转而选择未经证实的水果饮食法，向通灵者咨询，并接受虚假的水疗法[61]。

孤独症与儿童早期接种疫苗有关的理论（该理论首先在 20 世纪 90 年代 48
初被提出并流传至今）为我们提供了一个清晰的例子，说明当伪科学信念传播时，我们大家是如何受到伤害的。这个理论是错误的。它与大量的证据相矛盾[62]，但是本章的读者应该不会对这一观念是如何产生的感到惊讶。很多儿童在第一次接种疫苗的时间前后被诊断为孤独症，并且许多开始出现明显可辨的指征（语言学习迟缓、交互式社会互动障碍、受限的行为模式）。鉴于成千上万的儿童患有这种障碍，总会有一些父母在儿童接种疫苗之后不久就充分意识到儿童的这些指征（通过诊断或基于自己的观察而逐渐意识到），这并不奇怪。随后这些家长会提供生动而真诚的见证，证明他们孩子的障碍一定和接种疫苗有关。然而，许多不同的实验和流行病学研究都得出了聚合性的结论（见第 8 章），即这种关系是不存在的[63]。

这一伪科学的信念，让牵涉其中的家长和孩子付出了更多的损失，而不仅仅是机会成本。这个错误的观念引发了一场反疫苗运动，其结果就是免疫率下降，导致更多的儿童因麻疹住院，有些甚至死去，而这可能原本不会发生[64]。这再次证明，在一个相互联系的社会里，你邻居的伪科学观念可能会影响你，即使你不相信这样的观念。

当政治领导人相信伪科学时，他们的信念会对成千上万的人产生影响。南非后种族隔离时期的第二任总统塔博·姆贝基（Thabo Mbeki）拒绝接受艾滋病是由病毒引起的这一科学共识[65]。博茨瓦纳和纳米比亚等邻国向感染了 HIV 病毒的公民提供了抗逆转录病毒药物，但南非没有提供。相反，姆贝基成立了艾滋病否认主义者委员会。他们建议停止 HIV 病毒检测，用按摩疗法、音乐疗法、瑜伽，以及一种由大蒜和甜菜根组成的自然饮食法来治疗艾滋病患者[66]。据估计，拒绝使用抗逆转录病毒药物导致33万南非人过早死亡。

当我在演讲中谈到鲜活的见证叙述是如何误导人的时候，总会有人提出一个非常中肯的问题："你不是也在用生动的个案来阐述你的观点吗——这种做法难道不正是你所反对的吗？"这个问题问得好，让我有机会详细阐述本章论点中的一些微妙之处。这个问题的答案是肯定的，我确实运用了一些鲜活的例子来阐述观点。但是，我是为了阐述观点，而不是为了证明观点。这里的关键是要区分两点：主张的提出和主张的传达。对于每个主张，我们都能问这样一个问题：它是不是基于鲜活的见证？这会产生四种可能的情况：

1. 一项主张基于鲜活的见证，同时依靠鲜活的见证来传达；
2. 一项主张基于鲜活的见证，同时不依靠鲜活的见证来传达；
3. 一项主张基于证据而非鲜活的见证，同时依靠鲜活的见证来传达；
4. 一项主张基于证据而非鲜活的见证，同时不依靠鲜活的见证来传达。

本章中的一些讨论属于第三种情况：一项主张基于证据而非鲜活的见证，同时依靠鲜活的见证来传达。例如，贯穿整章，我引用了很多非见证的证据，就是为了说明下列主张：个案研究的证据不能用于建立因果关系，人们在判
49 断中过于看重鲜活的例子，伪科学的代价巨大，等等。对于这些主张中的每一项，我都通过引文和参考文献给出了公开性证据。尽管如此，出于传达的目的，我还是使用了一些鲜活的案例，吸引读者对这些主张的注意，并使它们令人难忘。关键的一点是，支持这些主张本身的并不仅仅是鲜活的见证证据。比如，我曾使用一些鲜活的例子来阐述"人们在判断中过于看重鲜活的例子"这一事实，但是真正支持这一主张的证据，来自我所引用的经过同行评议的科学证据[67]。

所以，让我们回到本节的要点，并总结如下：伪科学的传播所造成的代价是巨大的。没有什么比混淆哪种类型的证据能够证明某个主张背后信念的

真伪，更能助长伪科学的传播了。由于可以为几乎任何主张提供唾手可得的支持，并且由于使用时所产生的影响力，见证叙述为伪科学的发展和对伪科学的信念敞开了大门。对心理学信息的消费者来说，对它们保持警惕应当是头等大事。在接下来的几章中，我们将会看到，在证明某些主张是否可信时，究竟需要哪类证据。

学习本书后面章节中的科学推理的原则是很重要的，因为评估科学的可信度没有捷径。例如，遗憾的是，大学本身并不能确保质量控制。许多大学课程都充斥着伪科学信息[68]，而且大学里许多课程（确实，有时是整个院系！）的做法明显是反科学的。这有时包括心理学系的课程。并不是所有心理学系的课程都遵循本书所阐述的原则。有些大学院系更多地致力于宣扬政治理念，而不是真正地探究学问[69]。学生自己需要学会科学地思考，因为除了 STEM 学科［STEM 是指科学（Science）、技术（Technology）、工程（Engineering）、数学（Mathematics）——译者注］，并不能保证你的大学老师实际上是在展示科学的思维方式。

小　结

个案研究和见证叙述在心理学（以及其他科学）研究的最初阶段是有用的，因为在此阶段，寻找有趣的现象和关键的变量以进一步研究很重要。虽然个案研究的证据在早期的、理论形成前的科学研究阶段是有用的，但在研究的后期，当对理论进行特定检验时，个案研究就毫无用处了。这是因为，作为一个孤立现象，个案研究的结果留下了许多可供选择的解释。要理解为何个案研究和见证证据对理论检验毫无用处，一个方法是想一想安慰剂效应。安慰剂效应是指人们倾向于报告任何疗法都对他们有帮助，无论疗法是否包含了有效的成分。安慰剂效应的存在，使我们无法用关于疗效的见证来证明某种心理（或医学）治疗的有效性。原因在于，无论采用何种治疗，安慰剂效应都会催生出证实其疗效的个人见证。

尽管见证证据在理论检验中毫无用处，但心理学研究表明，由于鲜活性效应，人们对这类证据往往相当看重。鲜活性效应是指人们过分看重更为鲜活并因此更容易从记忆中提取的证据。见证证据对大多数人来说就是一种格外鲜活的信息。其结果是，人们在证明某一心理学主张的合理性时，会过度依赖这类证据。事实上，理论主张是否合理，是不能用见证叙述和个案研究的证据来判定的。

第 5 章

相关和因果：用“烤箱法”避孕

学习目标 50

5.1 解释相关研究中的第三变量问题

5.2 解释相关研究中的方向性问题

5.3 概述选择偏差如何导致虚假相关

多年前，在中国台湾地区曾开展过一项大规模的研究，目的是调查哪些因素与避孕工具的使用有关。一个由社会科学家组成的大型研究团队收集了各种环境和行为变量的数据。研究者感兴趣的是，哪些变量能够最准确地预测避孕措施的使用。收集完数据之后，研究者发现，有一个变量与避孕工具的使用相关最强，那就是家庭中家用电器（烤箱、风扇等等）的数量[1]。

估计你不会因为这个结果提出以下建议：在高中发放免费的烤箱以解决青少年早孕问题。但是，你为何不会有这样的想法呢？电器和避孕工具使用之间的相关确实很强，在众多被测量的变量中，它是唯一的最佳预测变量。我希望你的回答是：问题的关键在于这两个变量间关系的本质而非强度。开展“免费烤箱计划”隐含着这样一种信念，即烤箱导致人们使用避孕工具。我们认为这种建议是荒唐可笑的，这意味着，至少在如此显而易见的情况下，我们会认识到两个变量可能存在相关，但并没有因果关系。

在这个例子中，我们不难猜到，这种关系之所以存在，是因为“避孕工具的使用”和“家庭中家用电器的数量”这两个变量通过与两者同时相关的其他变量而联系在一起。社会经济地位（SES）是一个可能的中介变量。我们知道，社会经济地位与避孕工具使用有关。现在我们只需证实，社会经济水平高的家庭往往拥有更多的家用电器，而这种关联确实存在。当然，可能还有其他的变量在这种相关中起到中介作用。但是，无论“家用电器的数量”和“避孕工具使用”之间的相关多强，这种关系都不能表明它们之间存在因果关系。

51 避孕的例子很容易让我们理解这一章的主旨：相关的存在并不表示必然有因果关系。在本章中，我们将会讨论阻止我们做出因果推论的两个问题：第三变量问题和方向性问题。“烤箱 - 避孕”研究就是第三变量问题的一个例子。

第三变量问题

导致另外两个变量之间产生误导性关联的第三变量，有时很容易看出来。如果我告诉你，一年 365 天里，在美国的所有海滩度假区，冰淇淋的销售数量与溺水人数之间存在相关。冰淇淋卖得越多，溺水人数越多。在这里很容易看出，相关的产生并不是因为人们的胃里塞满了冰淇淋，而这让他们下水后发生溺水。相反，是第三变量即气温使两个变量发生关联。在炎热的日子里，吃冰淇淋的人很多，游泳的人也很多，而游泳的人越多，溺水的人也就越多。

相关证据的局限性并不总是像冰淇淋和烤箱的例子这么容易识别。当因果关系在我们看来显而易见时，当我们带着强烈的预设偏见或者当我们的理论取向支配了我们对现象的解释时，相关很容易被视为因果关系的证据。

20 世纪初，美国南部有数以千计的人罹患并死于一种叫作糙皮病的疾病。

糙皮病被认为是由一种“不明来源的”微生物引起的传染性疾病，主要症状是头晕、嗜睡、脓疮、呕吐和严重腹泻。当时有证据表明这种疾病与卫生条件有关。毫不意外，这样的证据给许多美国糙皮病研究学会的医生留下了深刻的印象。在南卡罗来纳州斯帕坦堡，没有糙皮病的家庭似乎都有自来水管道和良好的排水系统。相反，糙皮病患者家中的排水系统都比较差。这种相关与这样的观点恰好吻合：由于糟糕的卫生条件，传染性疾病通过糙皮病患者的排泄物传播开来。

约瑟夫·戈德伯格（Joseph Goldberger）医生对这种解释表示怀疑，他在美国卫生局局长的指示下对糙皮病开展了许多研究。他认为糙皮病是由不良饮食引起的。许多患者赖以生存的是碳水化合物含量高、蛋白质含量极低的饮食，其特点是玉米、玉米粉和玉米糊很多，而肉类、蛋类、牛奶很少。戈德伯格认为，污水处理条件和糙皮病之间的相关在哪个方向上都无法反映因果关系（和“烤箱 - 避孕”的例子一样）。他认为之所以会出现相关，是因为拥有卫生管道的家庭通常经济条件也好，经济上的差异反映在他们的饮食上，其食物中含有更多的动物蛋白。

但是，请等一下！为什么戈德伯格的因果推论就一定是对的呢？毕竟，两派人马都只是坐在那里，根据相关性数据推论糙皮病的原因。戈德伯格用的是糙皮病与饮食之间的相关，其他医生用的是糙皮病与卫生条件之间的相关。为什么医学会的医生们不能说戈德伯格的相关同样也具有误导性呢？为什么戈德伯格能够合理地推翻由于污水处理不当导致传染性微生物随患者粪便传播的假设呢？戈德伯格的理由之所以成立还与我刚才没说的一个细节有关：戈德伯格吃下了糙皮病患者的排泄物。

为什么戈德伯格的证据更好 52

戈德伯格有一类这样的证据（一种有控制的操纵，将在下一章进一步讨论）：它是研究者通过对关键变量进行实际操纵（而不只是观察相关性）而获得的。这种方法通常要创造一些极少自然发生的特殊条件——把戈德伯格设计的特殊条件说成是“非自然的”都太轻描淡写了。

戈德伯格确信糙皮病是不会传染的，也不会通过患者的体液传播，他给自己注射了一名患者的血液，还吃下一名患者喉咙和鼻子内的分泌物。根据两位研究者[2]的描述，戈德伯格和他的助手甚至吃了含有糙皮病患者尿液和粪便的生面团！尽管用了这些极端的干预方法，戈德伯格和其他的志愿者都没有染上糙皮病。简言之，戈德伯格创造了这个传染病可能传播的所有条件，结果平安无事。

戈德伯格对其他人提出的因果机制进行了操纵，结果显示该机制是无效的，但仍有必要对他自己提出的因果机制进行检验。戈德伯格选择了来自密西西比州监狱农场的两组犯人，这些人都没有患糙皮病，并且都是自愿参加实验。其中的一组人被给予高碳水化合物、低蛋白质的饮食，这种类型的食物被戈德伯格怀疑是引起糙皮病的原因。另一组被给予营养更均衡的饮食。5 个月后，低蛋白饮食的这一组患上了糙皮病，而另一组却没有丝毫的患病迹象。经过长期的艰苦努力，戈德伯格的假设最终被人们所接受，因为他的假设比其他任何假设都更符合实证证据。

糙皮病的历史说明，如果依据相关研究所得到的错误推论来制定社会和经济政策，将使人类付出惨痛的代价。但这并不是说我们永远不要使用相关研究的证据。恰恰相反，在很多情况下，我们只有相关性证据（见第 8 章），而在某些情况下，只要有相关就够了（例如，当我们的目标是预测而不是决定原因的时候）。科学家们经常不得不利用不完整的知识来解决问题。重要的是，我们对相关性证据要持一定的怀疑态度。诸如“糙皮病 – 排水系统”这样的例子,在所有心理学领域中都频频发生。这个例子也揭示了所谓的“第三变量问题”：两个变量之间的相关——这个例子中是糙皮病的发病率和污水处理条件——可能并不意味着这两个变量之间有直接的因果关系，而相关之所以产生，可能是因为这两个变量都与某个甚至尚未被测量的第三变量相关。糙皮病与社会经济地位（以及饮食——真正的变量）相关，社会经济地位又与排水系统相关。像这种排水系统与糙皮病之间的相关，我们通常称之为“虚假相关”：相关的产生不是因为所测量的两个变量之间存在直接的因果联系，而是因为这两个变量都与第三变量相关（或者只是表现出一种偶然的关系[3]）。

有时，我们很容易陷入忽略可能存在的第三变量的陷阱。当我们看到一个研究表明父母的养育行为与其孩子的心理特征之间存在相关时，往往自然而然地认为父母的养育行为决定（导致）了孩子的心理特征。但是这种自动倾向是错误的，因为它忽略了父母与子女之间的遗传联系——这可能是造成父母与子女之间相关的第三变量[4]。

下面我们来看一个有关第三变量问题的当代例子。几十年来，关于公立学校和私立学校相对效能的争论甚嚣尘上。从这场争论中得出的一些结论，生动地展示了从相关证据推论出因果关系的危险性。私立学校和公立学校的教学效能是一个实证性问题，可以使用社会科学中的调查法来解决。但是，这并不是说这是一个容易的问题，只是说它是一个科学问题，有可能得到解 53
决。所有宣扬私立学校优越性的人都默认这一点，因为他们的核心论据是这样一个实证性的事实：私立学校的学生成绩要好过公立学校。尽管这个事实无可辩驳，因为各种研究中有大量一致的教育统计数据，但问题出在用这些成绩数据直接得出私立学校的教育导致学生分数更高的结论。

考试成绩是许多不同变量的函数，这些变量彼此之间又是相关的。为了评估公立学校和私立学校的相对效能，我们需要更为复杂的统计，而不仅仅是学校类型和学业成就之间的关系。例如，学业成就与家庭背景的许多不同指标都有关系，如父母受教育程度、单亲或双亲家庭、社会经济地位、家中藏书的数量以及其他一些因素。这些特征也与孩子进入私立学校的可能性有关。因此，家庭背景是一个潜在的第三变量，可能会影响到学业成就与学校类型之间的关系。总之，私立学校的学生学业成就更高可能和私立学校的教学效率没有任何关系，其真实原因或许是家庭经济条件优越的孩子学习更好，更有可能进入私立学校。

幸运的是，还有许多复杂的相关统计方法，例如多元回归、偏相关、路径分析，可以用来解决这类问题[5]。这些统计方法能够在去除（或“分离”“排除”）其他变量的影响之后，重新计算两个变量之间的相关。研究者使用这些更为复杂的统计技术，分析了关于高中生的大量教育统计数据[6]。他们发现，当反映学生家庭背景和一般智力能力的变量的影响被分离出去之后，学业成就和学校类型之间几乎就没有关系了。学业成就与私立学校的相关，不是出于直接的因果机制，而是因为私立学校学生的家庭背景和一般认知水平与公立学校学生有所不同。

解开快乐和长寿之间的关系需要类似的统计技术（回归、偏相关）。快乐和长寿之间确实存在正相关：快乐的人活得更久。但仅仅从这一相关中，我们不能得出快乐是长寿原因的结论。事实上，一些研究表明（使用统计回归技术）在控制了健康水平之后，快乐与长寿之间的相关就不复存在了[7]。

这些复杂的相关统计方法能够排除第三变量的影响，但未必总会削弱原有相关的强度。有时候，在排除第三变量的影响之后，两个变量之间的原有相关仍然存在，这个结果本身就能提供一些信息。这样的结果说明，原有相关并不是由某个第三变量导致的虚假相关。当然，这并未排除还有其他变量导致虚假相关的可能性。例如，事实证明，美国南部各州的暴力犯罪率高于北部各州。有研究者[8]检验了被称为“高温假说”的理论，即“令人不适的高温导致攻击动机和攻击行为（有时候）增加”（p.740）。不出意外，他们确实发现城市平均气温和暴力犯罪率之间存在相关。然而，使“高温假说”的可信度大为提高的是，他们发现即使在统计上对失业率、人均收入、贫困率、教育程度、人口规模、人口年龄中位数以及其他一些变量加以控制之后，气温和暴力犯罪之间的相关仍然显著[9]。

方向性问题 54

如果我们能够采用某种方式操纵变量并做出合理的因果推论，就没有理由仅凭相关证据做出因果推论。而让人苦恼的是，当涉及心理学主题时，仅凭相关证据就做出因果推论却是一个常见的现象。在教育心理学界，一个广为人知的例子很好地诠释了这一点。

自从 100 年前开始对阅读进行科学研究以来，研究者就知道眼动模式和阅读能力之间存在相关。阅读能力差的人，在阅读时眼动不规则，回扫（从右向左的眼动）和每行中的注视（停顿）较多。基于这种相关，一些教育工作者假设,眼动技能的缺失是造成阅读障碍的原因,因此许多“眼动训练项目”被开发出来并应用于小学生中。在确定这一相关是否真的表明不规则的眼动导致阅读能力差之前，这些训练项目就已经实施了很长时间。

现在我们已经知道，眼动与阅读能力之间的相关所反映的因果关系，与之前推断的正好相反[10]。不规则的眼动不会导致阅读障碍，是缓慢的词语识别和理解困难导致了不规则的眼动。当教会儿童有效地识别单词和更好地理解文字后，他们的眼动就改变了。训练儿童的眼动对提高其阅读能力没有任何帮助。

最近十几年来，研究者们已经明确指出，词语解码以及语音加工时的语言问题是造成阅读障碍的根源[11]。极少阅读障碍的病例是由眼动模式方面的困难造成的。许多学区的储藏室里仍然存放着布满灰尘的“眼动训练仪”，它们代表着被浪费掉的数千美元设备经费，这就是人们把相关视为因果关系证据的后果。

考虑另一个类似的例子。在教育和心理咨询领域里有一个非常流行的假设：学业成就问题、药物滥用问题、早孕、霸凌以及其他许多问题行为都是低自尊造成的。人们认为这个因果关系的方向很明显：低自尊导致问题行为，高自尊带来高的学业成就和其他领域的成就。关于因果方向的这一假设为许多提高自尊的教育项目提供了动力，这里的问题和眼动的例子是一样的：仅仅因为存在相关就推出因果方向的假设。事实证明，即使自尊和学业成就之间存在因果关系，也更可能是相反的方向：高学业成就（以及生活中其他方面的成就）导致高自尊，而不是相反[12]。

研究方法教科书经常举一个例子：在新赫布里底群岛上生活的一群岛民认为，虱子使人健康，因为健康的岛民身上有很多虱子，但患病的岛民没有。事实上，几乎所有的岛民大多数时候身上都会有一些虱子。当虱子数量增加时，就会导致人发烧从而杀死虱子。不健康的人会更快地发烧，虱子也就随之消失了[13]。这就产生了这样一种现象：健康的人比不健康的人有更多的虱子。但因果关系是相反的：健康状况差导致虱子更少（健康状况好导致虱子更多），而不是虱子使人健康。

在心理学研究中，确定因果关系的方向性是个常见的问题。例如，认知心理学家乔纳森·海特[14]对显示利他行为与幸福感存在相关的研究进行了讨论。例如，有研究表明，参加志愿工作的人比不做志愿工作的人更幸福。当
55 然，必须确保没有第三变量能解释利他行为与幸福感之间的联系。第三变量被排除之后，还有必要确定因果关系的方向。是幸福让人们更利他，还是利他行为让人们幸福（“给予比接受更有福报”）？当研究者运用了第6章所描述的真实验的逻辑，并完成了若干适当的控制研究后，发现因果关系是双向的：幸福让人们更利他，而且利他行为也让人更幸福。

心理学家查布里斯和西蒙斯[15]讨论了一项研究，在该研究中，研究者对美国228个人口普查区的2881人进行了调查，发现户外食品广告越多的人口普查区，人们越肥胖。查布里斯和西蒙斯认为，这项研究的呈现方式，会让人们断定食品广告对人有影响，并使人变胖。本书的读者现在应该想到了另一种相反的解释：广告商可能会在其食品的高消费社区投放更多的广告。

之前我们警告过这种倾向：当人们看到一项研究显示父母的养育行为与孩子的心理特征存在相关时，会不由自主地认为是父母的养育行为导致了孩

子的心理特征。我们指出，父母和孩子之间的遗传联系可能是导致亲子相关的第三变量。但是，除此之外，还可能存在方向性问题：孩子的行为可能会引起父母的反应[16]。因果关系的方向实际上可能是从孩子指向父母。

到目前为止，我们的讨论主要围绕两个变量间的相关所涉及的两种误区。一种叫作方向性问题，已经通过眼动和自尊的例子进行了说明。当变量 A 和变量 B 之间存在相关时，在立即断定这种相关是由于 A 的变化引起 B 的变化之前，我们必须清楚因果关系的方向可能是相反的，即从 B 到 A。另一种是第三变量问题,已经通过糙皮病的例子（以及“烤箱 – 避孕”和“私立学校 – 学业成就”的例子）加以说明。两个变量之间的相关可能并不代表任何方向上的因果关系，可能只是由于这两个变量都与第三变量相关。

选择偏差

“自我选择偏差”一词指的是人们自己选择进入一个特定的群体，而不是被随机分配的情况（见第 6 章）。自我选择会产生个人变量和环境特征之间的虚假相关——这种相关并不表示因果关系。相关的产生是因为具有特定行为或生物特征的人选择了特定类型的环境，而不是环境导致人们出现那些行为或生物特征。我们可以通过一些例子更好地解释自我选择。

让我们用一个简单的例子来说明选择偏差是如何产生虚假相关的。请快速说出美国的一个州名，在这个州里，由呼吸系统疾病导致的死亡率高于美国平均水平。当然，答案之一是亚利桑那州。什么？等等！亚利桑那州的空气不是很干净吗？难道洛杉矶的烟雾飘得那么远吗？难道凤凰城的郊区扩张已经如此严重了吗？不，这不可能！让我停下来想一想。或许亚利桑那州的空气的确很干净，而患有呼吸系统疾病的人都喜欢搬到那里，然后在那里去世。这样就对了。如果我们一不小心，就会出现上面所说的那种情形：我们可能会受到误导，以为是亚利桑那州的空气害死了这些人。

56 然而，选择因素并不总是那么容易辨别。这些因素经常会被忽略，尤其是当我们预先期望看到某种因果联系的时候。诱人的相关性证据加上预设偏见，即使最聪明的人也会被蒙骗。下面让我们看一些具体的事例。

临床心理学的一个例子可以表明，选择偏差问题是多么难以发现和“有违常理”。研究数据有时会表明，接受心理治疗的人在各种进食或成瘾问题如肥胖、吸食海洛因、吸烟上的治愈率，都要低于没有接受过心理治疗的人。你知道了原因会很高兴，并不是心理治疗使得成瘾行为更加难以改变，而是那些寻求心理治疗的人，其成瘾问题更复杂和棘手[17]，而且很少能够自愈。简而言之,与“轻微患者”相比,“严重患者”更多地寻求心理治疗。这种“严重患者”自我选择偏差是如此普遍，以至于被称为临床医生的错觉[18]。这种错觉是指，临床医生倾向于将他们看到的极端病例的特征过度推广到人数多得多的轻微患者中，而临床医生较少接触到轻微患者。

当组织或政府推出所谓的记分卡来给医生打分时，这种自我选择偏差就会发挥作用。纽约在几年前就这样做了，当时他们开始公布心脏病医生治疗的死亡率[19]。问题在于,心脏病医生只要挑选容易的病例,避免最严重的病例，就能提高自己的评分。

当选择效应出现时，匆忙下结论会导致我们在现实世界中做出错误的选择。许多妇女曾被鼓励在绝经后接受激素替代疗法（HRT），因为有报告称这种疗法降低了患心脏病的概率。但早期得出该结论的研究，只是对选择接受激素替代疗法的女性（即自我选择该疗法）与那些没有选择接受该疗法的女性进行了比较。然而，后来的研究者进行了真实验研究（使用随机分配，见第 6 章），却发现该疗法实际上根本没有降低患心脏病的可能性[20]。早期采用自我选择取样的研究之所以表明激素替代疗法似乎有效，是因为选择接受该疗法的女性比不接受该疗法的女性更活跃，更不肥胖，更不容易吸烟。

选择偏差会导致一些令人惊讶的结论。在第二次世界大战期间，一名分析人员试图根据返航飞机上的弹孔分布模式来决定在飞机上放置额外护甲的位置[21]。经过分析后，他决定在返航飞机上没有弹孔的地方增加护甲，而不是在有很多弹孔的地方。他的理由是，飞机的所有部位都有被子弹击中的可能。根据返航飞机上弹孔出现的位置，他得知飞机的这些地方被击中，但仍能返航。返航飞机上没有弹孔的区域并非不会被击中，而是被击中该区域的飞机没能返航。因此，返航飞机上没有弹孔的地方才需要更多的护甲！

利用选择效应“设法”让人们做出因果推论是很容易的。看看这个说法：共和党支持者比民主党支持者更享受性爱。这绝对是事实。统计数据显示，支持共和党的选民对性生活的满意度高于支持民主党的选民[22]。是什么让共和主义更性感？

你猜对了。这是错的。政治不会改变任何人的性生活。那么，这些数据又作何解释呢？可以从两个角度来理解。首先，已婚人士比单身人士更倾向于投票给共和党。其次，调查显示，已婚人士对性生活的满意度高于单身人士。支持共和党不会改变任何人的性生活；只是性生活满意度较高的人群（已婚人士）更倾向于投票给共和党。

诸如“性感的共和党支持者”这样的例子告诉我们，当可能存在选择效 57
应时，我们务必小心谨慎。经济学家史蒂芬·兰兹伯格[23]证明了，那些显示生产力与技术使用相关的数据，有多少可能被解读为因果关系，而实际上这些数据只是包含了选择效应的相关性数据。在企业内部，通常是生产率最高的员工得以使用最先进的技术。因此，在计算相关性时，生产力与技术使用产生了相关。但这并不是说技术提高了这些员工的绩效，而是因为他们在接受先进的技术之前，工作效率就已经领先了。

在现实生活中，有一个重要的健康问题与选择效应密切关联，那就是关于饮酒对健康是否有害的争论。大量研究发现，适度饮酒者不仅比经常饮酒者健康，而且比不饮酒者健康[24]。现在你我都知道了选择效应，所以不会试图劝说任何戒酒的人通过少量饮酒来改善健康。这是因为人们在决定喝多少酒时自我选择了归入哪个饮酒群体。雷宾[25]解释说，研究发现，适度饮酒的人在他们所做的一切事情上都是适度的。他们适度运动，适度饮食，很多事情往往都做对了。当然，问题在于，我们无法知道是适度饮酒导致了积极的健康结果，还是适度饮酒群体的所有其他良好特征（运动水平、饮食等）导致了这一结果。由于选择效应，我们不能说适度饮酒就是原因。

同样，一些相关研究表明，喝葡萄酒的人比喝啤酒的人以及喝白酒或鸡尾酒的人更健康[26]。问题是，喝葡萄酒的人通常比喝啤酒或白酒的人有更健康的习惯，而且在人口统计学上也有所不同。例如，爱喝葡萄酒的人较少吸烟，受教育程度更高，也更富有。当研究使用统计回归技术来控制这些因素时，积极的健康结果与饮酒之间的联系就消失了。

总之，本章提供给读者的规则很简单：留意选择偏差的存在，避免只根据相关数据来做出因果推论。不可否认，我们确实可以利用复杂的相关设计来做出有限的因果推论。同样不可否认的是，相关证据有助于证明假设的聚合性（见第 8 章）。然而，对于心理学知识的消费者来说，宁可因为怀疑而犯错，也不要被那些错误地暗示因果关系的相关所欺骗。

小　结

本章的主旨是要传达这样一个理念，两个变量之间仅仅存在相关，并不能保证一个变量的变化会导致另一个的变化，也就是说，相关并不意味着因果关系。在解释相关关系时，我们讨论了两个问题。在第三变量问题中，两个变量之间的相关并不意味着它们之间有直接的因果关系，因为相关的产生可能是由于这两个变量都与某个甚至未被测量的第三变量有关。事实上，如果我们测量了潜在的第三变量，就可以用相关统计如偏相关（第 8 章将讨论）来评估这个第三变量是否决定了这种关系。

让相关的解释变得困难的另一个原因，就是方向性问题：即使两个变量有因果关系，也不能只根据相关来判断因果关系的方向。

在行为科学中，选择偏差是造成许多虚假相关的原因。选择偏差是指，人们在一定程度上选择了他们所属的环境，因此造成了行为特征和环境变量之间的相关。接下来的两章将详细说明，确保不存在选择偏差的唯一方法，就是在操纵关键变量的情况下进行真实验。

第 6 章

让一切置于控制之下：聪明汉斯的故事

58 **学习目标**

6.1 解释约翰·斯诺检验霍乱传播假设的逻辑

6.2 描述实验控制和变量操纵如何揭示行为的原因

本章一开始，我们先来做一个小测验。噢，别担心，不是考你上一章所学的内容。其实这个测验应该很简单，它是关于世界中物体的可观察运动，我们对此都很有经验。这个测验只有三个问题。

你需要一张纸来回答第一个问题。想象如下场景：一个人拿着一根绳子在头顶上绕圈，绳子的另一端系着一个球。从这个人头顶的正上方观察，我们可以看到这个球的运动轨迹是个圆圈，在纸上画个圆来代表这个圆圈。在这个圆的一处画一个点，然后用一条直线把这个点和圆心连接起来。这条线就代表绳子，那个点就代表特定时刻的球。想象一下，就在这一瞬间，绳子断了。你的第一项任务是用笔画出这个球在绳子断了之后的飞行轨迹（仍然在头顶上方观察）。

第二个问题，想象你是一架轰炸机的飞行员，现在正以每小时 500 英里

（约每小时 805 千米——译者注）的速度在 20 000 英尺（约 6 096 米——译者注）的高空飞向目标。为了简单起见，假设没有空气阻力。这里的问题是，你要在何处投掷炸弹才能击中目标：是在到达目标地点之前，还是目标的正上方，或者是在你飞越目标之后？无论你选择的是目标之前、目标正上方，还是飞越了目标之后，都请你指出投放点与目标的具体距离。

最后，想象你正拿着一把步枪从肩膀高度开火。假设没有空气阻力，且步枪与地面是平行的。如果一颗子弹从与步枪相同的高度落地需要 0.5 秒钟的时间，假设你现在从枪管中射出一发子弹，初速度是每秒 2 000 英尺（约每秒 609.6 米——译者注），那么这颗子弹落地需要多长时间？

答案——对了，还有答案这回事儿。答案会在本章的后面揭晓。但在此之前，为了理解我们关于运动物体的知识的准确性与心理学有什么关系，我们需要更全面地探讨科学家使用的实验逻辑的本质。在本章，我们将讨论实验控制和操纵的一些原理。

斯诺与霍乱 59

约瑟夫·戈德伯格对糙皮病的研究，一定程度上是受“糙皮病不会传染”这种预感的指引。但是比戈德伯格早 70 年，约翰·斯诺（John Snow）在对霍乱病因的研究过程中，做出了相反的预测，也同样获得了成功[1]。为了解释 19 世纪 50 年代伦敦反复爆发的霍乱，人们提出了许多相互竞争的理论。很多医生认为霍乱病人呼出的气体被其他人吸入，导致了该病的感染，这被称为“秽气理论”。但是，斯诺却假设，该病是通过被病人排泄物污染的供水系统传播的。

斯诺开始着手检验他的理论。幸运的是，当时伦敦有许多不同的供水源，每个供水源给不同的地区供水，所以可以将霍乱的发生率与供水源联系起来，而不同的供水源受污染的程度不同。但是斯诺意识到，这种比较会出现严重的选择偏差（请回想一下第 5 章的讨论）。伦敦各区的贫富差距非常大，因此，供水系统和地区患病率之间的任何相关，都很容易归因于许多其他影响健康的经济相关变量，如饮食、压力、职业危害以及衣物和住房的质量。简而言之，获得虚假相关的可能性，几乎与第 5 章所讨论的糙皮病和污水的例子一样高。但是，斯诺敏锐地注意到了出现的一个特殊情况，并利用这一点解决了问题。

在伦敦的一个市区，碰巧有两家自来水公司对同一个社区供水，而且不是系统性地分配供水。也就是说，在同一条街道上，一些住户是由一家自来水公司供水，另一些则是由另一家自来水公司供水，这是因为这两家公司在早期存在竞争。甚至有这样的情况：一栋房子由一家公司供水，而它两边的房子却是由另一家公司供水。于是斯诺找到了一种特殊情况，社会经济状况基本相同或至少在这种自然发生的情况下算是非常接近的家庭，是由两家自来水公司供水的。如果两家自来水公司受到污染的程度相同，那么这种情况仍旧是没有任何意义的，因为斯诺不能从中发现水污染与霍乱的发病率有什么关系。所幸的是，这种情况并没有发生。

在上一次霍乱流行过后，兰姆博斯公司为了躲避伦敦排水系统的污染，将公司迁到泰晤士河的上游，而南沃克 - 沃克斯霍尔公司却仍然固守在下游。因此，兰姆博斯公司的水受到污染的可能性要比南沃克 - 沃克斯霍尔公司小得多。斯诺通过化学检验也证明了这一点。剩下的工作就是计算由两家不同公司供水的家庭的霍乱死亡率。兰姆博斯公司供水的每 10 000 个家庭里有 37 人死亡，而南沃克 - 沃克斯霍尔公司供水的每 10 000 个家庭里有 315 人死亡。

在本章中，我们还将讨论斯诺和戈德伯格的故事如何阐明了科学思维的逻辑。如果不能理解这种逻辑，科学家的所作所为看上去就会显得神秘、古怪或者荒谬。

比较、控制和操纵

尽管市面上有很多关于科学方法论的大部头专著，但是对于一个可能永远不会真正进行实验的外行人士来说，完全没有必要熟悉实验设计的所有细节和错综复杂之处。科学思维最重要的特点其实很容易掌握。科学思维是建立在比较、控制和操纵的理念之上的。为了对一个现象有更深入的了解，科学家会对世界上的各种情况进行比较。如果没有比较，我们就只剩下孤立的 60
观察实例，并且对这些孤立发现的解释也非常模糊，就像第 4 章所讨论的见证叙述和个案研究一样。

科学家通过比较在不同（但有控制的）条件下得到的结果，可以排除一些解释，并证实另一些解释。实验设计的基本目标是*分离变量*。当成功分离出一个变量之后，实验的结果就能排除许多之前作为解释而提出的其他理论。科学家们通过两种方法尽可能地排除不正确的理论：要么直接对实验情境进行控制，要么在可以比较各种可能解释的自然情境下进行观察。

后一种情形在霍乱的例子中得到了很好的诠释。斯诺并不是简单地随便选择两家自来水公司，他清楚自来水公司可能给不同的地区供水，而这些地区在与健康相关的社会经济特征上存在很大差异。仅仅观察不同地区霍乱的发病率，难以避免“对观察到的霍乱发病率差异存在许多不同解释”的问题。斯诺清楚地知道，科学通过尽量排除可能的解释而得以进步（请回想第 2 章所讨论的可证伪性），因此他努力寻找并最终找到了一种比较方式，此方式可以排除许多基于健康与社会经济地位的相关的解释。

斯诺幸运地找到了一种自然情境，这种情境使得他能够排除其他可能的解释。但如果科学家只是坐在那里等待这种情境的出现，那就太荒谬了。相反，大多数科学家试图以一种可以区分替代假设的方式来重组世界。为实现这一目的，他们必须操纵被认为是原因的变量（在斯诺的例子中是被污染的供水系统），然后在保持其他所有相关变量不变的情况下，观察是否会有不同的结果（霍乱的发病率）。被操纵的变量称为自变量，假定受自变量影响的变量称为因变量。

因此，最佳的实验设计应该是这样的：科学家能够操纵感兴趣的变量，并对其他可能影响实验的无关变量进行控制。需要注意的是，斯诺并没有这么做。他不可能操纵供水系统的污染程度，但是他找到了这样一种情境，即供水系统受污染的程度是不同的，而且幸运的是，与社会经济水平有关的其他变量得到了控制。不过，这种自然发生的情境不仅很少见，而且也不如直接的实验操纵那么有说服力。

约瑟夫・戈德伯格正是直接操纵了一些变量，他假设这些变量是他正在研究的这种特定现象（糙皮病）的原因。在一系列研究中，戈德伯格不仅对与糙皮病相关的变量进行了观察和记录，还直接操纵了其他两个变量。回想一下，他给予一组囚犯低蛋白饮食，诱发了糙皮病，而没有在吞食糙皮病患者排泄物的志愿者（包括他和自己的妻子）中诱发出该病。因此，戈德伯格不只是观察自然发生的情境，还创造了特殊的条件，使得产生的数据能够排除一系列其他可能的解释，从而得出比斯诺的研究更有说服力的推论。这也是为什么科学家试图操纵一个变量并保持其他所有的变量恒定的原因：为了排除其他可能的解释。

随机分配与操纵共同定义了真实验研究

我们这里并不是说斯诺的方法毫无可取之处。但科学家的确喜欢更直接地操纵实验变量，因为直接操纵变量能产生更有力的推论。想想斯诺的两组
61 被试，一组由兰姆博斯公司供水，另一组由南沃克－沃克斯霍尔公司供水。该社区供水系统的混合性，可能保证了两组被试的社会地位大致相同。但是，斯诺采用的这类实验设计的缺陷是：它是由被试决定自己属于哪一个组的（自我选择）。他们早在几年前就与两家自来水公司的其中一家签订了供水合同，

从而完成了自我选择。我们还必须考虑为什么一些人与这家公司签约，而另外一些人与那家公司签约。是由于其中一家的价钱比较便宜，还是某家公司的广告宣称自己的水有疗效？我们不得而知。关键问题是，因为产品宣称的特性而选择该产品的人，在与健康相关的其他方面，是否也有所不同？对这一问题的回答是：有这种可能性。

诸如斯诺这样的实验设计无法排除那些更难以察觉的虚假相关，这类虚假相关不像与社会经济地位明显有关联的相关那样容易识别。这就是为什么科学家倾向于直接操纵他们感兴趣的变量。当操纵变量与一种叫作随机分配的程序（在随机分配中被试不能决定自己进入哪种实验条件，而是被随机分配到某一个实验组）相结合时，科学家就能够排除那些归因于被试本身特征的解释了。随机分配可以确保不同实验条件下的被试在所有变量上基本一致，随着样本量的增加，随机分配可以抵消一些偶然因素。这是因为被试的分配是由一个无偏随机化装置决定的，而不是个人的明确选择。请注意这里的随机分配与随机取样是不一样的，第 7 章将讨论两者的区别。

随机分配是一种将被试分配到实验组和控制组的方法，这样实验中的每个被试被分配到其中一组的概率相同。掷硬币就是一种决定被试分配到哪一组的手段。在实际实验时，最常用的是由电脑生成的随机数字表。通过使用随机分配，研究者试图在研究之前平衡两组的所有行为变量和生物学变量，甚至包括那些研究者没有进行专门测量或考虑到的变量。

随机分配的效果如何，取决于实验中被试的数量。正如你所料，被试越多越好。也就是说，分配到实验组和控制组的被试数量越多，在操纵自变量之前两组在所有的其他变量上就越匹配。使用随机分配可以确保在被试分组时没有产生系统偏差。这两组被试在所有变量上均会得到很好的匹配，但即使存在一定程度的不匹配，随机分配也消除了偏向实验组或控制组的可能性。如果我们把注意力放在“重复”这一概念——重复一个实验的所有关键特征，看能否得到相同的实验结果——或许更容易理解随机分配如何消除系统偏差这个问题。

设想一下，一个发展心理学家想要做一个实验，探讨丰富早期体验对学前儿童的影响。随机分配到实验组的儿童在学前日托期间参与心理学家设计的丰富活动，随机分配到控制组的儿童在同样的时间里只是参加一些传统的小组游戏活动。因变量是儿童入学一年后的学业成绩，看看实验组儿童的成绩是否优于控制组儿童。

像这样的实验就会用到随机分配，以确保在实验开始时，两组在所有可
62 能影响因变量的无关变量上都基本保持一致。这些无关变量有时被称为干扰变量。这个实验中可能的干扰变量包括儿童的智力测验分数和他们的家庭环境。随机分配会使两组在这些变量上大致均等。但也有例外，尤其当被试人数很少时，两组仍然可能存在差异。例如，如果随机分配之后，实验组儿童的智力测验分数是 105.6，控制组是 101.9（尽管恰当地使用了随机分配，这类差异还是有可能出现），我们就会担心，实验组在学业成就上的优势是由于实验组儿童的智力测验分数高，而不是由于他们参加了丰富体验的活动。这里就能看出重复验证的重要性了。后续研究进行随机分配之后，两组仍然可能存在智商差异，但是随机分配程序避免了系统误差，从而确保这种差异不会总是偏向于实验组。事实上，无系统误差这一点所确保的是，在大量的类似研究中，智商差异偏向于实验组和控制组的概率是相等的。在第 8 章我们将讨论如何使用这个实验来形成聚合性的结论。

因此，随机分配程序有两个优点。第一，在任何一个实验中，样本量越大，随机分配越能确保两组在所有无关变量上相匹配。第二，即使在匹配不那么完美的实验中，由于随机分配不会产生系统误差，只要研究可以被重复，我们仍然可以得出令人信服的结论。这是因为，经过一系列这样的实验，两组间干扰变量造成的差异就会抵消。

控制组的重要性

所有学科都不乏由于缺少真实验的完全控制而从研究中得出错误结论的例子。罗斯和尼斯贝特[2]讨论了关于门腔静脉分流术的医学发现，该疗法是许多年前非常流行的一种肝硬化治疗方法。他们将关于此种治疗方法的研究进行汇总后，发现了一种有趣的现象。在 96.9% 的不包含控制组的研究中，医师们判断这种治疗方法的疗效至少达到了中等程度。在有控制组但没有使用随机分配的研究中（因此不属于真实验设计），这一比例是 86.7%。然而，在使用真正的随机分配形成控制组的研究中，只有 25% 的研究被认为显示出至少中等程度的疗效。因此，这种治疗方法现在被认为是无效的，但在当时，由于没有进行完全的实验控制，治疗效果被大大高估了。使用控制较少的实验程序所获得的积极结果，是由于安慰剂效应以及（或者）因为没有使用随机分配而产生的偏差。例如，当不使用随机分配时，选择效应（见第 5 章）可能会产生虚假的积极结果。如果选择接受某种治疗方法的病人是这种疗法的“适合人选”，或者他们拥有态度积极和支持性的家庭，那么无论治疗效果如何，他们与控制组之间都可能存在差异。

在下结论之前必须获得“比较信息”，这种思维倾向并不是与生俱来的，这就是为什么所有学科的训练，都包括强调控制组重要性的研究方法课程。除了某一关键因素之外，控制组和实验组的处理方式是相同的。控制组的这种“非鲜活性”让人很难发现控制组的重要性。心理学家对人们忽视重要的比较（控制组）信息的倾向进行了深入研究。例如，在一个经过大量研究的 63
范式中[3]，我们给被试呈现一个 2×2 的实验数据矩阵。

	好转	没有好转
接受治疗	200	75
未接受治疗	50	15

表格中的数字代表每种情况的人数。具体来说，200 人在接受了治疗后

表现出病情好转，75 人接受治疗但没有任何好转，50 人没有接受治疗但仍有好转，15 人没有接受治疗也没有任何好转。研究者让被试看过这个矩阵后，指出治疗的有效程度。很多被试认为测试中的治疗方法是有效的，相当多的被试甚至认为治疗非常有效。这是因为他们首先注意到接受治疗且好转（200 人）的那一组。接着，他们还注意到这样一个事实，即接受治疗且好转的人数（200）多于没有好转的人数（75）。

事实上，这个实验所检验的疗法是完全*无效的*。为了理解为什么这个疗法是无效的，有必要关注一下代表控制组（没有接受该疗法的一组）结果的两格数据。我们可以看到，控制组的 65 人中有 50 人即 76.9% 的人，即使没有接受该疗法仍然有所好转。这与 275 人中的 200 人（即 72.7% 的人）接受治疗且有所好转形成了对比。因此，控制组中病情好转者的比例实际上更大，这说明这种疗法是完全无效的。只关注治疗后好转的庞大数字而忽视控制组结果的倾向，会使得许多人认为这种疗法有效。简而言之，它很容易让人们忽略这一事实，即当我们对治疗结果进行解释时，控制组的结果是非常关键的一个背景信息。

不只是心理学，许多领域都逐渐意识到在评估证据时使用比较信息的必要性。例如，即使在医疗领域，这也是一个近期的发展[4]。神经学家罗伯特·伯顿[5]很好地描述了医学所走的道路："做一名好的医生，你需要遵循最佳的医学证据，即使它与你的个人经验相矛盾。我们需要把直觉和可检验的知识区分开来，把预感和实证检验过的证据区分开来"（p.161）。

企业和政府越来越多地转向有控制的实验，以探寻如何进行政策优化，此类研究可能会带来意想不到的结果。几年前，美国俄勒冈州试图检验一个长期存在的观点，即为没有保险的公民提供医疗保险会降低政府的医疗支出，因为有保险的人不太可能到急诊室就医[6]。没有保险的人到急诊室就医，是政府和医院支出增加的原因之一。为了验证这个想法，看看省下了多少钱，俄勒冈州进行了一项真实验研究，他们随机选择了一些没有保险的人来接受保险，并让一个失去保险的同等规模的小组作为控制组。这种类型的研究被称为现场实验——在非实验室的环境中操纵变量。俄勒冈州实验的结果令人惊讶。接受保险的实验组并没有减少政府开支，他们甚至比控制组更多地在急诊室就医！然而，并不是所有的结果都是负面的：研究发现实验组的心理健康和生活质量都优于控制组。

另一个现场实验的例子探索了被大学录取的高中生未在秋季去学校报到 64
的问题，看看是否能在这一问题上取得一些进展[7]。毫不奇怪，他们中的许多人是低收入家庭的学生，是家里第一个上大学的人。在开学前的暑假，研究者对 5000 名学生进行了一项现场实验，实验组的学生收到了类似“你选好课程了吗？”这样的短信息。在这一组中，72% 的人在那年秋天去大学报到，而控制组的这一比例为 66.4%。这种干预也被证明是非常具有成本效益的。

同样，国际援助组织也开始求助于使用操纵变量的研究（真实验），以找出“什么管用”[8]。援助组织经常进行自我评估，并最终声称他们所做的一切都是有效的，这让人难以置信。这种做法当然意味着资金会被滥用。为了有效地使用援助资金，也就是拯救更多的生命，有必要判断哪些项目比其他项目更有效。现场实验有助于做出这一判断。

有时候，公众很难理解，为了实现他们想要的其他目标——有效地利用税收来帮助最多的人——现场实验是必要的。例如，纽约市试图对它的一个名为“家园”的项目进行实验检验，该项目旨在防止人们无家可归[9]。有资格（因拖欠房租而面临被驱逐的危险）申请这个项目（包括职业培训、咨询和其他援助）的人，比该项目能够服务的人数要多。因此，市政府做了一件合乎逻辑的事情来测试该项目的效能：他们随机分配（直到用完 2 300 万美元）一些人参加“家园”项目，并对相同数量的没有参加该项目的人进行了跟踪调查。这一设计让这座城市能够确定有多少人（可能只是少数人，也可能是许多人）因为这 2 300 万美元的开支而免于无家可归。

不幸的是，许多纽约市民和团体并不这么认为。他们对“实验”这一生动的词语做出了情绪化的反应，并反对这项旨在让这座城市更好地花钱的控制研究。他们认为无家可归的人被当作豚鼠或实验室大鼠一样对待。这些批评者忘记了，没有人因为这个实验而被拒绝服务。无论是否随机分配，接受“家园”服务的人数都是同样的。唯一的不同是，只有通过收集控制组的信息，而不是简单地忽略那些不在该项目中的人，城市才能确定该项目是否真的有效！

上述“家园”的例子中出现的对现场实验的困惑在现实中很常见。人们似乎不明白，通过在真实环境中对社会援助的效果进行现场实验，我们可以找出最有效的方法来使接受援助的人数最大化。正如国际援助专家埃丝特·杜弗洛（Esther Duflo）所指出的，“这似乎并不是一种非常有创意的世界观，但大多数不是经济学家的人都不明白这一点。他们不知道有预算限制这回事”[10]。当我们读到这里时，很容易从杜弗洛的语气中察觉到一丝沮丧。杜弗洛遇到的问题，我们将在本书中多次讨论——对科学家来说显而易见的东西往往会被外行人完全忽略。杜弗洛很清楚，在援助预算固定的情况下，某个项目服务的人数是一定的。如果另一个项目以同样的固定费用为更多的人服务，那么它就更有效。判断一个项目是否更有效的唯一方法是开展一个真实验。

也许换个表述方式会对人们有帮助。协助杜弗洛在贫困国家进行援助实验的一位同事提到，经常有人告诉她：“你不应该在人身上做实验。”她回答说：“好吧，这样的话，你就不知道你的项目是否有效了——那样难道就不是实
65 验性的吗？”（p. 87）。她的回答是正确的。现状——接受效能测试的原始项目——也可以被称为实验，只不过设计拙劣而已。这个正在运作的项目就是一种实验——只是没有适当的控制！也就是说，没有设立控制组。这也是“在人身上做实验”！这种表述方式可能有助于使人们不再愚蠢地抵制使用客观方法来找出最有利于人们的方案。

人们似乎非理性地认为，因为实验需要一个不接受处理的控制组，所以

它在某种程度上违反了“公平”的理念。这种态度的产生是因为控制组的标签似乎意味着一些人被“排除在外”。这是一个谬论，但这种错觉很强大，导致一些人非理性地反对实验。心理学家丹・艾瑞里[11]描述了一位同事想要对一所高中一半的学生提供激励，看看这是否会提高出勤率。学校反对这项研究，因为它“忽视”了学校一半的学生（控制组）。有了这次的经验，艾瑞里的同事尝试了另一种策略。他告诉一所学校的校长，他想给学生提供激励，但他的预算限制意味着他只能资助一半的学生。他向学校的工作人员征求关于如何分配奖金的建议。你猜对了，他们建议随机分配——这正是他想做的！当对同一个实验的表述，从“控制组没得到激励”变成“我们学校有一半的人得到激励”时，人们的态度突然之间完全改变了。

聪明汉斯——神马的故事

用实验控制来排除对某种现象的不同解释是极为必要的。这种必要性可以通过行为科学中一个著名的故事来说明。故事的主人公叫聪明汉斯（Clever Hans）——一匹会算术的马。100 多年前，一名德国教师向公众展示了一匹马，它的名字叫聪明汉斯，据说它懂得算术。无论训练员给汉斯出的是加法、减法还是乘法题，汉斯都能用它的蹄子敲出答案，并且它的回答惊人地准确。

许多人对聪明汉斯的表现感到惊讶和困惑。这匹马真的表现出了一种在它的物种中还不为人知的能力吗？想象一下公众会怎么想。对汉斯特殊能力的有力见证被德国媒体广泛报道。一组“专家”对汉斯进行了观察，并证实了它的能力。每个人对此都感到很困惑。而且，只要对这种现象只是进行孤立的观察，而没有进行有控制的观察，那么困惑就会一直存在下去。然而，当心理学家奥斯卡・芬斯特（Oskar Pfungst）对汉斯的能力进行了系统的研究之后，这个谜团很快就被解开了[12]。

芬斯特遵循了实验设计的优良传统，对动物表演的环境进行了系统的操纵，创设了一种“人为”情境（见第 7 章），从而可以对关于汉斯表现的不同解释进行检验。经过一系列仔细的测试之后，芬斯特发现，这匹马的确具有一种特殊能力，但不是计算能力。事实上，这匹马更像是一位行为科学家，而不是数学家。你瞧，汉斯非常细心地观察人类的行为，它在敲出答案时，会观察训练员或者出题者的头部。当汉斯快接近答案时，训练员会下意识地稍微歪一下他的头，然后汉斯就会停下来。芬斯特发现这匹马对视觉线索极其敏感，它能察觉头部的细微动作。于是芬斯特想出了一个方法来检验这个假设：让处在马的视线范围以外的训练员出题，当汉斯看不到训练员时，它就失去了“算术能力”。（芬斯特所用的技术发展出了现代版本，用来测试来自驯犬员的线索是否影响到了缉毒警犬[13]）。

66 聪明汉斯的例子很好地揭示了仔细区分对现象的描述和对现象的解释是何等重要。这匹马正确敲出了训练员呈现给它的数学题的答案，这是毋庸置疑的，训练员也没有撒谎，而且许多观察者也都证实了这匹马确实敲出了训练员所出题的答案。问题出在下一步：推论出这匹马敲出正确答案是因为它具有算术能力。推断马具有算术能力只是对这一现象的一种假设的解释。从马敲出数学题的正确答案得出马具有算术能力的结论是不符合逻辑的。马具有算术能力只是对其表现的诸多可能解释中的一种，而这种解释是可以通过实证方法来检验的。当置于这样的检验之下，这个解释就被证伪了。

聪明汉斯的例子显示了从行为描述过快地跳到行为模式的理论解释的危险。一个当代的例子与在美国的政治讨论中经常听到的一个行为主张有关，即“男性每赚 1 美元，女性只赚 77 美分”（或 79 美分，具体数字各不相同）。这个陈述本身没有错，因为它只是一个描述性的事实。但是，在政治讨论中，当这一描述性事实被用来强调“77 美分”的说法是歧视的直接指标这一理论观点时，往往会出现一种不合理的理论飞跃：这意味着女性做同样的工作得到的薪酬比男性低。这种说法是一种理论推论，不是描述性的事实。这种理论推断是错误的。做同样的工作时，女性的薪酬并不比男性低 23%。77 美分指的是总收入，而不是同一份工作的薪酬。即使男女是绝对同工同酬的，收入上也可能有很大的差距。

许多人不知道 77 美分这个数字仅仅是通过将全职（每周工作超过 30 个小时）工作者的所有收入加起来除以工作者的数量而得出来的。它没有考虑到职业类型、从事该职业的年数、确切的工作小时数、学历、加班、职务类别、所涉及的技能以及许多其他变量。当对所有这些变量在统计上进行控制时（使用第 5 章中提到的多元回归技术），薪酬差距基本消失[14]。因此，77 美分收入差距这一描述性事实，并不能证明女性在做完全相同的工作时比男性少赚 23% 的理论。在美国的政治讨论中，“77 美分”的说法不应被用来作为那些假定薪酬中存在大量性别歧视的社会政策的理由。

薪酬差距例子中的错误，从描述性事实过快地跳到特定假设解释的错误，与在聪明汉斯案例中发生的情况一样。在芬斯特介入之前，观察这匹马的专家们犯了一个根本性的错误：他们没有意识到这匹马的表现可能有其他的解释。他们认为，一旦他们观察到驯马师没有撒谎，而马确实能敲出数学题的正确答案，那么马就必定具有算术能力。芬斯特的思考更加科学，他意识到马有算术能力只是其中的一种解释，对马的表现有很多可能的解释，为了区分不同的解释有必要建立有控制的实验条件。芬斯特设计了让驯马师在隔板后面给马出题的实验条件，从而区分两种可能的解释：马有算术能力，或者马根据视觉线索做出反应。如果这匹马真有这样的能力，那么让驯马师在隔
板后面出题应该不会影响它的表现。另一方面，如果马是根据视觉线索做出 67
的反应，驯马师在隔板后面出题就会干扰它的表现。当后者发生时，芬斯特就能够排除马具有算术能力的假设[15]。

还请注意这里与第 3 章讨论的简约原则的联系——该原则指出，当两种理论拥有同样的解释效力时，我们倾向于选择那个比较简单的理论（涉及较少的概念和概念之间关系的理论）。此处有两种理论，一种认为这匹马具有算术能力，另一种则认为这匹马是在辨别行为线索，这两种理论在简约原则

上的差异是很大的。后者不需要对先前的心理学和大脑理论做出根本性的调整，只需要我们稍微调整关于马对行为线索的敏感性的看法即可（我们已经知道这种敏感性很高）。前一种认为马真的能学习算术的理论，则需要我们修改进化科学、认知科学、比较心理学和脑科学中的很多概念。这可是极不简约的，因为它与其他的科学都不吻合，因此，如果我们认为这个理论是正确的，科学中的许多其他概念就需要改写了（第 8 章将讨论所谓的关联性原则）。

20 世纪 90 年代和如今的聪明汉斯

聪明汉斯的故事只是一个历史上的案例，很多年来，在研究方法课上，这个例子都被用来说明实验控制这个重要原则的必要性。没有人认为现实中聪明汉斯的案例会再次发生，但却真的发生了。20 世纪 90 年代初，全世界的研究者都在惊恐中看到——就像观看汽车撞毁的慢镜头一样——现代版的聪明汉斯在他们眼前重演，并且导致悲剧的结局。

孤独症（也称“自闭症”）是一种发展性障碍，其特征是社交互动方面的缺陷、语言发展迟滞及异常以及受限的活动和兴趣模式[16]。许多孤独症儿童虽然外表上可能正常，但极度缺乏与人交流的能力，这使得这种障碍对父母来说特别难以接受。因此，20 世纪 80 年代末和 90 年代初，在澳大利亚有人发明了一种技术，能让孤独症儿童从不说话到可以交流，不难想象这些孤独症患儿的家长们听到这个消息时会是多么激动。这种让孤独症患者获得与人交流能力的技术被称为“辅助沟通术”，当时一些最主流的媒体都对此不加批评地大肆宣扬[17]。该技术的发明者宣称，孤独症患者以及其他因发展性障碍导致失语的儿童，只要在一位善解人意的“辅助者”的帮助下，把手和胳膊放在打字机的上方，就可以在键盘上敲出相当有文采的句子来。毫不奇怪，这些之前语言行为受限的孤独症儿童表现出的惊人语言能力，给沮丧的家长们带来了无限希望。发明者还宣称，这种技术对于那些有严重智力障碍的失语儿童也同样有效。

尽管家长们的激动心情很容易理解，但专业人员的轻信盲从就让人难以接受了。不幸的是，在没有开展控制研究之前，许多媒体节目就开始向满怀希望的家长们大肆宣扬这种辅助沟通术多么有效。如果相关的专业人员在实验控制的原则方面受过最基本的训练，他们就应该立刻认识到这不过是“聪明汉斯”例子的翻版。这些辅助者几乎都是真心关注孩子成功又富有同情心的人，在辅助过程中有许多机会有意或无意地引导孩子的手靠近键盘上的按键。此外，观察还发现，孩子们有时即使不看键盘也能打出复杂的信息，这也说明辅助者给了孩子某种暗示。此外，连字母表都没见过的孩子也能创作出优美的英语散文。例如，据说一个小孩可以敲出“我是一个奴隶还是自由 68
人？我是身陷囹圄还是可以被视为简单而理性的灵魂？”[18]。还有一个人在国际写作比赛中获奖[19]。

许多有控制的研究报告称，他们通过适当的实验控制检验了这种辅助沟通术。所有研究都明确地证明了同一点：孤独症儿童的表现依赖于辅助者发出的触觉线索[20]。其中一些研究使用的控制与聪明汉斯的经典案例相似。研究者设置了一种控制情境，给孩子和辅助者各自呈现一个物体的图案，但是他们彼此看不到呈现给对方的图案是什么。当孩子和辅助者看到的是相同图案时，孩子能正确地打出图案的名字。但是当孩子和辅助者看到的图案不同时，孩子打出的是辅助者看到的图案的名字，而不是自己看到的那个图案。因此，答案是由辅助者而不是孩子决定的。

辅助沟通术只不过是一种“聪明汉斯”现象，而非突破性的治疗技术，这一结论没有给相关的研究者带来任何快乐。但这个悲伤的故事愈演愈烈。在一些治疗中心，在键盘辅助练习的过程中，客户报告说他们曾经被父母性虐待[21]。孩子们被带离了父母的家，直到这种指控被证明毫无根据时，他们才被送回。

由于这些控制研究的结果，称职的专业意见终于穿透媒体的喧闹浮出水面。重要的是，人们越发认识到，这些缺乏实证基础的疗法并非中性无害的（“哦，它或许有用，但如果它没有用呢？”）。将未经证实的疗法投入使用是要付出代价的。此外，辅助沟通术的例子再次说明，依赖见证叙述的证据会带来危害，认为风行一时的疗法和伪科学无害的观点是错误的（见第 4 章）。我们也可以看到，当我们想要解释行为时，实验方法中的控制和操纵是无法替代的。

然而，在辅助沟通术被揭穿为一种虚假技术的数十年后，它仍然重新出现在学校和流行文化中。作家肯德里克 · 弗雷泽[22]在描写这种技术在学校里卷土重来时,将其称为“死灰复燃”(有时也被冠以“支持性打字法”等新名称)。2011 年，仍有一些倒霉的父母在他们的孩子接受辅助沟通练习时，被指控性侵他们的孩子[23]。2015 年，美国罗格斯大学的一名教授认为她“辅助”的一位客户确实同意并与她发生了性行为。在后来的审判中，她为自己辩护说，她认为在辅助练习中，他（在其协助下）打的字说明他根本没有智力缺陷[24]。美国有线电视新闻网（CNN）、微软全美广播电视公司（MSNBC）和英国广播公司（BBC）在这些技术被曝光为聪明汉斯综合征[25]很长时间之后，仍在毫不怀疑地报道这些案例。2011 年，在该技术首次被揭穿近 20 年后，一部该技术的宣传影片在 100 多个城市上映[26]。这的确是一种不会消亡的虚假疗法。在 2016 年 4 月 2 日的世界孤独症日，苹果公司（Apple）也插上一脚，推出了一段视频，声称一名孤独症儿童借助辅助沟通术在 iPad 上写字，在这个案例中，这种技术被称为“快速提示法”[27]。

我们在这里还要注意与简约原则的联系。孤独症儿童严重的语言障碍可以通过一颗“神奇子弹”（见第 9 章）来解决，这种看法与数十年来对孤独症儿童的认知、神经心理学和大脑特征的研究背道而驰[28]。它需要颠覆太多
69 已知的认知和神经学知识。辅助沟通术的存在将表明它与其他科学领域没有任何联系（见第 8 章）。

最后，辅助沟通术的例子说明了之前在聪明汉斯的案例中讨论过的一点：仔细区分现象的描述和现象的解释很重要。用“辅助沟通”这个术语来代表辅助者和孩子之间发生的事情并不是中立的描述，而是预设了一种理论结果——沟通确实发生了，而且辅助者也的确起到了强化作用。然而，这正是有待证明之处！我们看到的是孩子在敲击键盘，如果它一开始就被称为“惊人敲击术”，事情的进展或许会更加理性。需要确定的是，这种“惊人敲击术”是否是真正的沟通。过早地给这个现象（敲击键盘）贴上理论（即它代表真正的沟通）的标签，可能会让这些实践者更难意识到有必要开展进一步的调查，看看这个理论标签是否合理。

其他领域——不仅仅是心理学领域——也在努力解决过早地给一个现象贴上理论标签的问题。法律系统仍然使用“摇晃婴儿综合征”这个术语，而实际上美国儿科学会已经建议不再使用这个术语。这个问题与我们讨论过的聪明汉斯和辅助沟通术的例子如出一辙。“摇晃婴儿综合征”是解释为什么某个孩子会出现头部创伤的一种理论。头部创伤在本质上是一种现象。所有的理论，无论具体是哪一种，必须要解释的是头部创伤的确切原因。法律系统仍在研究这一术语变化所带来的影响，某些术语曾经是标准，但我们现在知道它们具有误导性[29]。

交通安全工程师同样认为，交通“事故”一词承载了太多的理论色彩[30]。“事故”这个词意味着随机性、不可预测性和运气——纯粹的偶然性。安全工程师非常清楚，撞车的风险与许多行为在统计学上有很强的关联，而这些行为都不是随机或偶然的。工程师们想到了圣路易斯红雀队的投手乔希·汉考克的例子，他驾驶租来的 SUV（运动型多功能车的缩写）撞上了一辆停在高速公路上闪着警示灯的卡车[31]。考虑到汉考克超速（一个严重的风险因素）、酒精浓度是法定上限的两倍（一个严重的风险因素）以及撞车时正在使用手机（一个严重的风险因素），把这次车祸称为随机的和不可预测的（一起“事故”）似乎说不过去。哦，两天前他还撞坏了另一辆 SUV[32]。称其为“事故”

传递的是一种随机性和不可预测性的理论，而在这个例子中，当事人所选择的行为是如此的放肆莽撞，这种理论似乎站不住脚。车祸是对所发生的事情的描述。作为一种理论，“事故”似乎说不通。

分离变量：创设特殊条件

戈德伯格与糙皮病的例子给我们上了重要的一课，它有助于消除对科学进程的一些误解，尤其是当其运用到心理学中的时候。世界上发生的任何事情通常都与许多其他因素有关联。为了将许多同时发生的事件相互间的因果影响分离开来，我们必须创设现实世界中永远不会出现的情境。科学实验就是要打破世界上的自然关联，从而将单一变量的影响分离出来。

心理学家采取的也是同样的方法：通过操纵和控制来分离变量。例如，对阅读过程感兴趣的认知心理学家，研究了使单词的感知更容易或更困难的
70 因素。毫不意外，他们发现较长的单词比较短的单词更难识别。乍一看，我们会认为单词长度的影响是很容易测量的：只要设置两组单词，一组长一组短，然后测量读者识别两组单词的速度差异。可惜，事情没有那么简单。长度较长的词，在语言中出现的频率往往也较低，而频率本身也会影响感知。因此，长词与短词之间的任何差别都可能是由于长度、使用频率或两种效应的组合造成的。为了研究单词的长度能否在频率之外独立地影响单词的感知，研究者必须构建一组特殊的单词，它们的长度与频率不是同时变化的。

同样地，戈德伯格之所以能够做出强有力的原因推断，是因为他设置了一组非自然发生的特殊条件。（回想一下，他的一个实验操纵是要吃下人体的排泄物，这还是委婉的说法！）。回想一下，奥斯卡·芬斯特不得不设置一些特殊的条件来测试聪明汉斯，包括提问者不知道问题答案的实验条件。许多只观察到马在正常条件下（提问者知道答案）回答问题的人从未察觉到马是如何完成这一绝技的。相反，他们得出了错误的结论，认为那匹马真的

具有数学知识。

同样，在检验辅助沟通术所宣称的效果时，研究者也必须设计一些特殊的实验条件。展示给辅助者和儿童的刺激必须分开呈现，这样任何一方都不知道对方看到的刺激是什么。为了测试某种现象的不同假设，设计这种不同寻常的实验条件是必要的。

心理学的许多经典实验都涉及这样一种逻辑，即将现实世界中存在的自然关系分离开来，以判断哪个变量是决定因素。心理学家哈里·哈洛（Harry Harlow）的著名实验[33]就是个很好的例子。哈洛想要检验一个关于母婴依恋的流行假设：依恋的产生是由于母亲为婴儿提供了食物来源。然而，问题是母亲提供的不仅仅是食物（还有舒适、温暖、爱抚、刺激等等）。哈洛对幼年猕猴的行为进行了研究，他让这些动物在"人造"母亲中做出选择，从而只分离出与依恋有关的一个变量。例如，他发现，相比铁丝网制成的"母亲"，幼猴更喜欢厚绒布制成的"母亲"所提供的接触舒适感。出生两周之后，幼猴更喜欢冰冷的厚绒布母亲，而不是温暖的铁丝母亲，这说明接触上的舒适感比温暖更吸引幼猴。最后，哈洛还发现，即使食物仅由铁丝母亲提供，幼猴仍然更喜欢厚绒布母亲。因此，依恋仅仅是由于母亲提供了食物的假设被证伪了。正是因为哈洛能够将现实世界中同时变化的变量分开进行考察，才会有这样的发现。

创设特殊条件来检验是否存在真正的因果关系，是防止伪科学信念像病毒一样攻击我们的一个关键工具[34]。让我们看一下治疗性触摸的案例，这是 20 世纪 90 年代席卷北美护理行业的一种时尚。使用治疗性触摸法的治疗师不是按摩病人的身体，而是病人所谓的"能量场"。也就是说，治疗师的手在病人身体上方游移，但不做真正的按摩。治疗师说这是在"感觉"病人的能量场。好吧，你猜对了。人们创设了类似于聪明汉斯和辅助沟通术中的特殊条件，对这种感应能量场的能力进行了验证。也就是说，测试这些治疗师在看不见的情况下，是否还能感觉出他们的手是否靠近人体。研究结果与聪明汉斯和辅助沟通术的案例一样，当视线被挡住之后，这种远距离的感应能力和随机水平差不多[35]。这个例子解释了前一章所提到的一点——真实验的
71 逻辑非常简单，连小孩都能明白。这是因为，在已发表的证明治疗性触摸无效的实验中，有一个是作为学校的科学项目完成的[36]。

简而言之，科学家在验证关于某个现象的某种特定理论时，通常有必要创设特殊条件。仅仅观察事件的自然状态远远不够。人们对下落的和移动的物体观察了几个世纪，却没有得出关于运动和重力的精确原理和定律。直到伽利略和其他科学家创设了一些人为条件来观察物体的运动之后，才得出了真正能解释运动的定律。在伽利略的时代，几乎没有人看到过光滑的铜球从光滑的斜面上滚下来。世界上有很多运动发生,但这种运动却非常罕见。然而，正是这种非自然的情境，加上其他类似的情境，使得我们第一次得出真正能解释运动和重力的定律。说到运动定律，你不是在本章开头做过一个小测验吗?

直觉物理学

实际上，本章开头提到的三个问题都来自心理学家对所谓“直觉物理学”的研究，即人们对物体运动的观念。有趣的是，这些观念经常与运动物体的实际表现大相径庭[37]。

例如，在第一个问题中，当绳子被剪断后，在头顶上方观察到的小球会沿着与绳子垂直的方向直线飞出去（即圆的切线）。研究者发现，回答问题的大学生中，有 1/3 的人错误地认为小球会沿着曲线飞出去[38]。当被问到类似于轰炸机飞行员的问题时，被试中有大约一半的人认为应在目标的正上方投掷炸弹，这表明他们不理解物体的初始运动决定其后来的运动轨迹。实际上应该在飞机到达目标前 5 英里（约 8 千米）的地方投弹。被试的错误不是因为这些问题的假想性质所导致的。当要求被试在房间里一边走动一边把高

尔夫球丢在地板上的某个目标位置时，他们的表现说明，超过一半的人不知道高尔夫球下落的时候还会继续向前运动。至于最后一道题，许多人不知道从步枪射出的子弹会与从同一高度落下的子弹同时落地。

你可以评估一下自己在这个小测验中的成绩如何。如果你最近没有上过物理课，很有可能至少会错一道题。“物理课！”你可能会提出抗议，“我最近当然没上过物理课，这个测验不公平！”但是请等一下，你为什么需要上物理课才知道这些题目的答案呢？从小到大，你看到物体坠落怎么也有几百次了吧。你看到过它们在自然发生的情境中坠落。每天你的四周都有移动的物体，而且你看到的是它们“真实”的状态。你肯定不能说你没有接触过移动和下落的物体。当然，你没见过像子弹这样的例子，但是大多数人都见过孩子放开旋转的物体，而且很多人也都见过物体从飞机上掉下来。此外，如果你反驳说你没见过与此完全相同的情境，似乎也有些站不住脚。既然你有这么多年关于物体运动和下落的经验，为什么到了与平常稍有不同的情境中，你就不能准确地预测会发生什么呢？

外行人的观念之所以是不准确的，正是因为他的观察是“自然的”，而不是像科学家的观察那样是有控制的，理解这一点至关重要。因此，如果你在本章开始的小测验中答错了一题，不要感觉自己无知或不够好。要知道，一些世界上最伟大的思想家对下落的物体观察了几个世纪，也没有建立比现代 72
高二学生所知的更精确的运动物理学。

对直觉物理学的心理学研究表明，理解科学家为什么要这样做，具有根本上的重要意义。尽管人们对运动物体和下落物体有丰富的经验，但他们对运动的直觉理论是非常不准确的。经验不能预防这些直觉性错误。例如，即使是经验丰富的出租车司机，在车速和车程的判断上，还是会犯很多与非职业司机相同的错误[39]。

直觉心理学

如果我们关于运动物体的直觉（或“世俗”）理论是不准确的，那么很难相信世俗理论在更复杂的人类行为领域会非常准确。事实上，这一研究文献提醒我们，个人经验并不能保证不会对人类心理学产生错误的信念。心理学家丹·艾瑞里[40]讲述了他自己的一个故事：在18岁时的一次意外事故中，他70%以上的身体被烧伤。他描述了随后几个月的治疗，绷带的快速拆除给他带来了巨大的痛苦。护士们的理论是，快速拆除（引起剧烈疼痛）比缓慢拆除（疼痛较轻但持续时间更长）要好。出院之后，艾瑞里成为一名心理学专业的学生，他做了一些实验来测试护士们的信念。令他惊讶的是，艾瑞里发现，在这种情况下，缓慢拆除——疼痛强度较低，持续时间较长——可以减少疼痛感。他说，完成这个研究后，他意识到烧伤病房的护士都是善良仁慈的人，有很多浸泡和拆除绷带的经验。但“尽管护士们经验丰富，但在治疗她们非常关心的病人时，还是犯了错误。对于如何将病人的痛苦减至最小，她们所持的理论并不正确。我想，考虑到她们有如此丰富的经验，怎么会错得这么离谱呢？或许其他专业人士也可能会错误地理解他们行为的后果，并做出错误的决定”[41]。研究表明，对他人疼痛强度的直觉判断很不准确，即使是有很多临床经验的医生[42]。

正如第4章所讨论的，对见证叙述、个案研究证据和“常规做法”的依赖，往往会让人们认识不到我们需要设置控制组来检验非正式观察所得结论的准确性。例如，丁费尔德[43]描述了为什么很多医学专家认为他们不应该建议抽动秽语综合征的患者（见第2章）抑制他们的抽搐（不自主地发出声音）。医生们认为这导致了所谓的“反弹效应”——抽搐在抑制后发生的概率更高。然而，这种信念是基于非正式的观察，而不是有控制的实验。当我们进行适当的实验时，即系统地比较抑制时段和非抑制时段抽搐的次数，抽搐抑制后似乎根本没有“反弹”效应。

在第 1 章，我们举例说明了许多关于人类行为的常识（或世俗）信念是错误的，这还只是冰山一角。例如，没有强有力的证据表明虔诚地信仰宗教的人比不那么虔诚的人更无私[44]。研究表明，宗教虔诚程度与从事慈善活动、帮助处于困境的他人或避免欺骗他人的倾向之间没有直接的关系。

错误的直觉理论并不局限于心理学。例如，它们在体育和健身领域也很猖獗。例如，定量分析表明，在橄榄球比赛中（从高中比赛到职业比赛的各种级别），当球队处在中场线位置时，大多数教练在第四次进攻时选择继续 73
进攻以增加获胜的概率[45]。类似的分析表明，总的来说，教练应该让队员在交换球权时减少弃踢，多踢赌博式的短球。统计数据表明，如果教练在这些方面重新调整策略，他们会赢得更多的比赛[46]。现在，教练们或许有各种各样的理由忽视这个统计上的建议（例如，害怕被事后批评），但这些理由在球迷身上并不适用。然而，球迷们有一种错误的直觉，认为教练是对的。

关于人类行为的错误信念会产生非常实际的后果。基思和拜因[47]提到，在他们的学生中，“通话不影响我开车”和“打电话可以防止我睡着”等陈述代表了关于手机和开车的典型看法。学生们似乎完全无视一个事实，即在开车时使用手机（即使是免提电话）会严重影响专注程度和注意力[48]，是导致事故和死亡的原因之一[49]，其危险性不亚于酒后驾车。开车时发短信尤其有致命的危险。

错误的流行信念可以列出一张长长的清单。例如，很多人认为满月会影响人的行为，其实并非如此[50]。有些人相信“相异相吸”，但事实并非如此[51]。有些人认为你不应该改变多项选择题的初始答案，他们也错了[52]。有些人认为“熟生蔑”，没有这回事[53]。有些人认为人在催眠状态下的行为就像机器人一样，这也不对[54]。这样的例子不胜枚举[55]。

人们直觉行为理论的诸多不足之处说明了为什么我们需要有控制的心理学实验；只有这样，我们才能超越关于人类行为的古老概念，进而建立更精确的科学概念。

小 结

实验方法的核心是操纵与控制。这就是为什么实验比相关研究能够做出更强的因果推论。在相关研究中，研究者仅仅观察两个变量的自然变动是否显示出某种关联。相比之下，在真实验中，研究者对被假设为原因的变量进行操纵，通过实验控制和随机分配来保持其他所有变量不变，然后来看这个变量是否会对假设的因变量产生影响。这种方法排除了相关研究中的第三变量问题。第三变量问题的出现是因为在自然界中，很多不同的事物是相互关联的。实验方法可以被看作是将这些自然存在的关联分离开来的一种方式。它之所以能实现这一目的，是因为它以操纵一个变量（被假设是原因的变量）并保持其他所有变量不变的方式，分离出该变量。然而，为了分离这些自然发生的关联，科学家们往往不得不创设自然世界里不会出现的特殊条件。

第 7 章

“但这不是真实的生活！”：“人为性”批评与心理学

学习目标 74

7.1 解释实验目的如何决定实验设计

7.2 总结心理学各研究领域理论的实用性

在前两章中，我们已经讨论了实验逻辑的基本原理，现在我们可以来考虑一些经常听到的针对心理学领域的批评。特别是，我们将详细探讨“因为心理学实验是人为的，与‘真实生活’不一样，所以它们没有价值”这一批评。

为什么自然性并非总是必要的

从第 6 章的讨论中，我们应该可以相当清楚地看到为什么这种批评是不合理的。正如那一章所述，科学实验的人为性并不是一种缺点，事实上，正是它赋予了科学方法一种独特的力量，使其可以对世界的本质做出解释。与人们普遍认为的相反，科学实验的人为性并不是偶然的疏忽，而是科学家有意为之（用一个计算机软件的术语，这是一个功能，而非缺陷！）。科学家之所以故意设置一些非自然发生的条件，是因为只有这样才能将决定事件发生的许多内在相关变量区分开来。用第 6 章的话来说，科学家设立特殊的条件是为了分离变量。

有时候，必要的条件在自然状态中已经存在，比如在斯诺和霍乱的例子中。更多的时候，情况并非如此。科学家必须用新异的甚至有时是奇怪的方法来操纵事件，比如戈德伯格和糙皮病的例子。很多时候，这些操纵无法在自然环境中完成，于是科学家必须把所要研究的现象转移到实验室中，以便实施更精确的控制。

事实上，如果科学家仅仅局限于在“自然”条件下观察，那么一些现象就完全不可能被发现。探索物质根本特征的物理学家建造了长达一英里（约 1.6 千米）的巨大加速器来诱发基本粒子之间的碰撞。碰撞产生的一些副产
75 物是存在时间不到十亿分之一秒的新粒子。然而，这些新粒子的属性对原子结构理论有一定的影响。它们中的许多在地球上一般是不存在的，即使存在，我们在自然条件下也没有机会观察到它们。但是，几乎没有人质疑物理学家的研究方式，即为了对宇宙有更深入的理解，采用一些不常见的甚至是怪异的方法来探究自然是合情合理的。但不知为何，某些方法物理学家用起来似乎是合理的，而心理学家使用起来却经常被认为是不合理的。

许多心理学家在向外行人士展示关于某一行为的实验证据之后，都听到过这样的叹息：“但这不是真实的生活！”这种评论反映了人们的一种观念：在实验室研究人类心理有些奇怪。这种异议还包含了一种假设，即知识只能通过自然条件下的研究来获得。

心理学家使用的许多技术在公众看来是怪异的，人们通常不知道这些技术并非心理学领域所独有，它们只不过是将科学方法应用于研究人类行为的表现形式。局限于真实生活情境会妨碍我们发现许多新事物。例如，生物反馈技术现在被广泛应用于各种领域，比如偏头痛和紧张性头痛的控制、高血压的治疗以及放松训练[1]。研究表明，如果我们能够通过视觉或听觉的反馈

来监测体内正在进行的生理过程，就能学会在一定程度上控制这些过程。上述各种生物反馈技术正是由此发展而来。当然，因为人类并不具备通过外部反馈来监测自身生理功能的能力，所以，这种控制生理过程的能力只有在特殊的实验条件下才会显现出来。

以跳阅眼动为例，这是阅读过程研究者关注的焦点[2]。人们会有这样的印象：在阅读时，他们的眼睛平滑地扫过页面，但事实并非如此。内省法并不适合用来研究阅读过程。在阅读过程中，眼睛大部分时间是静止的，实际上，眼睛只在短暂的所谓“跳阅”期间运动，持续 20~40 毫秒。在两次跳阅之间，眼睛有 200~300 毫秒时间是相对静止的。简而言之，与内省法得到的结果相反，你的眼睛在阅读过程中大部分时间是静止的，但每秒会跳动 3~4 次。顺便说一下，在跳动过程中，你会处于失明状态！如果没有特殊的实验条件和特殊的仪器，研究者不可能发现上述事实。

随机取样与随机分配的混淆

有时候，“这不是真实生活”的抱怨来自于对心理学实验目的的另一种误解，这种困惑其实是可以理解的。媒体的宣传使许多人对调查研究都很熟悉，特别是选举及其他民意调查。现在人们对选举民调的一些重要特征越来越了解。特别是，媒体更加关注随机样本（或称代表性样本）对民调准确度的重要性。这种关注导致许多人错误地认为，随机样本和具有代表性的实验条件是所有心理学研究所必需的。由于心理学研究很少使用随机样本，外行人的随机样本标准使大多数心理学研究似乎都站不住脚，并且强化了“心理学研究没有反映真实生活因而是无效的”这一批评。事实上，并非所有的心理学研究都必须使用随机的被试样本。

随机取样和随机分配（第 6 章已讨论）不是一回事。因为两者都包含“随 76
机”这个词，所以许多人把它们混为一谈。事实上，它们是非常不同的概念，唯一的相似之处在于它们都采用随机生成的数字，但其目的却大相径庭。

随机取样是指如何选择被试进行研究。如前所述，并不是所有研究都需要随机取样，但当随机取样成为必要条件时（例如在调查研究、市场调查或是选举民调中），它指的是从总体中抽取一个样本的方法，这种方法要确保总体中的每一个成员都有同等机会被选为样本。被抽中的样本便成为研究的被试。这种随机取样的研究既可能是相关研究，也可能是真实验，理解这一点很重要。只有使用了随机分配的方式，才有可能成为一个真实验。

随机分配是真实验所必需的条件。在真实验中，实验人员会设置实验组和控制组，当每一名被试被分到实验组或控制组的机会相等时，就实现了随机分配。这就是为什么研究者会用到像掷硬币这样的随机化手段（或者更常用的是一种特殊的随机数字表），因为它在分配被试时不会出现偏差。

牢记随机分配和随机取样不是一回事的最好方法是弄清楚四种组合：非随机取样也非随机分配、非随机取样但随机分配、随机取样但非随机分配、随机取样且随机分配。大部分心理学研究没有使用随机取样。正如下一节将讲到的，涉及理论检验的研究，我们所需要的只是一个方便取得的样本。如果研究中使用了随机分配，那么它就是一项真实验。如果没有使用随机分配，则是相关研究。许多使用随机取样的研究并没有使用随机分配，因为它们只是调查研究，旨在寻找变量之间的关联——也就是说，它们属于相关研究。

理论研究与应用研究的异同

某些应用研究的目的是把研究结果与生活中的某个特定情境直接联系起来。选举中的民意调查就是直接应用研究的一个例子。研究的目的是预测一个非常具体的情境中的一个特定行为，在这个例子中，就是选举日的投票结果。由于应用的性质是直接的，样本的随机性和实验条件的代表性问题就显得很重要。

然而，把这类研究看作典型的心理学研究是错误的。大多数心理学（其他学科也是如此）研究的目的并不是为了直接应用，而是为了发展理论。大多数研究的结果只是通过对理论的修正而间接地得到应用，这些理论再与其他科学规律一起应用于一些实际问题。简而言之，大部分理论驱动的研究是为了检验关于心理过程的理论，而不是为了把研究结果推广到某一特定的现实情境。

以理论检验为主要目的的研究通常被称为*基础研究*。应用研究的目的是把研究数据直接应用于现实世界中，而基础研究则关注理论的检验。然而，仅仅根据某项研究是否有实际应用来区分基础研究和应用研究，很可能会产生错误，因为这一差异往往可以归结为时间问题。应用研究的结果可以立即使用。基础研究的应用通常要慢得多，而且往往是在经历了知识演化过程中 77
的很多曲折之后。

尽管很多科学家的初衷并非为了解决具体的实际问题，但他们的理论或发现最终解决了许多现实世界的问题。这样的例子在科学史上不胜枚举。例如，为了研究炎性疾病，得克萨斯大学西南医学中心的一组研究者试图对一群患有关节炎的大鼠进行基因改造。出乎意料的是，这些大鼠同时也患上了肠炎[3]，类似于人类的溃疡性结肠炎。现在，科学家得到了这种人类疾病的动物模型。无论这些科学家是否在关节炎(原本想研究的问题)上取得了进展，但现在看来，他们对溃疡性结肠炎和克罗恩病的最终治疗做出了重大贡献。

在科学领域中，这种间接的联系很常见。辉瑞制药公司在寻找治疗心脏病的新药时，发现了万艾可（伟哥）[4]。数论这一抽象领域的发展带来了加密技术，从而使电子商务成为可能[5]。

还有一个例子可以说明早期的基础研究带来了广泛的实际应用，那就是心理学家沃尔特·米歇尔[6]著名的“棉花糖实验”。他的实验程序包括告诉四岁的孩子，他们将得到一个小的奖励（一个棉花糖）或一个大的奖励（两个棉花糖）。如果孩子在实验者离开房间后，在房间内等到实验者回来，并且没有按铃呼叫实验者，那么就会得到大的奖励。如果孩子在实验者回来之前按了铃，就只能得到小的奖励。实验的因变量是孩子在按铃之前等待的时间。他在使用这个著名的延迟满足范式进行第一波研究时，申请政府研究经费失败[7]，并且被告知去一家糖果公司寻求资助！但是纵向研究表明，这个给四岁孩子做的测试，竟然能预测其成年后是否会成功。儿童期延迟满足的能力可以预测诸如药物使用、肥胖程度和 SAT 分数等重要的生活结果。米歇尔的工作已被应用于几个培养儿童自我控制技能的重要项目中[8]。

因此，我们必须认识到，虽然有些研究是为了直接预测某一特定情境中的事件而设计的，但大多数科学研究是为了检验理论而设计的基础研究。怎样把研究结果应用到现实生活中呢？从事应用研究和从事基础研究的研究者对此有完全不同的回答。前者会这样回答 ：“直接应用，只要实验情境和将来要应用的情境有相当密切的联系就可以了。”因此，被试的随机取样和实验情境的代表性都会影响结果的应用。然而，从事理论检验的研究者是这样认为的 ：他们的研究结果不会*直接*应用于现实生活，理论研究的目的也不是为了获得可应用于某些具体情境的结果。因此，这类科学家并不关心研究的被试与其他群体有多相似，也不关心实验情境是否反映了某些真实生活的环境。那么，这是否意味着这些研究结果对现实世界没有意义呢？不是的。这些研究结果虽不直接应用于某一特定情境，但能直接应用于某一理论。这种理论，也许在将来的某一天，可以和其他科学规律相结合，共同解决某一特定问题。

在心理学的某些领域中，这种通过理论的间接应用已经相当普遍。例如，很多年前手机刚刚面世，许多认知心理学家就开始担心，人们边开车边使用
78 手机会带来安全上的隐患。心理学家立即预测手机的使用可能会导致交通事故增多，这不只是因为接听电话时一只手会离开方向盘，相反，他们真正担心的是接听电话会转移司机的注意力。值得注意的是，心理学家对开车时使用手机的担忧，远远早于对现实中的手机使用与车祸之间关系的实验研究[9]。

心理学家通过理论预测了手机带来的交通事故问题，这个理论就是注意力有限理论，早在几十年前就有了[10]。开车时使用手机显然属于这些理论的解释范畴，而这些理论是通过大量实验（实际上是数百个实验室研究）建立起来的。事实也是如此，后来对手机使用进行的实际研究，证实了心理学中注意理论的预测：手机使用确实是引发交通事故的一个原因，即使免提电话也不能解决注意力的问题，注意力的分散才是交通事故的主要原因[11]。

心理学理论的应用

前文已经描述过，大部分研究的目的是为了发展理论，而不是预测具体环境下的事件，并且大部分研究的结果是通过理论间接应用的，而非直接应用于某个具体的情境。考虑到这些事实，我们有理由问：心理学中究竟有多少理论在现实中得到了应用。也就是说，心理学理论的普遍性是否得到了检验？

在这一点上，我们必须承认以往的记录是参差不齐的。同时我们也必须清楚地认识到，这与心理学的多样性息息相关。一些研究领域确实在应用方面进展甚微。然而，其他一些领域则已经通过实验推导出了许多具有很强的解释力和预测力的原理，取得了令人瞩目的成绩。

想想经典条件作用和操作性条件作用这两个基本的行为原理。这些原理及由此推出的定律，几乎完全是从使用非人类被试（比如鸽子、大鼠）、在高度人为化的环境中进行的实验中发展出来的。然而，这些原理已经成功地用于解决人类的很多问题，包括孤独症儿童的治疗、酗酒和肥胖的治疗、精神病院住院病人的管理、失眠的干预以及恐惧症的治疗等等。这仅是一小部分而已。

这些应用背后的原理之所以能够被提炼出来，恰恰是因为在实验室研究中，研究者能够精确地细化环境刺激和行为之间的关系，而这是在自然条件下无法做到的，因为在自然情境下，许多行为之间的关系可能会同时起作用。至于非人类被试的使用，是因为在许多案例中，从动物的行为反应得出的理论和规律为我们提供了与人类行为非常相近的数据[12]。以人类作为研究对象时，他们的行为所遵循的规律，与从动物行为得出的规律非常相似。如今，这应该不足为奇了，因为几乎人类疾病治疗的每一次医学进步都包含源自动物研究的数据。举例来说，动物研究促进了很多领域的发展，包括行为医学、压力缓解、心理治疗、受伤及残疾人士的康复、老化对记忆影响的研究、帮助人们战胜神经肌肉疾病的方法、药物对胎儿发育影响的认识、交通安全、慢性疼痛的治疗[13]。通过对猴子的研究，我们在理解恐惧症和焦虑障碍的潜在原因方面取得了一些实质性的进展[14]。然而，以动物为研究对象的科学家
79 （包括心理学家）越来越多地受到动物保护者的攻击，有时攻击甚至是暴力的。加州大学洛杉矶分校心理学系的戴维·詹奇（J. David Jentsch）是一名研究与药物成瘾有关的大脑回路的学者。2009 年，他的车被动物保护者炸毁，由此引发的大火差点烧毁了他的家[15]。

心理学家对知觉过程的研究在理论上取得了令人瞩目的进展，从中得出的规律和理论已用于解决各种各样的问题，比如雷达监测、街灯照明以及飞机驾驶舱的设计[16]。现在人们对老化的认知影响已经有了很多了解[17]，而这些新知识对设计能够帮助人们弥补认知损失的辅助系统，具有直接的意义[18]。

关于判断和决策的心理学研究已经对医学、教育和经济等领域的决策产生了影响[19]。斯坦利·米尔格拉姆（Stanley Milgram）著名的权威服从实验就被军事学校用于军官训练[20]。一个令人振奋的新进展是，认知心理学家越来越多地参与到法律体系中，这一体系在信息搜集和证据评估（以及后续的判决）过程中所面临的记忆准确性问题，为检验认知理论的可应用性提供了机会[21]。近几十年来，阅读教学中的理论和实践也受到了认知心理学研究的影响[22]。

简而言之，心理学已经在“现实生活”中得到了广泛的应用，但公众对

此知之甚少。专注于研究的心理学家已经找到了让人们为退休存更多钱以及增加器官捐赠的方法[23]，发现了说服人们注射流感疫苗的方法[24]，设计了旨在减少能源使用的行为干预项目[25]，发现了方便屏幕阅读的方法[26]，发现了让司机提高危险感知的方法[27]，找到了让医疗卫生人员提高洗手率的方法[28]，找到了降低医疗费用的方法[29]，找到了减少手术开错部位的方法[30]，发现了增加投票率的方法[31]，并且找到了为什么孩子讨厌上学这一古老谜题的答案[32]。

这些心理学的应用已经变得如此可预测而且数目众多，以至于政府成立了专门的单位，以促进使用行为科学来达成广泛的公共目标[33]。美国于 2014 年成立了社会和行为科学小组（SBST），在英国也有一个类似的单位，叫作行为洞察小组（BIT）。这些单位已经启动了许多基于行为科学的项目。例如，SBST 有一些项目旨在防止学生贷款违约、提高退休储蓄以及禁止联邦雇员开车时发短信。BIT 的一些项目重点是促进纳税人履行纳税义务和及时登记车辆。

“大二学生”问题

许多人很关注心理学研究成果的代表性，他们的质疑集中在参与研究的被试上，而非实验设计的细节。我们这里要讨论的问题，有时被称为“大二学生问题”，它是指由于大量的心理学研究是以大二学生作为被试的，所以人们质疑其研究结果是否具有可推广性。心理学家关注这个问题，是因为它
在某些研究领域中的确是问题。尽管如此，我们还是要客观地看待它，并且 80
应该知道心理学家对这一批评有几种合理的回应。以下列出三点：

1. 这种批评并没有否定过去的研究结果，而只是呼吁更多的研究结果，以便对理论的普遍性进行评估。由于我们先前收集了大二学生的数据，即使从其他人群中获得了相反的数据，因而必须对理论做出相应的调整，

也只会使理论更加精确，而不会完全否定它。即使在最糟糕的情况下，重复实验完全失败，我们也只能说，建立在大二学生数据基础上的理论仅仅是不够全面，而不能说该理论一定是错误的。

2. 在心理学的许多领域里，大二学生问题根本就不是问题，因为这些领域所研究的心理过程是非常基本的（如视觉系统），几乎没有人相信这些心理过程的基本组织与被试样本的人口统计学特征有关。美国蒙大拿州人的大脑功能组织和视觉系统的性质，与佛罗里达州人（或阿根廷人）是非常相似的。
3. 研究结果的重复确保了这些结果在很大程度上可以推广到不同的地理区域，而且在一定程度上，也能推广到拥有不同社会经济地位、家庭变量和早期教育经历的人群中。75 年前参与研究的大学生被试样本基本来自精英群体，而如今大学里的研究被试来自各种各样的家庭背景。

然而，在心理学的某些研究领域中，不承认大二学生问题是个真正的问题，也是不明智的。不过，心理学家正在努力纠正这个问题。例如，发展心理学家几乎从一开始就很关注这个问题。该领域每年都有成百上千的研究者，通过在其他不同年龄的被试身上实施与大学生被试相同的研究，来检验很多用大学生被试得出的理论和发现。用不同年龄组的人做被试并不总是能重复用大学生被试得出的结果。要是结果总是一致的话，发展心理学将会变得非常枯燥。但这一数量庞大的心理学家群体正致力于将年龄因素纳入心理学理论，证明该因素的重要性，并确保发展心理学的宏大理论，不是只建立在从大学生那里收集的薄弱的数据基础之上。

心理学家也进行跨文化的研究，以评估研究者只在北美的子群体中所发现的心理过程是否具有可推广性。在跨文化比较研究中，不同文化间呈现出相似趋势的例子有很多[34]，但也有不少跨文化研究没有重复出与美国大二学生相似的趋势[35]。不过，当这些差异出现时，它们提供了一些重要信息，让人们了解到这些理论和结果会因文化背景而有所不同[36]。

正如先前提到的，认知心理学的研究成果已经通过了可重复性这一基本的检验。信息加工的许多基本规律在全世界几十个实验室中得到了验证。人们往往不了解，如果密歇根大学的一名心理学家取得了一项重要的研究成果，那么类似的实验很快就会在斯坦福大学、明尼苏达大学、俄亥俄州立大学、剑桥大学、耶鲁大学、多伦多大学以及其他大学进行。通过这种检验，我们很快会知道这项结果是不是由于密歇根大学被试的特殊性或研究的实验环境所造成的。

认知、社会和临床心理学家也研究了人类决策的各种策略。在这个研究领域中，大部分的原始研究都是在实验室里完成的，使用大学生作为被试，而且采用高度人为化的任务。然而，从这些研究中得出的决策行为原理，已 81
经在很多非实验室环境中被观察到，包括银行家对股票收盘价的预测、实际的赌场下注、精神病医生对病人行为的预测、经济市场、军事情报分析、全美橄榄球联赛的下注、工程师对修理时间的估计、房地产经纪人对房价的估计、商业决策以及医生的诊断。现在，这些原理也被应用于个人理财这一非常实用的领域中[37]。

互联网也为解决心理学的大二学生问题提供了一个途径[38]。伯恩鲍姆[39]在实验室里进行了一系列的决策实验，又通过互联网招募了一些参与者。实验室中得到的结果全部在互联网样本中得到了重复，而后者的样本来源要比前者广泛得多——包括来自 44 个国家的 1224 名参与者。高斯林等人[40]研究了一个很大的互联网参与者样本（361703 人），并将他们的结果数据与已发表研究中的传统样本进行比较。高斯林等人发现，互联网样本在性别、社会经济地位、地理区域和年龄等方面更多样化。重要的是，他们发现，心理学许多研究领域的研究结果，如人格理论，用互联网和传统方法的研究所得出的结果是相似的。

在最近的心理学研究中，亚马逊劳务众包平台（简称 MTurk）被广泛地用于测试至少与大二学生有些不同的被试样本[41]。MTurk 是一个在线的劳务市场，该市场的人员愿意以较低的报酬完成实验任务。MTurk 的人员年龄比大多数研究所使用的大学生大得多（平均超过 30 岁），但他们在其他方面是不具有代表性的（不怎么信仰宗教、就业不足等等）。尽管如此，研究者还是在使用 MTurk 样本对实验室中发现的许多实验效应进行检验，并以中等的频率得到重复。互联网网站也越来越多地被用于心理学研究[42]。这些网站也提供了与典型的大二学生非常不同的被试类型。

当然，并不是所有的心理学研究结果都能重复。相反，重复失败的情况确实会发生[43]。在过去几年中，心理学中的重复失败率一直是一个引发激烈讨论和争论的问题[44]，另一个问题是心理学领域的重复失败率是否高于其他学科。这个问题很难回答，但心理学报告重复失败的可能性似乎比物理学要小[45]，这表明心理学在提高其标准方面还有很长的路要走。然而，生物学和医学中重复失败的情况似乎与心理学一样普遍[46]。心理学中的元分析（第 8 章将讨论）数量正在增加，可见该领域关注其研究结果的一致性[47]。

虽然如此，仍有令人振奋的证据表明，大量源自实验室的心理学研究结果确实在真实的生活环境中得到了重复（尽管并非全部如此）。在迄今为止最全面的一项分析中，米切尔[48]对 217 个实验室与现场比较研究的数据进行了元分析（见第 8 章），这些比较研究来自心理学的不同领域，包括工业组织心理学、社会心理学和发展心理学。他发现，在实验室和现场研究中观察到的结果有很大程度的一致性，但是不同的心理学领域之间差异很大。实验室与现场研究结果的一致性程度最高的领域是工业组织心理学，而社会心理学则要低得多。在 217 项比较中，有 187 项的实验室和现场研究结果在方向上是一致的，但也有 30 项的实验室与现场研究结果在方向上是相反的，其中大多来自社会心理学领域。

82 如果重复失败的情况时有发生，那么心理学的研究成果还能应用吗？如果科学家没有在所有的细节上达成一致，知识和理论还没有确立起来，那么如何证明这些结果的应用是合理的呢？对心理学发现之应用的这种担心很常见，因为人们没有意识到，在其他科学领域中，结果和理论经常在确立之前就开始应用了。当然，第 2 章已经清楚地阐述过，所有的科学理论都有可能被修正。如果我们在应用科学研究的结果之前必须确定知识是绝对正确的，那么就不会有任何应用了。所有领域的应用科学家都尽可能地使用目前最准确的信息，同时他们也知道这些信息有可能是错误的。

许多不是科学家的人认为医学比心理学更科学。但是医学从临床印象走向基于科学的实践，花了与心理学一样长的时间[49]。同时，医学实践中的不确定性也不亚于心理学实践。例如，医学中许多与治疗有关的重要发现经常无法重复，诊断结果常常取决于医生而不是疾病，新技术往往导致过度治疗，却没有提高治愈率[50]。医学研究者仍在争论在不同年龄段使用乳腺 X 光检查的利弊[51]。每天服用低剂量阿司匹林来预防心血管疾病的好处和成本仍然存在争议[52]。心理学的知识具有概率性和不确定性，但大多数其他的生物社会科学又何尝不是如此呢？

客观看待真实生活和大二学生问题

本章提出了几个问题，重要的是要清楚哪些是我们说过的，哪些还没说。我们说明了由于人们对科学（不只是对心理学）研究的基本原则存在误解，所以对心理学研究的人为性经常提出批评。人为情境并不是实验研究的缺点，它们是为了分离变量而被故意设计出来的。

我们还看到了为什么人们会质疑心理学家没有在所有研究中都使用随机样本，也解释了为什么这种担心是毫无根据的。最后，我们看到，大二学生问题本来是一种合理的关注，但它有时被夸大了，尤其是当人们对心理学研究的广泛性和多样性不太熟悉时。大二学生问题一直是心理学界备受关注的问题，心理学家也都意识到了这一问题的存在。因此，尽管我们不应忽视这个问题，但也必须客观地看待它。

不过，心理学家应当始终注意他们的实验结论不要太过依赖于某一种方法或某一特殊被试群体。这一点将在下一章讨论。事实上，心理学的一些领域确实深受大二学生问题之苦[53]。跨文化心理学是解决大二学生问题的一剂良药，但它尚未完全与整个心理学融为一体[54]。如前所述，心理学领域的重复失败率虽然在行为科学中是典型的，但仍然令人担忧。一些心理学家指出，心理学的数据分析程序太过弹性了[55]。最后，正如我们将在第 12 章中讨论的那样，心理学中一个日益严重的问题是，太多的心理学研究者（特别是大学中的研究者）都存在预设偏见，尤其是政治偏见[56]。

83 小 结

一些心理学研究属于应用研究，其目标是把研究结果直接应用于特定情境。在这样的应用研究中，研究的目的是要将结果直接推广到自然情境中。因为研究结果将会直接得到应用，所以样本的随机化和实验条件的代表性问题就显得尤为重要。然而，大多数心理学研究不属于这种类型，而是属于基础研究，用以检验关于影响行为的潜在机制的理论。在大部分基础研究中，研究结果只能通过理论上的修正间接得到应用，从理论产生到应用于某些实际问题需要一段时间。在这类基础研究中，被试的随机取样和情境的代表性都不是关键问题，因为这类研究的重点在于检验一个理论所做的普遍性预测。实际上，在检验理论的基础研究中，人为的情境是有意创设的，因为（正如前一章所描述的）这有助于将所要研究的关键变量分离出来，并对无关变量加以控制。因此，心理学实验“不像真实的生活”这一事实其实是一种优势而非缺点。

第 8 章

避免爱因斯坦综合征：聚合性证据的重要性

学习目标 84

8.1　比较科学进步的突破模式和渐进整合模式

8.2　描述评估实验和检验理论的聚合性证据原则

8.3　解释如何使用多种研究方法来达成科学共识

8.4　解释为什么在心理学中使用元分析来得出结论

“生物学实验揭开生命的奥秘”“思维控制上的新突破”“加利福尼亚科学家发现延缓死亡的方法”——如你所见，模仿媒体（包括纸质媒体、电视和互联网）头版头条的“突破性”新闻简直易如反掌。由于这些头版头条经常出自那些最不负责任的媒体，所以大多数科学家建议公众对其持怀疑态度也就不足为奇了。但是，本章的目的不仅仅是提醒你警惕那些通过夸大事实而得以传播的错误信息，或者是提醒你在评估科学进展报告时，必须考虑信息的来源。在本章，我们还想提出一种比前几章提到的理念都更为复杂的科学进步观。为此，我们将会详细阐述第 1 章介绍过的系统的实证主义和知识的公开性这两个概念。

媒体上这类所谓的“突破性”头条新闻，在很多方面阻碍了公众对心理学和其他科学的理解。一个特别典型的误解就是，它们让公众以为，某一科学研究领域中的所有问题都能通过某个关键实验得以解决，或者某个重要的新见解颠覆了先前的全部知识，从而成就了理论的进步。这种科学进步观非常符合新闻媒体和互联网的炒作方式。新闻媒体和互联网对历史的追溯就是呈现支离破碎、互不关联的小事件。对于好莱坞娱乐产业来说，这也不失为一种颇为便利的模式，好莱坞的电影剧本必须有一个开头和圆满的结尾，不带任何含糊。然而，这只是对科学进步的一种歪曲，如果人们信以为真，就
85 会对科学进步产生误解，并且削弱人们在某一问题上评估科学知识的能力。在本章中，我们将讨论科学的两个原则——关联性原则和聚合性证据原则，用这两个原则描述科学的进展，比突破模式更为准确。

关联性原则

否定所有的科学进步都符合“飞跃”模式或者关键实验模式，并不是说这样的关键实验和理论进步从未发生过。相反，科学史上一些最著名的案例恰恰代表了这种情况。爱因斯坦提出“相对论”，就是迄今为止最著名的一个例子。在这个例子中，一系列非凡的理论见解重新定义了时间、空间和物质等基本概念。

然而，正是爱因斯坦的辉煌成就，让这种科学进展模式成为公众心目中的主导模式。这种主导模式之所以得以延续，是因为它与媒体用来报道大部分新闻事件时隐含的“脚本”高度吻合。人类历史上，像相对论那样遭受了那么多的胡言乱语和不实推论的理论并不多见（不，爱因斯坦没有证明“一切都是相对的”）。当然，我们的目的不是去批驳所有的这些谬论，但其中的一种谬论可以给稍后关于心理学理论评估的讨论带来一些启示。

在爱因斯坦的理论中，那些被重新定义的关于物理宇宙的概念是如此地

基础，以至于通俗读物经常将其等同于艺术中的概念变化（一位二流诗人经过重新评价，摇身一变成了天才；一种艺术流派被宣告死亡）。这种说法忽视了概念变化在艺术和科学中最根本的差别。

科学中的概念变化遵从关联性原则，而这一原则在艺术中并不存在，或者至少是相当有限的[1]。也就是说，一个新的科学理论，必须与先前已确立的实证事实建立关联。新的科学理论不仅要解释新的事实，还要兼容旧的事实，这样才会被认为是一个真正的理论进步。新的理论可以用与先前理论截然不同的方式来解释旧的事实，但必须解释得通。这一要求确保了科学进步的不断累积。除非理论解释效力的范围被拓宽了，否则就不会发生真正的进步。如果一个新理论解释了一些新的事实，但无法解释大部分旧的事实，那么它将不会被认为是相对旧理论的进步，因此不会立即取代旧理论。

尽管爱因斯坦理论中的概念重构令人震惊（运动中的时钟走得更慢、质量随速度增加，等等），但仍然遵从关联性原则。爱因斯坦的理论虽然让牛顿力学变得过时了，但没有否定牛顿理论所依据的关于运动的事实，或者认定其毫无意义。恰恰相反，在低速运动情况下，两种理论做出的预测基本相同。爱因斯坦的概念体系之所以更优越，是因为它能够解释众多新的（有时是令人吃惊的）现象，而这些现象与牛顿力学是不相容的。因此，即使是爱因斯坦的理论，这个科学史上最惊人、最基本的概念重构，也依然遵循关联性原则。

消费者规则：警惕是否违反关联性原则

科学进展的突破模式——我们可以称之为爱因斯坦综合征——经常将我们引入歧途，让我们以为新的发现必定违反关联性原则。这种想法很危险，因为如果舍弃关联性原则，主要的受益者将是那些伪科学和虚假理论的传播者。这些理论之所以受到青睐和关注，就是因为它们总被说成是崭新的。“毕竟，相对论在当时不也很新颖吗？”这种说辞经常被用来证明新是一种优点。

86 如果伪科学家想要进入某一领域，该领域先前积累的事实数据当然就成了主要障碍。然而，事实上，它只带来一点小小的不便，因为这些人有两种强有力的策略来化解这一麻烦。我们已经讨论过其中一种（见第 2 章），就是让理论在解释先前数据时变得不可证伪，但这样理论就毫无用处了。

第二种策略是通过宣称先前的数据不相关来摈弃它们。这种摈弃的实现通常是通过强调新理论代表了根本上的突破。“关于现实的全新概念”和“全新的起点”等词语被频频使用。人们常常含糊不清地引用量子理论，以此暗示这一新理论是高深莫测的[2]。但真正的花招还在后面。这个新理论被认为是如此激进，以至于在检验其他理论时所获得的实验证据被宣称是无关的。只有在新理论框架内可以被概念化的数据才会被考虑，这就显然打破了关联性原则。很明显，由于这个理论如此之新，他们可以说这样的数据尚不存在。这就是伪科学蓬勃发展的沃土。那些旧的“无关”数据已经被摈弃，而新的、相关的数据尚不存在。正是由于爱因斯坦综合征掩盖了关联性原则，这种骗局才容易得逞。然而，具有讽刺意味的是，爱因斯坦的理论恰好说明了关联性原则的重要性。

在心理学中也是如此。如果一个新理论否认经典条件作用和操作性条件作用的存在，它就不可能在心理学中发展起来，因为它与行为科学中的其他知识无法建立联系。回顾第 6 章对辅助沟通术的讨论。它打破了关联性原则，因为它要求我们推翻神经科学、遗传学和认知心理学等众多领域的基础知识。这种假设的治疗方法与其他科学没有任何关联。

再举一个心理学的例子。设想现在已经开发出两种特殊的疗法来帮助有极度阅读困难的孩子。两种疗法的疗效均未经过直接的实证检验。第一种称为 A 疗法，是一个让孩子注意到语言有音节分段的培训项目。第二种疗法称为 B 疗法，是让孩子蒙着眼睛在平衡木上行走，以此来训练他们前庭的敏感性。即使这两种疗法都还没有证据的支持，但其中一种疗法在关联性原则上具有优势。A 疗法与研究文献中的一个广泛共识有关联，即阅读障碍儿童是由于对语言的分段结构认识不足而产生阅读困难的[3]。B 疗法与任何相应研究文献中的共识都没有关联。这种关联性的差异表明 A 疗法是更好的选择。

神经病学家史蒂文・诺韦拉[4]对补充和替代医学也提出了同样的观点。说补充和替代医学缺乏实证证据——事实的确如此[5]——在某种意义上也太过宽容了。诺韦拉[6]指出，这些疗法大都不值得对其进行实验检验，因为它们与其他科学领域没有任何联系。

“跃进”模式与渐进整合模式的比较

这种把爱因斯坦式的革新视为科学典型特征的倾向，诱使我们以为所有科学进步都是在重大飞跃中发生的。问题在于，人们倾向于将这些例子泛化成一种观点，认为所有的科学进展都应当是这样产生的。事实上，很多科学领域的进步靠的不是单一的突破，而是一系列难以描述的时断时续的过程。

科学工作中存在一定程度的模糊性，这是大部分公众没有意识到的。科 87
学实验很少能完全解决某个问题，也就是在支持某个理论的同时，排除所有其他理论。新的理论很少会明显地优于所有先前存在的相互竞争的概念体系。很多问题的解决并不像科学电影里所描绘的那样，由一个关键的实验所决定，而是要等到科学共同体逐渐开始达成共识，认为支持某个理论的证据比支持另一个理论的证据更有优势。科学家所评估的证据不是来自于终于设计完美的单个实验的数据。相反，科学家往往必须评估数十个实验的数据，这些实验各有瑕疵，但每一个都提供了一小部分答案。科学发展的这种渐进模式一直被掩盖，正是因为爱因斯坦综合征在公众中造成了一种倾向，认为所有科学都可以用物理学作为参照，而科学进步的跃进模式或许最适用于物理学。

想想遗传学和分子生物学在过去 100 年中的突飞猛进。这些进步的产生不是因为一个爱因斯坦式的伟人在关键时刻出现，让一切都迎刃而解。相反，现代生物学的整合，是建立在数百个实验所产生的几十种洞见之上。这些进步的发生，凭借的不是立即认识到一个重大的概念创新，而是在几种部分得到支持的可能解释之间长期拉锯的结果。经过十多年没有定论的实验以及无数次的理论推测、争论与批评，科学家们才改变了基因到底是由蛋白质还是由核酸组成的观点。他们达成了新的共识，但不是通过一次飞跃来完成的。

科学是累积性的工作，遵循关联性原则。科学的特征之一是参与的人很多，而对这些人的贡献进行评判的标准，是看他们在多大程度上加深了我们对自然的理解。没有任何一个人能够仅凭自己的特殊地位来主导话语。科学拒绝承认只有少数特定的人才能获取的“特殊知识”。当然，这与我们在第 1 章已经讨论过的科学的公开性是一脉相承的。相比之下，伪科学经常宣称某些权威和研究者拥有获取真理的“特殊”途径。

我们在这里提出了两个理念，为理解心理学这门学科提供了有用的背景。首先，科学上没有哪个实验的设计是完美无缺的，对任何一个实验数据的解释都存在一定程度的模糊性。科学家不会等到一个完美或者关键的实验出现后才去评估一个理论，而是对大量各有局限的实验的总体趋势进行评估。第二，许多学科尽管没有像爱因斯坦那样的人物出现，仍然取得了进步。这些进步是时断时续的，而不是通过划时代的宏大的爱因斯坦式整合。和心理学一样，其他许多学科也是由不断增加的知识碎片拼接而成的，缺乏一个统一的主题。

聚合性证据：在缺陷中进步

先前的讨论引出了心理学中一个至关重要的证据评估原则。这个原则有时被称作聚合性证据原则（或称聚合性操作原则）。科学家和科学知识的运用者常常需要判断大多数证据究竟说明了什么。在这种情况下，聚合性证据原则就成了一个重要的工具。我们将探索用两种方式来表述这个原则，一种是从实验局限性的角度，另一种是从理论检验的角度。

实验总是可能以各种方式出错的（用专门术语来说，就是变得混淆）。然 88
而，对某个特定问题拥有丰富经验的科学家，通常对什么是最可能的混淆因素心中有数。因此，当对研究证据进行考察时，科学家常能察觉实验中的关键缺陷。所以，聚合性证据原则提示我们去审查相关研究文献中缺陷所呈现出的模式和规律，因为这一模式的性质要么支持、要么削弱我们想要得出的结论。

例如，假设大量不同实验的结果基本上支持某个特定结论。鉴于实验总是不完美的，我们将继续评估这些研究中局限性的程度和性质。如果所有实验都有相似的局限性，那么这将削弱我们对实验结论的信心，因为研究结果的一致性或许只是源于所有实验共有的某个缺陷。另一方面，如果所有实验的局限性各不相同，我们对结论的信心就会增加，因为研究结果的一致性不太可能是由某个混淆了所有实验的干扰因素所造成的。

每个实验都有助于纠正其他实验在设计方面的偏差，当大量实验的证据指向类似的方向时，实验证据就有了聚合性。尽管没有一个实验的设计是完美的，我们还是可以得出一个相当有力的结论。因此，聚合性证据原则要求我们将结论建立在大量略有差异的实验所得的数据之上。这个原则让我们能够得出更强的结论，因为在这种情况下获得的一致性不太可能是由某个特殊的实验程序所造成的。

聚合性证据原则也可以从理论检验的角度加以表述。当一系列实验一致支持某个理论，同时又共同地排除那些最重要的竞争理论时，研究就具有高度的聚合性。尽管没有单一的实验能排除所有的替代解释，但是将一系列能排除一部分替代解释的实验汇总起来，如果数据模式都呈现出某种特定趋势，就能产生一个强有力的结论。

例如，假设针对某一现象，同时存在五种不同的理论解释（称它们为 A、B、C、D 和 E），现在用一系列的实验来加以检验。假设有一个效力很强的实验检验了 A、B 和 C 理论，结果数据基本上否定了 A 和 B 理论，支持了 C

理论。再假设另一个效力特别强的实验检验了 C、D 和 E 理论，结果数据基本上否定了 D 和 E 理论，支持了 C 理论。在这种情况下，我们就有了支持 C 理论的强有力的聚合性证据。我们不仅有支持 C 理论的数据，还有反驳其他竞争理论的数据。请注意，没有任何一个实验能够检验所有的理论，但是一系列实验汇总起来就能得出有力的推论。这一情况可以用下面的表格来表示：

	A 理论	B 理论	C 理论	D 理论	E 理论
实验 1	否定	否定	支持	未检验	未检验
实验 2	未检验	未检验	支持	否定	否定

	A 理论	B 理论	C 理论	D 理论	E 理论
结论	否定	否定	支持	否定	否定

相反，如果两个研究都强有力地检验了 B、C 和 E 理论，而数据结果都支持 C 理论并否定 B 和 E 理论，那么证据对 C 理论的总体支持力度就不如
89 上个例子那么强了。原因在于，尽管产生了支持 C 理论的数据，但没有强有力的证据能够排除两种可行的替代理论（A 和 D）。情况会像下面这样：

	A 理论	B 理论	C 理论	D 理论	E 理论
实验 1	未检验	否定	支持	未检验	否定
实验 2	未检验	否定	支持	未检验	否定

	A 理论	B 理论	C 理论	D 理论	E 理论
结论	未检验	否定	支持	未检验	否定

因此，当一系列实验一致支持某个理论，同时又共同地排除了最重要的竞争解释时，研究就具有高度的聚合性。尽管没有单一的实验能够排除所有的替代解释，但是将一系列能排除一部分替代解释的实验汇总后，如果数据以第一个例子中的方式聚合起来，就能产生一个强有力的结论。

最后，聚合性证据原则的引入有助于消除一个错误观念，这种观念可能是由于我们在第 2 章对证伪性的讨论过于简单化而造成的。当时的讨论似乎

让人觉得，当第一个与自己的理论不相符的证据出现时，这个理论就算是被证伪了。然而，事实并非如此。正如理论是被聚合性证据所支持一样，它也要被聚合性的研究结果所否定。

出于对聚合性证据原则的了解，退休医生哈丽雅特・霍尔[7]提醒我们，当我们在媒体或互联网上看到“最新研究显示”这个用语时，要对它持怀疑态度。你对这种话并不陌生：最新研究显示，吃金橘的人寿命要长 40%。现在，你应该已经清楚保持怀疑的原因了：单个研究不说明任何问题！在我们得出结论之前，必须将许多研究综合起来，评估它们是否具有聚合性。著名认知心理学家史蒂文·平克（Steven Pinker）也与此相呼应：“科学记者有一个习惯，就是把一个实验当作有报道价值的新闻。但是单个研究证明不了什么。某一学科的进展是缓慢的、断断续续的，而读者却被引导去期待从中得到令人震惊的发现”[8]。美国公共广播电台的科学记者乔・帕尔卡（拥有心理学博士学位）也同意平克的观点，他说：“科学是渐进式的，而媒体是跳跃式的”[9]。

聚合性证据的类型

强调聚合重要性的原因在于，心理学的结论通常是建立在聚合性证据原则之上的。这一事实肯定没有任何独特或不同寻常之处（在其他很多的学科中，结论也不是基于单一的、决定性的实验证据，而是基于众多结果不甚明晰的实验的聚合）。但基于某些原因，这种情况在心理学中尤为突出。心理学实验的诊断性往往较低。也就是说，支持某个理论的数据经常只能排除一小部分替代解释，同时保留了许多理论作为可行的候选。其结果是，只有收集大量研究的数据进行比较之后，才能得出强有力的结论。

如果心理学家们公开承认这一事实，并努力解释其后果，那么公众就会有更好的理解。心理学家应该承认，尽管心理学是一门科学并且正在取得进展，但进展很缓慢，只有在经过有时令人痛苦的漫长的研究综合和争论之后，才能得出结论。

90 媒体宣称（无论是在纸媒、电视还是在互联网上）的突破性进展，总是应当引起怀疑，对心理学领域的主张尤其如此。例如，有时似乎媒体每三个月就要公布一种治愈孤独症的新疗法。但这样的主张已经不断地发生20多年了。既然20年前就公布了一种治愈孤独症的疗法，19年前也公布了一种，18年前又公布了一种……，怎么现在还在公布新疗法呢？这当然表明20年前公布的疗法根本不是真正的治愈方法。这可能是一个虚假的主张。不过，更有可能的情况是，在对孤独症形成聚合性证据的漫长科学进程中，媒体宣传的研究只是其中的一小步。但这些研究被媒体过早报道了，让公众误以为孤独症的研究是非累积性的，也就是说研究者不是在慢慢地构建知识，而是在寻找一颗“神奇子弹”。

在我职业生涯早期的一个专业研究领域——阅读和阅读障碍心理学——也有类似的情况。与孤独症一样，大概自1990年以来，媒体几乎每年都会公布一种治愈阅读障碍的“疗法”（神奇子弹）！例如，我随意翻阅了一大叠我收集到的这类过早公布的文章，看到1999年11月22日的美国《新闻周刊》杂志刊登了一篇题为《阅读障碍：阅读困难的孩子有了新希望》的封面文章[10]。2001年2月26日加拿大《国家邮报》上有一篇题为《解开阅读障碍之谜》的文章[11]。2003年7月28日美国《时代》杂志的封面标题是《克服阅读障碍：最新脑科学揭示了什么》[12]。最后还有一篇相对近期的文章，又是《新闻周刊》，日期是2016年3月31日，题为《电击有助于阅读障碍儿童提高阅读速度》[13]。这样的例子不胜枚举。这些文章中没有一篇有所谓的神奇子弹。我并不是说这些文章报道的研究不好或不对。要理解的重点是，媒体夸大了其报道的研究所具有的“神奇子弹”性质。它们都不是“治愈方法”，而是阅读障碍领域正在取得的缓慢进展中的一部分[14]。

媒体对注意缺陷/多动障碍（ADHD）也是如此——过早地公布惊人的新发现（神奇子弹）。媒体这种过早报告突破性进展的倾向，已经在ADHD

领域得到了研究。一组研究者考查了 20 世纪 90 年代这十年间传播最为广泛的 10 篇关于 ADHD 的科学论文[15]。这 10 篇文章出现在 347 篇报纸的报道中（典型的标题是："多动症与遗传缺陷有关"）。然后，研究者查看了接下来 10 年的研究，看看这 10 个研究结果能否得到重复。他们的发现证实了我们对媒体过早报道的担忧。10 个研究中只有两个得到了强有力的重复验证。6 个研究完全无法重复。另外两个研究结果有所减弱（研究结果不如原始报告中那么强）。简而言之,这些研究不配被宣传为"突破性进展"或神奇子弹。它们只是朝着最终理解 ADHD 所迈出的一小步，是令人困惑的（有时是错误的）。事实上，媒体对此类研究的过早炒作被讽刺地称为"新闻缺陷障碍"[16]。

在心理学领域，我们必须格外小心。例如，当某一特定心理学假设的证据仍不明确时，我们不应将其视为"已证实的理论"。本书的好几章都强调了要保持这种怀疑态度，例如提醒我们不要从相关中推断出因果关系，也不要接受见证叙述的证据。同时，对于知识的不完整性和结论的暂时性，我们不应反应过度，怀疑心理学是否永远无法达成强有力的结论。我们也不应该相信非理性的主张，认为心理学无法成为一门科学。从这个角度来看，聚合性证据原则可以被看作是对不要过度解释暂时性知识这一警告的一种平衡。
尽管所有心理学研究都有缺陷，但聚合性仍然能够使我们得出许多合理、有 91
力的结论。

要知道聚合性证据原则的力量有多大，最好的方法就是检验心理学中通过聚合性证据得出结论的一些领域。让我们看看一个例子。有一个研究问题可以阐明聚合性证据原则的重要性，即接触暴力电视节目是否会增加儿童攻击性行为的倾向。对于这个问题，目前的科学共识是：观看暴力节目（通过电视、电影或流媒体视频）似乎确实增加儿童做出攻击性行为的可能性。这种影响虽然不是很大，但确实存在。科学家对这个结论的信心并非来自于单一的、决定性的研究，而是来自许多研究结果的聚合[17]。这一研究结论不仅适用于暴力的电视和电影，也适用于暴力的视频游戏[18]，不过这种影响似乎也不大[19]。这些研究所采用的研究设计、被试人群和具体技术都有很大的差异，但现在我们应该已经清楚了，这些差异是该领域研究的优势，而非缺点。

电视网络高管和视频游戏行业的高管们，自然不愿接受他们所在行业对孩子产生负面影响的证据，他们发起了一场误导公众的运动，利用的正是公众未能认识到研究结论是建立在许多研究的聚合之上，而不是建立在决定这一问题的单一关键论证之上[20]。电视网络公司和视频游戏制造商们不断挑选出个案研究来进行批评，并暗示因为每一个研究都存在缺陷，所以不足以支持总体结论。殊不知，研究者常常坦率地承认某个研究存在缺陷。关键的不同之处在于，研究者并不认为承认某个研究存在缺陷，就否定了“影视暴力会对攻击性行为产生影响”这一普遍的科学共识，因为总体结论来自于研究的聚合。没有相关研究的特定缺陷的其他研究，其结果也指向了同一方向。这一研究或许本身也有问题，但另一些研究在纠正了这些缺陷之后，也得到了相似的结果。

例如，关于这个问题的早期研究揭示了儿童观看暴力节目的数量和攻击性行为之间的相关。当时的研究者就正确地指出，这些相关证据不能证明因果关系。有可能是第三变量导致了这种关联，也有可能是攻击性强的儿童选择去观看更多的暴力节目（方向性问题）。

但是科学共同体的结论并不仅仅基于这种相关证据。除了简单测量两个变量之间的相关，还有更为复杂的相关分析技术，这些技术允许研究者对因果关系做出一些初步结论（第 5 章提到的偏相关就是其中之一）。其中一种技术采用纵向设计，即在两个不同的时间点测量两个相同的变量——在这个例子中是电视暴力和攻击性。某些相关模式可以提示我们，两者是否有因果联系。这类研究已经有人做过，得到的结果表明：观看暴力节目的确会增加人们日后做出攻击行为的可能性。

有人说纵向相关技术同样存在争议，这也并非毫无道理，因为确实如此。但是关键在于，电视暴力和攻击行为之间存在因果联系这一结论，依靠的并

不完全是简单或复杂的相关证据，因为研究者还进行了大量的实验室研究， 92
在这些研究中，电视暴力的数量被直接操纵，而不仅仅是被评估。在第 6 章，我们讨论了如何将变量的操纵与随机分配等实验控制结合使用，以避免大多数相关研究中存在的解释困难问题。如果有两组儿童，在其他变量均得到了实验平衡之后，仍然表现出不同水平的攻击行为，而且，如果这两组儿童唯一的区别就是一组观看暴力节目，而另一组没有观看，那么我们就能做出正确的推断：被操纵的自变量（电视暴力）导致了因变量（攻击行为）的变化。大部分实验研究都得到了这个结果。

这些研究招致了一些“这不是真实的生活”的非议，上一章我们讨论过这一论点以及对它的错误使用。无论怎样，关于电视暴力的影响的结果并非针对某个特定群体的儿童，因为这些结果在美国的不同地区和世界的多个国家中都得到了重复。不同研究的具体实验设置和作为刺激的节目材料各不相同，但结果是一致的。

重要的是，不仅是从实验室实验，从现场实验中也得到了相同的结论。第 6 章讨论过一种叫作现场实验的研究设计，它也被用来研究电视暴力与攻击行为的关系问题。这种研究设计的存在提醒我们，不要认为实验情境和实验设计之间有着必然的联系。人们有时候认为，只有在实验室里才能操纵变量，只有在现场实验中才能研究相关。这种假设是不正确的。相关研究也常在实验室里进行，而变量操纵也常常发生于实验室之外。尽管有时在非实验室的环境下操纵变量进行现场实验（第 6 章提到了几个这类研究）需要相当大的创造性，但这类研究在心理学领域变得越来越普遍了。

当然，现场实验本身也有缺陷，但这些缺陷往往是其他研究的强项。总而言之，将观看电视暴力和儿童攻击行为增加联系起来的证据，依靠的并不仅仅是某个特定研究或某个特定类型的研究。

这种情形类似于吸烟和肺癌的关系。吸烟的人死于肺癌的概率比不吸烟的人高出 15 倍[21]。过去，烟草公司的老板们经常试图去误导公众，暗示吸烟导致肺癌的结论只基于某些特定的研究，然后再去批评这些研究[22]。恰恰相反，这个结论得到了大量聚合性证据强有力的支持。来自多个不同类型研究的数据，其聚合性是很强的，不会因为对某个研究的批判而发生实质性的改变。

事实上，类似肺癌病因这样的医学问题很适合在这里讨论。在医学诊断和治疗中，大多数问题的决策都建立在不同研究的聚合性证据基础之上。例如，当流行病学调查（可以说是一种对人类的现场研究，目的在于寻求某一疾病与环境及人口学因素的关联）、高度控制的动物实验以及人类患者的临床实验等不同类型的研究结果能够聚合起来时，医学界才会对一个结论抱有较大的信心。当所有这些类型的研究结果都指向一个相似的结论时，医学才会认为这一结论是可靠的，医生们才有信心根据这些证据进行治疗。

然而，上述三种类型的研究都有其各自的缺陷。流行病学研究通常是相
93 关研究，变量之间存在虚假相关的可能性很高。实验室研究虽然能被高度控制，但实验对象往往是动物而不是人类。在医院进行的临床试验虽然是在真正的治疗环境中使用人类受试者，但仍有很多控制上的问题，但由于安慰剂效应以及治疗病人的医疗团队的期望效应，仍存在很多控制上的问题。尽管每一类研究都有问题，但是当不同方法所得的数据具有很强的聚合性时，医学研究者们就能够得出强有力的结论，吸烟和肺癌的例子便是如此。也正是这个聚合性证据原则，让心理学家可以从一个对行为问题（如电视暴力对攻击行为的影响）的研究中做出强有力的结论。

有时候，人们只是不知道聚合性证据原则。还有一些时候，为了推进一个政治议程或金融发展议程，人们似乎有意忽视这一原则。当然，烟草公司的专家和老板们试图混淆视听，让公众对吸烟导致肺癌的聚合性证据产生错误的理解，他们可能意识到了聚合性原则，只不过想对公众刻意隐瞒。

当下就有一个类似于吸烟导致肺癌的例子。科学上有很强的聚合性证据，表明在开车时用手机打电话（以及开车时看电子仪表设备）是极其危险的，

并且是导致车祸的一个重要原因（即使打的是免提电话）。该结论的聚合性证据来自实验室研究、现场研究、相关研究、真实验研究以及与认知科学中的注意理论的联系。然而，手机公司和汽车公司跟之前的烟草公司一样，正试图向公众隐瞒一个事实，即围绕这一结论的科学证据是高度聚合的[23]。当科技公司和汽车公司试图通过在汽车中安装更多的交互式电子功能来获得竞争优势时，他们更是假装这些科学事实不存在。考虑到关于司机分心的科学研究，苹果公司开发的 CarPlay 车载系统，以及谷歌公司开发的 Android Auto 车载系统，存在的问题尤其突出[24]。科技公司和汽车公司仍在继续罔顾有关驾驶员风险的科学事实。虽然这些技术造成的死亡可以通过现有的电子修复技术来预防，但是这些现代企业的行径与几年前的香烟公司一样，不愿处理已知的消费者风险问题[25]。

科学共识

对电视暴力影响的评估是一个典型例子，告诉我们如何将数据累积起来，最终回答心理学中的问题。尤其是在社会迫切关注的领域，明智的做法是要记住，这些问题的答案只有在融合了大量不同实验的结果之后才慢慢地出现。用一个简单的道理来总结：在评估心理学的实证证据时，心中要想的是科学共识，而不是重大突破；是渐进整合，而不是大飞跃。

未能认识到科学是“共识而非突破”这一原则，阻碍了公众去理解“人类活动是全球变暖的原因之一”这一结论背后的证据[26]。事实上，科学界对这个结论没有太多的争论（就广义而言），因为这个结论不是建立在单一研究的基础之上。1993 年至 2003 年期间，共有 900 多篇关于全球气候变化的论文发表，绝大多数论文都得出了人类活动与全球变暖有关的结论[27]。在建立结论时，没有一项研究起到了决定性的作用，所以很显然，推翻一项研究完全不会改变结论。但是，请注意，从广义上确定结论并不决定我们应该针

94 对结论采取什么行动。采取什么样的行动，是一个政治上的判断。事实本身属于科学领域。事实并不一定要求特定的政策响应——或者任何响应。

研究方法和聚合性原则

聚合性原则还意味着，心理学的各个研究领域都应使用多种不同的方法。因为不同类型的研究技术各有优劣，所以在得出特定结论所用的方法之间保持相对的平衡是比较理想的。心理学一直以来都因过于依赖基于实验室的实验技术而受到批评。然而，近年来一个明显的趋势是，心理学各个领域所使用的研究方法越来越多样化。为了寻求聚合性的证据来支持他们的理论，研究者已经开始转向越发富有想象力的现场设计。

例如，有大量研究都在探讨所谓的“旁观者冷漠现象”，即一些人在观察处于紧急状况中的另一个人时，没有给予帮助的情况[28]。旁观者给予帮助的可能性，有时会随着在场旁观者人数的增加而下降。这一现象的早期研究者很清楚，如果仅靠观察实验室里的参与者目睹紧急事件时的反应就做出结论，那么这一结论是不可靠的。因此，在一项早期的著名研究中，研究者找到了一家愿意合作的酒类商店，同意假装店内发生了 96 次盗窃事件。当收银员在商店后面为“顾客”取啤酒时（“顾客”实际上是实验者的同谋），“顾客”拿着一箱啤酒走出前门。在收银台有一两个真正的顾客目睹了这一过程。然后收银员回来问顾客:“嘿，刚才那个人怎么了？你看到他离开了吗？”这样，顾客就有机会报告刚才发生的盗窃事件。与实验室结果一致，另一个人的在场抑制了报告盗窃事件的倾向。

第 10 章将讨论的许多概率决策原则都源于实验室研究，但也经过了现场研究的检验。例如，研究者使用源于实验室的原理来解释医生、股票经纪人、陪审员、经济学家和赌徒在各自环境中进行概率推理的方式[29]。在一些教育心理学领域中，实验室结果和非实验室结果也具有相当高的聚合性。例如，不同课程体系的实验室研究和现场研究都表明，早期的拼读教学有助于获得阅读技能[30]。

应当记住，研究的综合不总是指向肯定的结果，也就是支持最初的假设。有时，研究的聚合趋向于否定结论，即最初的假设不能得到支持。教育心理学中有关学习风格的研究就是如此。长期以来，人们一直认为老师有办法测量每个孩子的“学习风格”。我不想在这里提及具体的风格，因为不同的作者对“风格”的分类不同（这也是问题的一部分）。总之，人们觉得老师应该能够按照学习风格对学生进行“因材施教”，这样所有学生的成绩都能提高。（有时也有人声称，如果这样做，学生们的成绩会更均衡。）问题是，在对这一想法进行了数百次研究之后，并没有证实这一点[31]。没有可重复的证据表明教师能够针对这些学习风格选择“相匹配”的教学方式，从而提高学习效果。

向更有效的研究方法迈进 95

对某个特定问题的研究，通常是从相对较弱的方法发展到可以做出较强结论的方法。例如，研究者对某个特定假设的兴趣，最初可能源自某个让人特别感兴趣的特殊个案。正如我们在第 4 章中讨论的，这就是个案研究应当起到的作用：为进一步采取更有效的方法进行研究提供一些假设，同时激发科学家用更严格的方法来研究问题。因此，在个案研究之后，研究者采用相关研究来确认变量之间 的关联是真正存在，抑或只是几个特殊个案的巧合。如果相关研究证实了变量之间的关系，研究者就开始尝试采用实验法来操纵变量，从而分离出变量之间可能存在的因果关系。

这个递进的顺序是，从个案研究到相关研究，再到操纵变量的实验研究。采用什么类型的研究最合适，通常取决于所研究问题的进展程度。美国心理科学协会前主席道格·梅丁[32]提醒我们：“一些成熟的研究领域可能类似于第三期的临床试验，此时研究方法和测量方法已经确定了，唯一需要关注的是对效应量大小的评估。其他领域则可能依赖于开放式的研究，不能提前指定因变量，通常也不应该提前指定”(p.6)。

讨论“向更有效的研究方法迈进”为我们提供了一个机会，以纠正有些读者可能会从第 5 章中产生的一个误解，即认为相关研究在科学中没有什么用处。的确，当一个因果关系假设需要验证时，操纵变量的实验研究更受青睐。然而，这并不意味着相关研究对知识毫无贡献[33]。首先，许多科学假设是以相关或者不相关的形式来表述的，因此相关研究是在直接验证这些假设。第二，尽管相关并不意味着因果关系，但因果关系一定包含相关。也就是说，尽管一个相关研究不能肯定地证实因果关系假设，但它可以起到排除因果假设的作用。第三，相关研究比表面上看起来更有用，因为新近发展的复杂相关设计可以让研究者做出有限的因果推论。我们在第 5 章讨论了偏相关这种复杂的相关技术，这一技术可以检验出变量间的关联是否是第三变量造成的。

然而，最重要的原因可能在于，有时出于伦理的考虑，我们无法对一些变量进行操纵(例如,营养不良或肢体残障)。而另外一些变量,诸如出生顺序、性别、年龄等，则因其无法被操纵而成为天然的相关性变量，因此涉及它们的科学知识，都必须建立在相关证据的基础之上。当然，这一情况并不是心理学领域所独有。天文学家显然无法操纵所有影响其研究对象的变量，然而他们依然能够得出结论。

健康心理学中一个研究方法演进的例子是关于 A 型行为模式与冠心病之间关系的研究[34]。最初，A 型行为模式这一概念源于两位心脏病专家的观察，这两位医生认为他们从一些病人的行为中发现了一种模式，包括时间紧迫感、自由浮动的敌意以及对成就的极度追求。于是，一些医生通过对少数个案的敏锐观察，提出了“A 型人格”这一概念。这些个案研究提出了这个概念，但并不能作为确凿证据，证明某种特定的行为模式是导致冠心病的部分原因。证明这一点需要的不仅仅是少数几项个案研究。它包含了由心脏病专家和心理学家组成的研究团队数十年的努力。

对这个问题的研究，很快从永远都不可能证实假设的纯粹的个案研究，转向了更有效的研究方法。研究者发展和检验了 A 型行为模式的操作性定义。大规模的流行病学研究证实了 A 型行为和心脏病之间的相关性。接着，这种相关研究工作就变得更加复杂了。研究者使用复杂的相关技术来寻找潜在的第三变量。由于 A 型行为模式与其他传统的风险因素（例如吸烟、肥胖和血液胆固醇水平）存在相关，因此 A 型行为和心脏病之间的相关可能是虚假的。然而，研究结果表明，A 型行为是心脏病发作的一个显著的独立预测因素。当其他变量在统计上被排除后，A 型行为模式与冠心病之间仍然存在关联。 96

最后，研究者采用实验研究对变量进行操纵，以确定是否可以证明因果关系。一些研究试图验证影响两者之间关系的生理机制，并使用动物作为被试——某些人可能称之为“不是真实生活”的研究方法。另一个实验研究则以有过心脏病发作的人作为被试。这些被试被随机分配到两组中的一组。一组接受咨询，目的是帮助他们避免传统的风险行为，如吸烟或者摄入高脂肪食物。另一组在接受相同咨询的同时，还参加一个旨在帮助他们减少 A 型行为的项目。三年之后，在接受 A 型行为咨询的病人中，心脏病复发的情况要明显少得多。

简而言之，证据聚合起来支持了“A 型行为模式是导致心脏病的一个重要原因”这一假设。对这个问题的研究过程是一个很好的例子，它清楚地说明了研究如何逐步从有趣的个案研究转向相关技术，再到更复杂的相关技术，最后到可以操纵变量的实验研究。

我们可以从这个例子中得到的另外一点经验是，科学概念总是在不断地演进。这个论点是我们在第 3 章讨论操作性定义时首次提出的。近期的研究似乎表明，把 A 型行为作为一个整体来讨论它与心脏病之间的关系，就过于简单化了。原因在于，似乎只有该行为模式中的特定成分（特别是对抗性敌意）才与冠心病有关联[35]。因此，从这个例子中可以看出，科学在发展过程中如何揭示越来越具体的关系，以及理论概念如何被细化。

在我们讨论科学共识的最后，还有一点需要注意。当我们说科学共识时，我们指的是证据在科学文献本身中的聚合性。科学共识不是200名科学家就一个与他们的专业特长无关的问题签署请愿书[36]。当然，科学家可以对任何社会或政治议题自由地签署请愿书，但这类文件与本章所讨论的科学共识不是一回事。我们将在第12章中看到，美国心理学协会在一些社会问题上表明立场是错误的，因为这些问题与它所出版的科学期刊的内容只有松散的联系（或者根本没有联系）。

不要对矛盾数据感到绝望

聚合性原则的最后一个启示是，当对某个问题的初步研究结果似乎相互矛盾时，我们不应感到绝望。科学证据的融合过程，就像投影仪慢慢将一张内容未知的幻灯片调到对焦清晰。起初，屏幕上的模糊影像可能代表任何东西。接着，随着幻灯片一点点地聚焦，虽然我们还不能清楚地识别图像，但可以排除许多可能的假设。最后，当焦距调准时，我们就可以非常有信心地
97 识别出来。证据融合的早期阶段就好比调焦过程的开始。幻灯片的模糊影像就如同相互矛盾的数据，或者是那些支持许多替代假设的证据。

因此，研究早期所获得的矛盾数据不应该让我们对发现真相感到绝望。这种情况并非心理学领域所独有，它也发生在许多相对成熟的学科中。这些矛盾可能只是偶然发生的（第11章将详细讨论），也可能是由于实验方法上的细微差异。科学作家卡尔·齐默警告说，他的作家同行们有时想讲一个引人入胜的故事，“但事实是，科学通常是一个巨大而陈旧的烂摊子”[37]。

许多其他学科在达成共识之前，也都经历了令人困惑的不确定时期[38]。医学领域一直表现出这种模式。例如，关于阿司匹林预防癌症的研究结论是极为混乱、不确定和不聚合的。阿司匹林通过抑制环氧酶（COX）来抵抗炎症。因为环氧酶也和一些癌性肿瘤的形成有关，所以人们认为每日服用阿

司匹林可能会对这一效应起到抑制作用。但是针对这种推测的实际研究却得到了不一致的结果。一些研究者认为，这种不一致与没有找到最佳剂量有关。

作家马尔科姆·格拉德韦尔[39]在一篇题为《图片问题》的文章中，讨论了人们为何难以理解医学界对乳房 X 光检查的有益程度仍有争议[40]。这是因为对大多数人来说，乳房 X 光图看起来如此“具体”，以至于他们认为这应该是决定性的证据。他们无法理解，这些片子必须靠人来判断，而乳房 X 光片的评估和疾病预测本质上就是概率性的[41]。格拉德韦尔接着指出，在这个医学领域，正如在心理学中一样，即使是不确定的知识也是有用的。

在心理学和许多其他科学门类中，目前正通过使用被称为元分析的统计技术，更为正式地将来自不同研究的证据结合起来形成一个结论[42]。在元分析中，研究者把针对同一假设所进行的几项研究的结果，在统计学上进行整合。研究者用一个通用的统计指标来表示两个实验组比较时得到的效应，这样就可以对不同研究的效应进行比较。然后再用一些标准方法对结果进行统计学上的合并。如果合并过程通过了一定的统计标准，就得到了一个关于效应量的结论。当然，在某些情况下无法得出任何可信的结论，也就是说，该元分析的结果是不确定的。

越来越多的评论者呼吁，应更加重视元分析，以缓和行为科学领域中因相互矛盾的研究而引发的争论。这种方法有助于终止因双方“各执一词”而产生的无谓争论。对元分析的强调也常常表明，专业期刊上的观点对立可能只是表面现象，实际上我们拥有更多可靠和有用的发现。

美国国家阅读委员会[43]在对阅读教育中几个问题的证据进行元分析时发现了这一点。例如，他们发现，对 38 个不同研究结果的元分析“强有力地支持下述结论，即相比其他非系统性或无拼读教学的课程，系统的拼读教学对孩子阅读能力的发展作用更大”（p. 84）。在报告的另一部分，美国国家阅读委员会报告说，对 52 项音位意识训练研究的元分析表明，“教孩子控制语言中的声音，能帮助他们学会阅读。在不同的教学、测验及参与者特征条件下， 98

其效应量都显著大于随机水平，虽然这些效应量有大有小，但大部分都处于中等水平”（p.5）。

通过元分析得出结论，如今在心理学中很常见。通过元分析，我们知道已婚人士比从未结过婚的人更幸福，婚姻会带来更好的健康结果[44]。通过元分析，我们知道电视、广播和网络上宣传的“大脑训练”项目是没有用的。虽然人们在这些项目所训练的具体任务上有所提高，但长期来看，这些项目并没有改善整体的认知功能，也没有对现实生活方面的结果产生持久的影响[45]。通过元分析，我们知道“尽责性”这一人格特质与工作绩效相关[46]。在工作绩效文献中，许多针对该具体问题的研究结果并不显著，但是将大量此类研究合并起来的元分析表明，确实存在中等程度的关联。也是通过元分析，我们知道我们预测自杀的能力50年来没有什么提高[47]。

不仅心理学依赖元分析得出结论，包括医学在内的许多其他科学门类也是如此。在之前的一章中，我们讨论了个人轶事如何阻碍患者和医生听从美国预防服务工作组（USPSTF）的建议，即不使用前列腺特异性抗原（PSA）检测来筛查前列腺癌[48]。此专门工作组对科学证据的回顾表明，与该检测有关的危害（与不必要的治疗有关的副作用）超过了在降低死亡率方面的好处（死亡率的降低极少，甚至根本没有）。他们的建议很大程度上是基于元分析的结果。

健康心理学领域也是如此。有研究者[49]对281项已发表的研究进行了元分析，以确定A型行为模式中的敌意和攻击性与心血管反应性（心率和血压）之间的关联确实存在。在另一个例子中，柯里尔等人[50]对61项针对丧亲者的心理治疗的控制研究进行了元分析，但结果令人失望。心理治疗干预对刚刚丧亲的人有效果，但在后期随访时正性的效果就消失了。这个对随访结果的元分析提醒我们，元分析的结果并不总是正性的。也就是说，从一系列颇为不同的研究中，元分析未必会发现某种关联或效果。当我们把大量不同研究的结果合并起来时，元分析经常告诉我们“毫无关联或效果”！

元分析涉及综合数十项（有时是数百项）研究的结论，这一事实隐含着这样一个信息：任何一项研究都只是众多科学工作中的一小部分。此外，当我们担心某些心理学领域进展缓慢时，我们应该记住，这种“低产量”也是医学和许多其他科学研究领域的特点。

小　结

在本章，我们看到，为什么科学进步的突破模式不适合心理学，以及为什么渐进整合模式为理解心理学如何得出结论提供了一个更好的框架。聚合性操作原则描述了在心理学中研究结果是如何被整合的：没有一个实验可以一锤定音，但每个实验至少都能帮助我们排除一些替代解释，从而有助于了解真相。多种不同方法的使用可以让心理学家更加确信其研究结论是建立在稳固的实证基础之上的。最后，当概念发生变化时，它必须遵循关联性原则：新的理论不仅要能解释新的科学数据，还必须能解释已有的数据。

第 9 章

打破“神奇子弹”的神话：多重原因的问题

99 学习目标

9.1 解释心理学研究中变量之间交互作用的概念

9.2 概述承认一个现象有多重原因的困难之处

在第 8 章，我们着重讨论了聚合性操作的重要性，以及为了建立变量之间的联系，向更有效的研究方法迈进的必要性。在本章，我们将超越两个变量之间的简单联系来强调一个重要的观点：人的行为是由多重原因决定的。

任何一个特定行为都不是由一个而是由许多不同的变量引起的。我们得出变量 A 和行为 B 之间存在显著的因果关系的结论，并不意味着变量 A 就是引起行为 B 的唯一因素。例如，研究者发现，观看电视及其他媒体的时间与学业成绩之间存在负相关，但他们不会就此认为，看电视的时间是影响学业成绩的唯一因素。道理很简单，学业成绩在一定程度上还受到数目众多的其他变量（家庭环境、学校教育的质量、认知能力等）的影响。实际上，相对于这些变量，看电视只是影响学业成绩的一个次要因素而已。同样，贾菲等人[1]考察了有关青少年反社会行为潜在原因的文献。证据聚合在了几个不同的原因变量上，包括同伴行为偏常、生活在离婚家庭、父母抑郁、少女怀孕生子、强制性管教和贫穷。

在第 8 章，我们讨论了将观看暴力电视节目和其他暴力媒体内容与儿童的攻击性行为联系起来的研究。然而，儿童观看媒体暴力的数量并不是他们可能表现出攻击性行为的唯一原因，它只是众多促成因素中的一个[2]。但人们常常忘记行为是由多重原因决定的。他们似乎想找到所谓的“神奇子弹”——他们感兴趣的行为产生的唯一原因。

和本书谈到的许多其他原则一样，正确地看待多重原因这一观点非常重要。一方面，它提醒我们不要过度解释单一的因果关系。这个世界是复杂的，
影响行为的因素也相当繁杂。仅仅因为我们证明了行为的一个原因，并不意 100
味着我们已经发现了引发该行为的唯一原因，甚至是最重要的原因。为了对某种特定行为做出全面的解释，研究者必须探讨各种不同的变量对它的影响，并把这些研究结果综合起来，才能完整地描绘出所有与该行为有关的因果关系。

另一方面，说某个变量只是影响某一特定行为的众多因素之一，并且只能解释这一行为的一小部分，并不是说这个变量无足轻重。首先，这一关系可能具有深远的理论意义。其次，这一关系可能具有应用价值，尤其是当这个变量可以人为控制时，如前面提到的媒体暴力的例子。如果一个变量能够使每年的身体暴力事件减少 1%，那么我想没有人会认为它是无关紧要的。总之，如果所涉及的行为至关重要，那么懂得如何去控制其中的一小部分，也具有非凡的价值。

在一些医学研究中，某种疗法能解释不到 1% 的治疗结果变化，但即使如此，这个结果也被认为是惊人的，以至于出于伦理方面的考虑，该实验不得不提早终止。原因是，既然实验结果这么积极有效，那么对那些被随机分配在控制组的病人来说，让他们继续使用安慰剂显然是违背伦理的[3]。同样，任何能够将机动车死亡率降低 1% 的因素都至关重要——每年能挽救 250 多

条生命。将凶杀案案发率降低 1%，则每年能挽救 140 多条生命。总之，一个结果是由多个不同变量共同决定的这一事实，并没有降低任何一个与结果存在因果关系的变量的重要性——即使这一变量只能解释结果的一小部分。

交互作用的概念

多重原因的观点引出了一个许多方法论教科书上都会详细介绍的重要概念：影响行为的一个因素，会因为另一个因素的存在与否，而产生不同的效果。这就是*交互作用*的概念：一个自变量的效应大小可能依赖于另一个自变量的不同水平。交互作用确实是一个需要深入学习（同时代入数字）的概念，统计学教科书对其有详细的介绍。为使本章不会太长，我们在这里只是稍提一下，并举一些简单的例子。

发展心理学领域的一个存在已久的发现是，对儿童产生负面影响的风险因素往往发生交互作用[4]。许多潜在的风险因素本身不会产生负面影响，只有当它们与其他风险因素结合在一起时才会。或者，在某些情况下，每个风险因素本身对结果的影响都很小，但结合起来对结果的影响就很大。例如，研究者可能会去研究青少年的学业成绩，看它是否受生活变化（如转校、青春期发育、住所迁移和家庭破裂）的影响。他们常常发现，没有单一的因素会对学业成绩产生巨大的影响，但当这些生活变化中的几个因素结合在一起时，就会导致学业成绩大幅下降。

要理解这类交互作用发生的逻辑，可以先想象一个风险量表，得分 80~110 代表低风险，110~125 代表中等风险，125~150 则代表高风险。假设我们发现儿童在无压力情况下的平均风险得分为 82，在压力因素 A 作用下的平均风险得分为 84，而在压力因素 B 作用下的平均风险得分为 86。如果我们在研究同时具有风险因素 A 和风险因素 B 的儿童时，发现平均风险得分
101 为 126，那么交互作用的效应就很明显。也就是说，两者的联合风险得分远

远超过了单独研究每个因素时的预测。

生物因素和环境因素也可能发生交互作用。格兰特等人[5]发现，只有当儿童也经历了社会人口方面的逆境（母亲受教育程度低、母亲生育时未满 18 岁、低收入、单亲母亲）时，让儿童接触一种合成应激激素（合成糖皮质激素），才会对其认知功能产生负面影响。只要儿童没有经历过任何社会人口方面的逆境，应激激素就不会损害他们的认知功能。

在心理学研究中，有许多生物和环境变量交互作用的例子。例如，研究发现，5-HTT 基因的变异与人类的抑郁症有关[6]。携带一种变异型（S 等位基因）的人比携带另一种变异型（L 等位基因）的人更可能患抑郁症。然而，携带 S 等位基因的人只有在经历了多重创伤性生活事件（例如，儿童期被虐待或忽视、失业、离婚）时，患抑郁症的风险才会增大。这种基因与环境的交互作用在发展精神病理学领域很常见[7]。以单胺氧化酶 A（MAOA）基因的变异与反社会行为的关系为例。该基因的一种变异型会增加反社会行为的可能性，但只有当其他风险因素（如儿童虐待、分娩并发症或恶劣的家庭环境）同时存在时，才会如此[8]。

通常，表现出交互作用的是两个心理特征。以反刍思维（rumination，指反复思考不愉快的事情，自我强制性地进行思考和分析，接近于俗称的“钻牛角尖”——译者注）和抑郁的关系为例。反刍思维的倾向确实能够预测抑郁症状的持续时间，但它与认知风格存在交互作用，只有在消极的认知风格下，反刍思维才能预测抑郁症状持续时间的延长[9]。

一个项目的不同组成部分之间也可能存在交互作用。发展心理学家丹·基廷[10]回顾了美国各州实施的驾驶执照分级项目对青少年驾驶安全的影响。这些项目确实有效——它们降低了青少年司机交通事故率及交通事故死亡率。然而，这些项目在不同的州是不一样的，每个州在几个基本组成部分上都有所不同，包括必需的驾驶培训、乘客限制、夜间驾驶限制、法定年龄、最低的驾驶练习要求以及实习期的长短。因此，问题就变成了这些组成部分是否都有因果效力，以及它们之间是否存在交互作用。研究表明，没有一个成分能独立降低青少年司机交通事故率或死亡率。但是，它们结合起来能使青少年的死亡率降低超过 20%。

因此，交互作用的概念增加了我们对某一现象的理解的复杂性。首先，一个结果可能有多重原因。其次，这些多重原因之间结合的方式可能不止简单的相加。我们不仅需要追踪和测量可能影响相关行为的许多因素，还要研究这些因素如何共同起作用。

临床心理学家斯科特·利连菲尔德[11]对变量的因果影响进行了讨论，认为它是一个从强到弱的连续体。只有当一个变量处于这一连续体的最强端时，它才能独立产生作用。因果影响的最强形式是，一个自变量是影响因变量的必要且充分条件。“必要”是指一个变量必须出现，效应才会产生。“充分”是指该变量本身就足以产生效应。而较弱形式的因果关系是，一个变量的效应受到同时存在的其他变量的影响。一个原因变量可能是必要的（因变量表现出效应时，该变量必须存在），但并非充分的（它要依赖于其他变量的存在才能产生效应）。最后，一个弱的原因变量可能既不是充分的也不是必要的——它的存在只是增加了效应的总体统计概率。

102 单一原因解释的诱惑

复杂事件是由多重原因决定的，这个基本的观点似乎很容易理解。实际上，当问题没有太大争议时，这个观点确实很容易掌握和运用。但是，预设偏见，这个科学工作者的老对手（见第 3 章），常常使人们倾向于忽略多重原因这一原则。我们经常听到人们争论一些带有强烈感情色彩的话题，如犯罪的原因、财富的分配、贫困的原因、结婚率的变化以及死刑的作用等，争论的方式让人觉得这些问题是简单的、单维的，而且导致结果的原因只有一个。这些例子清楚地表明，如果直接问某一现象是否有多重原因，人们有时会承认多重原因的存在，但他们在解释自己关心的事情时，很少会自发地提出许多不同的原因。大多数情况下，人们对潜在的原因采取“零和”态度，认为所有原因都是相互竞争的，强调一个原因必然会降低另一个原因的重要性。

在情绪的影响下，人们往往会忘掉多重原因这一原则。例如，想想政治立场处于两个极端的人对犯罪问题的讨论。自由派人士会认为，那些社会经济地位低下的人之所以会犯罪，是因为他们本身就是恶劣社会环境（如失业、恶劣的住房条件、缺乏教育和对未来失去希望）的受害者。而保守派人士会反驳说，也有许多穷人没有犯罪，所以经济条件并不是主要原因。相反，他们认为，个人的价值观和人格特征才是决定犯罪行为的真正原因。争论的双方似乎都未承认是个人因素和环境因素共同导致了犯罪行为。没有一个原因能独立解释犯罪行为。犯罪行为是由多重因素决定的，其中一部分是环境因素，一部分是个体因素。

再考虑一下关于复杂经济结果成因的讨论。这些结果都是由多重因素决定的，因而很难准确预测。例如，过去几十年来，一个极富争议又具有重要社会影响的经济议题是：美国日益严重的财富不平等。这一事实不存在争议，有争议的是对这一事实的解释。这场争论最引人注目之处是，争论者都只关注单一的原因。争论的各方都只以某一个原因为立论基础，然后千方百计地攻击所有支持其他原因的观点。事实上，经济学研究已经关注了许多不同的变量[12]。其中之一是，非技术工人移民的不断增加，造成非技术劳动力供大于求，使得低收入工人的工资水平又被压低。此外还包括：全球化促进了劳务的外包、技术变革、税收政策、单亲家庭的增加、私营企业工会组织的衰落、互联网“赢者通吃”这一商业模式的兴起、选择性婚配、地理隔离。以上还只是一部分变量，还有很多其他的变量。针对这些可能原因的经济学研究发现了什么？你猜对了。几乎所有这些因素都或多或少地助长了美国社会日益严重的财富不平等现象。研究还发现，其中许多因素之间似乎存在交互作用。例如，非技术移民压低了非技术工人的工资水平，从而产生了另一个效应，那就是使现有的工会更难讨价还价。

当不同的潜在原因依附于不同的意识形态立场时，承认多重原因的存在就变得尤为困难。这时候，各方很容易拥护自己一方的原因（一个或多个原
103 因），而否定对方意识形态所支持的原因。贫困的原因为这种倾向提供了一个极好的例子——自由派和保守派支持不同的因果模型，并倾向于诋毁对方的因果模型。要打破这一僵局，双方在一开始就应该承认有多重原因，并承认其中一些原因可能是对方意识形态所支持的。

纽约大学的心理学家乔纳森·海特（Jonathan Haidt）参与了一项工作，尝试通过真正承认多重原因来打破僵局[13]。来自不同意识形态的一组专家，同意共同制定一套解决贫困问题的方案，这套方案是在意识形态分歧双方的支持下达成的共识。追求共识必然意味着专家组成员必须支持来自意识形态对手的贫困解决方案。该专家组基本上成功地编写了一份报告，在提出政策建议时真正承认了多种原因。例如，专家组中的自由派同意，这些数据支持保守派的政策建议，包括提倡关于生育和婚姻的新的文化规范以及提倡负责任的晚育。同样，专家组中的保守派也一致同意，这些数据支持自由派的政策建议，包括让教育程度较低的人获得更高的工作报酬，并确保获得就业机会。因此，达成共识的建议充分体现了多重原因的原则。

和经济学问题一样，心理学家研究的复杂问题也几乎都是由多重原因决定的。以学习障碍为例，教育心理学家、认知心理学家和发展心理学家都对此进行了广泛的研究。结果发现,大脑异常与学习障碍有关[14]。还有研究发现，学习障碍有遗传方面的原因[15]。这两个研究结果似乎表明学习障碍仅仅是生物学上的大脑问题。这个结论将是错误的，因为也有研究发现，造成学习障碍的部分原因是早期学校教育缺乏某些方面的教学经验以及家庭环境不利[16]。学习障碍不是由单一原因引起的，而是生物天性与环境因素交互作用的结果。

在抑郁的成因和治疗方面也有类似的情况。抑郁是由遗传倾向和环境风

险因素共同造成的。同样，在抑郁的治疗上，多种治疗方法的结合——药物治疗加心理治疗——似乎产生了最佳的治疗结果[17]。

一旦我们发现了某个复杂现象的多重原因，且该现象又是一个待解决的问题，就势必意味着这个问题的解决需要多方面的干预。数十年前，美国曾遇到一个重大的健康问题：吸烟的流行，一种与许多疾病都有关联的习惯。近几十年来，各种干预措施已经扭转了美国社会的吸烟风气，包括禁止烟草广告、提高烟草税、提供尼古丁贴片、禁止在公共场所吸烟以及其他更多的干预措施[18]。几十年来，吸烟率缓慢下降，这得益于针对吸烟的多个原因所制定的多项干预措施。

正如多年前为减少吸烟采取了许多不同的干预措施一样，我们也需要采取多种社会干预措施来阻止和扭转目前全美国肥胖的流行[19]。这样做的原因是，目前的肥胖流行在几十年前就埋下了种子，那时一些社会风潮同时开始出现：走路减少、女性纷纷进入职场而导致人们在家用餐的机会减少、快餐业的快速扩张、食品广告变得随处可见、电子娱乐使儿童久坐不动、食物的 104
分量增加以及许多其他因素[20]。相应地，解决这个问题的方法也必须是多方面的。加利福尼亚大学的《健康简报》警告说：“如果把肥胖的流行完全归咎于人们因缺乏意志力而吃得太多，以及久坐不动的生活方式，就太过简单化了。肥胖是由多重因素导致的，它是由遗传、代谢、行为、激素、心理、文化、环境和社会经济因素之间交互作用而形成的综合问题”（p. 1）[21]。科学作家吉娜·科拉塔[22]更加直截了当，她写了一篇关于肥胖的文章，标题就是：没有单一的答案。

小　结

本章重点讨论了一个问题，这个问题虽然简单，但非常重要。在考察行为的原因时，要依照多重原因的原则来思考。不要陷入认为某一特定行为一定有单一原因的思维陷阱。复杂程度各异的大部分行为都是由多重原因决定的。各种各样的因素共同起作用才引发了某一行为。有时多个因素组合在一起时会产生交互作用：也就是说，变量共同作用时的效应，与我们单独研究它们时所期望的效应是不同的。

第 10 章

人类认知的阿喀琉斯之踵[*]：概率推理

学习目标

10.1 描述人们如何使用“某某人”的论据来反驳心理学的研究结果

10.2 解释概率预测为何意味着人们要学会接受一定的不确定性

10.3 概述应对概率问题时的一些陷阱，包括赌徒谬误和忽略样本大小

问：“男人比女人高，对吗？”

答：“对。”

问：“所有男人都比所有女人高，对吗？”

答：“错。”

答对了。信不信由你，在本章，我们要花一些篇幅来讨论一些你已经知道的问题，你刚才对上面两个问题的回答已经证明了这一点。不过，先别因此就跳过这一章，因为接下来在我们解释一些看似非常简单的原则时，会有

* 意指致命的弱点或要害——译者注。

惊喜等着你。

你对第一个问题给出了肯定的答案，这是因为你没有把“男人比女人高”这句话理解成第二个句子所说的“所有的男人都比所有的女人高”。你把第一句话正确地理解为“男人有比女人高的*趋势*”，因为每一个人都知道，不是所有的男人都比所有的女人高。你正确地理解到那句话反映了一个概率趋势，而不是任何情境都适用的事实。我们所说的*概率趋势*，是指有较大的可能性，但并非在所有情况下都必然如此。也就是说，性别和身高的关系是用可能性和概率而不是用必然性来表述的。很多其他关系的本质也都是概率性的，例如：接近赤道的地区往往比较热；每家孩子的数目一般不超过 8 个；地球上大部分地区昆虫的数量通常比人类多。这些都是统计上可以证明的趋势，但是其中的每一句话都有例外。因为它们是概率性的趋势和规律，而不是在所有情况下都成立的关系。

106　神经外科医生保罗·卡兰尼什[1]在因肺癌去世之前，写了一本感人的书，描述了他在人生最后的日子里是如何对抗病魔的。他在书中讨论了医生如何向病人说明预后情况，并严厉指责了有些医生没有向病人强调，预后是概率性的。他的建议是给患者提供时间区间的说法（“大多数病人活了几个月到几年”），而不是具体的最佳猜测（“生存期的中位数是 11 个月”）。他认为，“大多数病人活了几个月到几年”这样的说法，更能从根本上描述预测的概率性。

2008 年夏天，深受大众喜爱的 58 岁政治播音员蒂姆·拉瑟特（Tim Russert）因心脏病去世，这给美国人在医学知识的概率性方面上了悲伤的一课。拉瑟特长期服用降胆固醇的药片和低剂量的阿司匹林，骑健身单车，每年都进行压力测试，但他还是很早就死于心脏病发作。他对健康极为关注，这让很多《纽约时报》的读者来信说，医生一定是遗漏了什么。这些读者不明白医学知识是概率性的。每个失败的预测并不是错误。事实上，他的医生没有遗漏什么。他们尽可能地把自己的概率性知识应用到最好，但这并不意味着他们能预测每一例心脏病发作。科学作家丹尼斯·格雷迪[2]告诉我们，根据拉瑟特先生的压力测试和最后一次检查时多种最先进检查方法的诊断结果，医生通过一个广泛使用的公式算出，拉瑟特在 10 年内心脏病发作的概率为 5%。这意味着，100 个身体状况与拉瑟特先生相似的人中，有 95 人在 10 年内都不会心脏病发作。拉瑟特先生恰恰是那不幸的 5 个人之一。概率性的医学科学无法提前告诉我们谁是那不幸的 5 个人。

拉瑟特的例子给了我们一个机会来强调“概率预测确实是真实的预测”。我们这么说的意思是：因为概率预测是用数字来表示的，因此是抽象的，这让人们有时很难将其看作是真实的。因为医学无法提前说出 100 个人中那 5 个人的名字，所以人们会觉得这个预测并不像所希望的那样真实。但在他们死后，那 5 个人肯定有名字。例如，蒂姆·拉瑟特就是其中之一。就算我们能事先说出他的名字，他还是会死于心脏病发作。我们必须克服这种感觉，即因为数字是抽象的就觉得概率预测不真实。

科学家们在做概率预测的时候，谈论的确实是真实的人。回想一下第 8 章提到的，由于人们边开车边打电话和发短信，每年将有数百名美国人白白死于车祸。因为这是一个概率预测，所以我无法告诉你这些美国人会是谁。然而，这个预测并不会因为它是概率性的就不那么真实了。

人们很难接受概率预测的现实——我们并不是生活在一个确定的世界中。科学作家纳塔利·安吉尔[3]讨论了一个问题：为什么有些人认为地质学家真的能够预测每一次地震，但他们为了不引起恐慌而不对外公布消息。一位地质学家曾收到一位女士的来信，请他将自己的孩子送到城外亲戚家时告诉她一声。通过这个例子，安吉尔指出人们似乎更愿意相信专家们在撒大谎，而不愿承认科学存在不确定性。

以政治民意调查专家为例，他们就学会了接受这种不确定性，尽管他们所服务的公众对此仍不适应。2016 年美国总统大选之后，民调专家因错误预测而饱受抨击。但实际上，民调专家的预测结果与普选的结果非常接近。他们未能正确预测的是选举人团的结果。民调专家和统计学家奈特·西尔弗（Nate Silver）尤其受到公众对概率预测误解的伤害。在大选临近时，他预测希拉里·克林顿在选举人团投票中胜出的可能性为71%。而大多数其他民调
107 专家认为希拉里赢得选举人团投票的可能性高于90%，这招来了民主党人对他的愤怒[4]。普林斯顿的一项民调显示，希拉里赢得选举人团投票的概率为99%！民主党的网站指责西尔弗的分析是故意偏袒唐纳德·特朗普。当然，选举结果出炉之后，西尔弗也没有得到什么赞誉，因为他仍然预测错了获胜者。尽管他提出的概率预测更准确地反映了选举中的不确定性，但没有被公众所称道。

心理科学揭示的几乎所有事实和关系都是用概率来表述的。这一点也并非心理学所独有。在其他学科中，很多定律和关系也是用概率而非必然性来表述的。例如，群体遗传学的整个分支学科都基于概率关系。物理学家告诉我们，原子中电子的电荷分布也是通过概率函数来描述的。因此，虽然在心理学中，各种行为关系都是以概率形式来描述的，但这一事实并没有使它与其他学科产生天壤之别。

“某某人”统计学

大部分公众都知道，医学的许多结论是对概率趋势的陈述，而不是对绝对确定性的预测。大量的医学证据表明，吸烟会导致肺癌和很多其他健康问题[5]。但每个吸烟者都会得肺癌吗？所有非吸烟者都不会患肺癌吗？大多数人都知道这些推论并不成立。吸烟与肺癌之间的关系是概率性的。吸烟大大增加了患肺癌的概率，但并非必定导致肺癌。医学可以很有把握地告诉我们，与一组同等条件的非吸烟者相比，吸烟者中会有更多的人死于肺癌，虽然它无法告诉我们哪些人会死。这种关系是概率性的，它并不适用于所有个案。我们都知道这一点，是真的知道吗？我们经常看到下面这样的场景：一个不

吸烟的人引用吸烟导致肺癌的统计数据，试图说服一个瘾君子戒烟，得到的结果仅仅是对方的反唇相讥："嘿，走远点儿！你看那个铺子里的老乔，他从 16 岁开始每天要吸三包骆驼牌烟！现在他已经 91 岁了，看上去还很健壮！"显而易见的推论是：这个个案在某种程度上推翻了吸烟和肺癌之间的关系。

令人吃惊和沮丧的是，这种反驳手段屡试不爽。通常，每当一个个案被用来证明概率趋势无效时，很多人都点头表示赞同，这反映出他们没有正确理解统计规律的本质。如果人们认为一个特例就可以让一个规律失效，他们一定认为这个规律应该在任何情况下都适用。简言之，他们错误理解了这个规律的概率性质。即使是最强的趋势，也会有少数的"某某人"与之相悖。

心理学家把类似"老乔"的故事称作"某某人"统计学的运用：由于某些人知道有一个"某某人"与某个成熟的统计趋势相左，这个趋势就受到置疑。当我们面对与过去持有的观念相矛盾，但又是强有力的统计学证据时，无所不在的"某某人"总是会立刻跳出来否定这些证据。因此，我们可以说，实际上人们知道的不少，只不过他们顺手把"某某人"当成一种工具，来否定与他们观念相悖的事实而已。然而，心理学家对人类决策和推理的研究结果表明，人们之所以喜欢使用"某某人"，不只是因为它是一个有用的辩论手段。相反，这一错误的论据之所以被应用得如此频繁，主要在于人们不知道如何处理概率信息。对人类思维本质的大量研究表明，概率推理可能正是人类认知的阿喀琉斯之踵。人类在这方面如此薄弱，以至于概率推理成为人类理性的操作性定义的核心[6]。

概率推理以及对心理学的误解 108

由于人们在处理概率信息方面存在问题，心理学的研究结果常常被误解。我们都理解"男人比女人高"是一个概率趋势的陈述，并且能够认识到它不会因为一个特例（某个男人比某个女人矮）而失效。大多数人也能以同样的方式来理解“吸烟会导致肺癌”的陈述，尽管对那些不愿相信吸烟会致命的瘾君子来说，“老乔”还是很有说服力的。然而，与之非常相似的有关行为趋势的概率表述，却会引发广泛的质疑，而且常常是刚出现一个“某某人”，这些表述就被很多人抛弃了。大多数心理学教师在讨论某些行为关系的证据时，都得到过同样的反应。例如，教师可能会呈现如下的事实：儿童的学业成绩与家庭的社会经济地位以及父母的受教育程度相关。但这一表述常常会遭到至少一个学生的反对，他会说，他有个朋友是美国优秀学生奖学金的获得者，但是他的父亲不过中学毕业。甚至那些理解吸烟 – 肺癌例子的人，这时候态度也变得摇摆不定了。

人们从没想过要用“某某人”的论据来反驳医学和物理学上的发现，却习惯于用之驳斥心理学的研究结果。大多数人能理解医学科学提出的很多疗法、理论及事实是概率性的。例如，他们理解某种药对大多数病人有疗效，但并不是对每个人都有疗效，而且医学经常也不能事先告诉我们，该药会对哪些病人有疗效。通常只能这么说，如果 100 个病人接受某疗法，另外 100 个病人不接受该疗法，那么在一段时间之后，接受治疗的这 100 个病人，总体上比不接受治疗的病人状况要好。在前面的章节中，我提到过我在服用一种商品名为 Imitrex（琥珀酸舒马曲坦）的药物来缓解偏头痛。该药说明书上的信息告诉我，控制研究证明，服用某一特定的剂量时，57% 的病人在 2 小时内症状得到缓解。我就是那幸运的 57% 中的一个，但是制药公司和我的医生都不能保证我不会是那不幸的 43%。这种药不是对每个病人都有效。

没有人会因为医学知识是概率性的，不适用于所有情况，就怀疑它的价值。然而，对于许多心理学的研究结果和疗法，人们却不这么看。事实上，一旦心理学研究结果和心理治疗效果不能在所有情况下都适用，人们往往就对心理学的进展感到深深的失望和不屑。一旦面对心理学问题，人们常常忘记一个基本的原则，那就是知识不是要等完全确定后才有用——即便某些知识不能预测个体的具体情况，但如果能对群体的总体趋势进行准确预测，也是非常有益的。基于群体的特征所做的结果预测，常被称为总体预测或统计预测（下一章将详细讨论统计预测这一概念）。

想想看，一个不健康的人去看病，医生告诉他，除非他进行锻炼和改变饮食习惯，否则心脏病发作的风险非常高。我们不会因为医生不能告诉这个人，如果不改变饮食习惯，他将于 2024 年 9 月 18 日心脏病发作，而认为医生的信息是无用的。我们会理解该医生的预测是概率性的，因此无法做出那样精确的预测。同样，当地质学家告诉我们，某地区在未来 30 年有 60% 的概率会发生一场震级为 7.0 或更高的大地震时，情况也类似[7]。我们不会因为他们不能准确地说出“2023 年 7 月 5 日这里将发生地震”，就贬低他们的知识。

然而，不是每个人都完全理解这一点。2009 年 4 月，意大利拉奎拉发 109
生地震，造成 309 人死亡[8]。另有 1500 多人受伤。令人匪夷所思的是，2012 年意大利一家法院因该国 6 名地震学家未能准确预测地震而对其做出有罪判决！这项判决在 2016 年被推翻，但它表明，对公众（甚至法院）来说，理解“概率预测无法对个案做出完美的预测”这一基本观念是多么困难[9]。

当一位学校心理学家为一个有学习障碍的儿童推荐训练计划时，他显然是在做概率预测——如果这名儿童参加某个训练计划，获得好成绩的可能性就会更高。同样，当一位临床心理学家向一个有自我伤害行为的孩子推荐治疗计划时，这位心理学家判断，如果按推荐的计划进行治疗，病情好转的可能性就会更高。但是不同于心脏病发作和地震的例子，心理学家常常会被质问：“但我的孩子何时能达到他所在年级的阅读水平？”或“他在这个治疗项目中要待多久？”这些问题都是无法回答的，正如地震和心脏病发作何时会发生也是无法回答的一样，因为针对所有这些情况——心脏病发作、有学习障碍的儿童、地震以及有自我伤害行为的儿童——所做的预测都是概率性的。

出于这些原因，全面认识概率推理对理解心理学至关重要。耐人寻味而又颇具讽刺意味的是，心理学很可能是人们不能进行统计思维的最大受害者。然而，在所有学科中，心理学却是对人类概率推理能力的本质研究最多的学科。

有关概率推理的心理学研究

过去 30 年来，普林斯顿大学的丹尼尔·卡尼曼（Daniel Kahneman, 2002 年诺贝尔奖得主）及已故的阿莫斯·特维尔斯基（Amos Tversky）等心理学家的研究，彻底改变了我们对人类推理能力的认识[10]。他们在研究过程中发现了一些基本的概率推理原则，这些原则在许多人身上根本不存在，或者更常见的是，还没有得到充分的发展。正如学者经常指出的，这些基本原则没有得到充分发展是不足为奇的。作为数学的一个分支，概率理论的发展很晚。直到 16 和 17 世纪，它才有了关键的初步发展[11]，而许多重要的发展则是直到 20 世纪初才取得的。

概率理论初步发展的时间点，突显了一个重要的事实：在概率定律被发现之前，机遇游戏已经存在了好几个世纪。这又是一个例子，说明个人经验似乎不足以让人们获得对世界的基本理解（参见第 7 章）。对概率定律的正式研究揭示了机遇游戏的运作机制，而历史上成千上万的赌徒及其“个人经验”，并不足以发现机遇游戏的内在本质。

问题在于，社会越复杂，人们就越需要概率思维。如果一个普通人想要对其生活的社会有基本的理解，那么，他至少应具备统计思维这一基本的能力。

你或许有以下疑问：“为什么他们要提高我的保险费？为什么张三的保费比李四高，是不是社保局要倒闭了？我们州的彩票有黑幕吗？犯罪率到底是
110 在上升还是在下降？为什么医生要安排这些检查？为什么在欧洲可以用一些珍稀药物来治疗病人，而美国就不行？在相似的工作岗位上，女性赚得真的

比男性少吗？国际贸易真的减少了美国人的就业机会，并降低了他们的薪酬吗？日本的教育成就要比美国好吗？”这些问题都问得很好，都是关于我们的社会及其如何运作的具体而实际的问题。要理解每个问题的答案，我们就必须运用统计思维。

显然，由于篇幅所限，本书不可能全面讨论统计和概率思维。然而，我们将简要地讨论概率推理中的一些常见误区。培养概率思维能力的一个好方法就是，了解人们在统计推理时最常犯的错误有哪些。

未充分使用概率信息

有一个已经被反复证实的研究结论，那就是人们在做出决策时，具体的单个事件的信息，往往会压倒较为抽象的概率信息（第 4 章中讨论的鲜活性问题）。这种忽视概率信息的倾向并不仅仅局限于缺乏科学知识的外行人。即使是经验丰富的决策者，比如医生，也很难答对下面这个问题[12]：“如果每 1000 人中有 1 人携带人类免疫缺陷病毒（HIV），再假设有一种检查可以百分之百地诊断出真正携带该病毒的人。最后，假设这个检查有 5% 的假阳性率。也就是说，这项检查在没有携带 HIV 的人中，也会错误地检测出有 5% 的人是病毒携带者。假设我们随便找一个人来进行这项检查，结果呈阳性，表明此人为 HIV 携带者。假定我们对这个人的个人史或患病史一无所知，那么他真的是 HIV 携带者的概率是多少呢？

普遍的回答是 95%，即使是经验丰富的医生，而正确的答案是约 2%。人们极大地高估了阳性结果表示真正患病的概率，这是因为他们一方面过分重视个案信息，另一方面又忽视了基础比率的信息（1000 人中只有 1 人是 HIV 携带者）。稍微进行一些逻辑推理，就可以说明基础比率对概率的重要作用。1000 人中只有 1 人是真正的 HIV 携带者。如果另外 999 人（不患病）也进行检查，由于这一检查有 5% 的假阳性率，他们当中将有约 50 人（999

乘以 0.05）会被错误地检查出携带 HIV 病毒。因此，在这 51 个检测结果呈阳性的人中，只有 1 人（大约 2%）是真正的 HIV 携带者。简而言之，基础比率就是绝大多数人都没有携带 HIV 病毒（病毒携带者只占 1/1000）。将这个事实与相当高的假阳性率综合起来考虑，就能使人确信，在绝对数量上，大部分检测结果呈阳性的人并不携带 HIV 病毒。

尽管大多数人都能认识到这一逻辑的正确性，但他们最初的直觉反应却是忽视基础比率，并过分看重临床证据。简单来说，人们实际上知道什么是对的，但在一开始却得出了错误结论。心理学家把这类问题称为认知错觉[13]。在认知错觉中，即使人们知道正确答案，他们也会因为问题的问法而得出错误的结论。

在这个问题中，对大多数人来说，个案证据（实验室的检测结果）好像是摸得着的、具体的，而概率证据则好像是摸不着的、概率性的。当然，这种理解是错误的，因为个案证据本身也总是概率性的。一项临床检查以一定的概率对疾病做出误诊。上述情境就是一个例子，要想做出正确的决策，就必须综合考虑两种概率——对个案证据做出正确或错误诊断的概率和过去经
111 验所提供的先验概率（也叫基础比率）。整合这两种概率的方法，有的是正确的，有的是错误的，在大多数情况下——特别是当个案证据给人一种很具体的错觉时（请回忆第 4 章所讨论的鲜活性问题）——人们往往会以错误的方式来整合信息。

上述 HIV 的例子也说明了在解释检查结果时注意假阳性率的重要性。在那个例子中，一个相当高的假阳性率（5%）加上一个较低的疾病基础比率（只有 1/1000）导致了以下结果：在检查结果为阳性的人中，没有患病的人比患病的人还多。在所有诊断性检查中，包括医学在内，对假阳性的关注是一个关键问题。尽管在治疗和诊断方面取得了很大进展，但大多数临床检查仍然有相当高的假阳性率。在一项对 30000 名老年男性所做的研究中，研究者发现，在对前列腺癌、肺癌和结直肠癌进行了四项筛查后，已有超过 1/3 的男性检

查结果为假阳性——检查结果表明他们患有癌症，但实际上并没有[14]。

未能使用样本大小信息

请思考下面两个问题[15]：

1. 一个小镇里有大小两所医院。在大医院里每天大约有 45 个婴儿出生，小医院每天大约 15 个。如你所知，大约有 50% 的婴儿是男孩，但具体的百分比每天都不一样，有时候高于 50%，有时候低于 50%。每所医院都记录了一年内出生的男婴比例高于 60% 的天数。你认为哪一所医院记录的天数多？
   a. 大医院
   b. 小医院
   c. 基本一样
2. 假设一个容器里装满了球，其中 2/3 的球是一种颜色，其余 1/3 是另一种颜色。一个人从中拿出 5 个球，发现有 4 个是红色，1 个是白色。另一个人从里面拿出 20 个球，发现 12 个是红色，8 个是白色。哪一个人会更加确信这个容器里有 2/3 的球是红色、1/3 的球是白色，而不是相反？每个人应该给出什么赔率（大部分为红球与大部分为白球的概率比——译者注）？

对于第一个问题，大多数人回答“基本一样”。剩下的人各有一半选择大医院或小医院。正确的答案是小医院，所以超过 75% 的人都给出了错误答案。答错是由于人们没有认识到样本大小在这个问题中的重要性。当其他因素相同时，根据较大的样本总是能够更精确地估计出总体的真正数值。因此，在任何一个指定的日子，较大的医院由于有较大的样本，男婴出生的概率更趋近于 50%。相反，小的样本总是倾向于偏离总体的真正数值。因此，小医院会有更多的天数记录了与总体的真正数值偏差较大的男婴比率（60%、40%、80% 等等）。

在回答第二个问题时，大多数人认为 5 个球的样本提供了更令人信服的证据，能证明这个容器里的球大多数是红色。事实上，概率恰恰与之相反。对于 5 球样本，容器里大部分为红球的赔率是 8:1。而对于 20 个球的样本，这个赔率是 16:1。尽管在 5 球的样本中，红球所占的比例更高（80%，在 20 个球的样本中为 60%），但另一个样本的大小是其 4 倍，这一事实早已弥补
112 了红球比例较低的劣势，因此 20 球样本更有可能是对球的比例的准确估计。然而，大部分被试的判断被 5 球样本中红球比例更高这一点所支配，并且没有充分考虑到 20 球样本更高的可信度。

这两个问题说明了一个有关样本大小的非常有用的原则：较小的样本总是会产生更多的极端值。心理学家丹尼尔·卡尼曼[16]举了一个例子，说明如果不运用这一原则，我们就会在不需要因果理论的时候去徒劳地寻找。他指出，一项针对美国 3141 个县的研究发现，肾癌发病率最低的县往往是人口稀少的农村县。卡尼曼[17]指出，对于为什么会出现这种情况，人们很容易想到一个因果理论：“农村的生活方式较为干净卫生——没有空气污染，没有水污染，食物新鲜且不含添加剂”（p. 109）。这个因果理论唯一的问题是，它不能解释同一研究的另一个发现：肾癌发病率最高的县往往也是人口稀少的农村县！如果先告诉我们这一事实，我们可能会想出这样的解释，即农村地区有更多的人吸烟、喝酒及摄入高脂肪食物。但是，这一解释以及先前对低发病率县的解释，都没有切中要点。这里的问题就是之前讨论过的医院问题的现实生活版。人口稀少的农村县是小样本，必然会产生各种类型的极端值——可能极高，也可能极低。

许多人难以认识到他们所处的情境也会涉及取样。也就是说，他们难以意识到自己看到的是一个样本，而不是总体。未能意识到这一点，会使他们忽略这样一个事实，即某一样本的测量结果会受到取样误差的影响。例如，

当医生让你去验血时，从你身上采集的是血液样本，医生评估的也是这个样本，而非你整个血液系统的状态。这里的假设是，这个样本能代表你的整个系统；但这个假设是概率性的，只能在一定程度上是正确的。因为样本中的细胞及其组成和性质必然与整个系统的真实情况有一些偏离，而血液检验又无法检测你的整个血液系统，所以血液检验总归会有一些误差。简而言之，你的医生正在从一个极小的样本中对你的整个血液组成做出假设。

同样，肿瘤活检也是如此。因为活检只是从一个较大的肿瘤中提取一个小样本，所以会存在一些误差。医学作家塔拉·帕克－波普[18]在讨论对疑似前列腺癌所做的活检时提到，一种非常常见的活检样本只占前列腺大小的 1/3000 左右。她引用的证据表明，大约有 20% 的样本存在分期和分级错误。我们需要意识到的一点是，我们在测量行为时也是一样的。我们经常抽取一个小样本来代表一个大得多的行为总体。

赌徒谬误

请回答下面两个问题：

问题 A：假想你在掷一枚普通的硬币（硬币出现正面和反面的机会各为 50%），已经连续出现了 5 次正面。对于第 6 次，你认为

_______ 反面比正面更可能出现；

_______ 正面比反面更可能出现；

_______ 正面和反面同样可能出现。

问题 B：玩老虎机的时候，赢钱的机会是 1/10。朱莉在前 4 次都赢了。 113
她下次赢的机会有多大？ _____ 分之 _____

这两个问题是为了考察你是否容易犯所谓的赌徒谬误，即人们倾向于将过去的事件和未来的事件联系起来，而实际上两者是独立的。两个事件的结

果是相互独立的，一个事件的出现不会影响另一事件出现的概率。大多数使用正当设备的机遇游戏都具有这种属性。例如，每次赌博轮盘上出现的数字与上一次的数字无关。轮盘上的数字有一半是红的，另一半是黑色的（为简单起见，我们忽略绿色的零和双零），所以对任意一次旋转来说，出现红色或黑色数字的概率都是一样的（0.50）。然而在连续五六次出现红色数字之后，许多投注者转投黑色，因为他们认为现在黑色数字更有可能出现。这就是赌徒谬误：认为前一个事件的结果会影响后一个结果出现的概率，但两个事件之间明明是独立的。在这种情况下，投注者的想法就错了。轮盘并不记得先前发生过什么，即使连续出现 15 个红色数字，红色数字在下轮出现的概率仍然是 0.50。

在问题 A 中，有些人认为在 5 次出现正面之后出现反面的可能性更大，还有一些人则认为出现正面的可能性更大，他们这么想就陷入了赌徒谬误。正确的答案是，正面和反面在第 6 次出现的可能性一样大。同样，对于问题 B，只要回答不是 1/10，就陷入了赌徒谬误。

并非只有没有经验的赌徒才会陷入赌徒谬误。研究表明，即使是那些一周玩赌博游戏 20 小时以上的资深赌徒，仍然表现出赌徒谬误[19]。事实上，研究表明，因病态性赌博问题而在接受治疗的个体，比控制组的被试更可能相信赌徒谬误[20]。

重要的是我们要认识到，这一谬误不仅仅局限于机遇游戏，它还存在于任何概率起着关键作用的地方。换句话说，它几乎存在于一切事物当中。婴儿的基因构成就是一个例子。心理学家、医生和婚姻顾问常常遇到一些已有两个女孩的夫妇，他们正计划要生第三个孩子，因为“我们想要个男孩，这回肯定是个男孩”。这就是赌徒谬误。在生了两个女孩之后，生男孩的概率（约 50%）与生第一个孩子时完全一样，生了两个女孩不会增加第三个是男孩的概率。

赌徒谬误来源于对概率的诸多错误认识。其中一个是，如果一个过程真的是随机的，序列中就不应该连续出现同一结果或某种特定的模式，哪怕是一个很短的序列（例如，掷 6 次硬币）。人们总是低估同一结果（正正正正）或某种特定模式（正正反反正正反反正正反反）在一个随机序列中连续出现的可能性。正因为如此，人们编造不出真正的随机序列，即使他们想要这样做。他们编出的序列很少出现多次重复和某种模式。在编造随机序列时，人们常常错误地不停变换，以为这样才称得上随机，这反而破坏了真正的随机序列中可能出现的结构[21]。

那些声称自己有通灵能力的人，可以轻而易举地利用人们的这一错觉。大学心理学课上有时会进行这样一种演示，老师让一名学生准备由 200 个数字组成的序列，这 200 个数字从 1，2，3 这三个数字中随机重复抽取。完成之后，该序列不要让老师看到。接下来，让这名学生集中注意在第一个数字
上，老师则来猜这个数字是什么。当老师说出他的猜测之后，这个学生再向 114
全班同学及老师公布正确的答案。有人记录猜对的次数，直至猜完这 200 个数字。在实验开始之前，老师声称自己将在实验过程中通过读心术来展示“通灵能力”。在演示之前，老师会先问班里的学生，他的表现要达到什么程度——也就是“猜中”的百分比——才算是证明他有通灵能力的实证证据。这时，通常都会有一个修过统计课程的学生回答说，因为纯粹随机的猜测也能猜中 33%，所以要想让别人相信他有通灵术，猜中的比例就一定要超过 33%，至少也得达到 40%。班上大部分同学都会理解和认同这一个观点。演示结束后，那位老师猜中的比例果真超过了 40%。这个结果令很多同学感到惊讶。

学生们从这一演示中领教了什么是随机性，并且了解到伪装通灵能力是多么容易。在这个例子中，老师只是利用了“人们不让同一个数字连续多次出现”这一事实：人们频繁地在三个数字间换来换去以制造“随机性”。在真正的随机序列中，已经出现了三个 2 之后，再出现 2 的概率是多少呢？其实还是 1/3，与出现 1 或 3 的概率一样大。但大多数人编造的随机数字却并非如此。即使出现一个很短的重复片断，人们也常常会刻意地变换数字，以

制造一个有代表性的序列。在这个例子中，老师只要在每一轮猜测时，不去挑选那个学生在前一轮中挑选的数字，而从另外两个数字中选一个就可以了。例如，如果学生在上一轮说的数字是 2，那么老师就在下一轮的猜测中选 1 或 3；如果学生在上一轮说的数字是 3，那么老师就在下一轮猜 1 或 2。这么一简单的方法通常就能确保猜中的概率高于 33%，即高于随机猜测三个数字的准确率，根本不需要任何通灵能力。

人们总是认为，在一个随机序列中不应出现重复或某种模式。2005 年围绕 iPod（美国苹果公司出品的数码音乐播放器——译者注）的“shuffle”功能（意即“随机播放”）而产生的争议，就以一种幽默的方式说明了这一点[22]。此功能是把下载到 iPod 里的歌曲以随机的方式播放。很多用户抱怨说 shuffle 功能并不随机，因为他们经常连续听到同一专辑里或风格相似的歌曲[23]。许多心理学家和统计学家听了这类抱怨，不禁哑然失笑，因为他们知道我刚才提到的研究。科技作家史蒂芬·列维[24]说他也遇到过类似的事情。他的 iPod 似乎在播放的第一个小时里偏爱史提利·丹（Steely Dan）的歌！但列维明智地接受了专家给他的解释：真正的随机序列，往往在人们看起来不像是随机的，因为我们喜欢到处发现模式。

再谈统计与概率

人们在统计推理方面存在着很多不足，以上提到的只是一小部分。这些不足会妨碍人们对心理学的正确理解。卡尼曼的《思考，快与慢》（*Thinking, Fast and Slow*）[25]对此有完整和详细的介绍。还有一些著作对此做了较为通俗的介绍，对没有受过系统的统计学训练的读者尤其适用，包括：《不确定世界的理性选择》（*Rational Choice in an Uncertain World*）[26]、《思考与决策》（*Thinking and Deciding*）[27]、《现代世界中的决策与理性》（*Decision Making and Rationality in the Modern World*）[28]、《赤裸裸的统计学：剥开数据枯燥的外壳》（*Naked Statistics: Stripping the Dread from Data*）[29] 以及《如何不犯错：数学思维的力量》（*How Not to Be Wrong: The Power of Mathematical Thinking*）[30]。

本章所讨论的概率思维技能具有巨大的实践意义。由于没有充分培养概率思维能力，医生们选择了效果欠佳的治疗方法 [31]；人们不能准确地评估所处环境的风险 [32]；在诉讼程序中错误地使用了信息 [33]；对病人实施了不必要 115
的手术 [34]；有人做出了错误的财务判断，损失惨重 [35]。

当然，我们不可能在短短一章里全面地讨论统计推理。我们的目的，只是想强调统计对研究和理解心理学的重要性。不幸的是，当遇到统计信息时，我们还找不到一个放诸四海而皆准的简单规则。统计学中的功能性推理技能不像科学思维中的其他部分那么容易获得，需要通过某些形式的正规学习才能掌握。

虽然很多科学家真诚地希望让科学知识可以为一般大众所理解，但有时要深入理解一门学科必须先掌握某些技术性信息，而这些信息只有通过正规学习才能获得。如果说对这门学科的深入理解是一般外行人也能达到的，就是一种在学术上不负责任的态度。统计学和心理学就属于这一类学科。如今，不精通统计学和概率论的人不可能成为称职的心理学家 [36]。曾担任美国心理科学协会（APS）主席的莫顿·安·格恩斯巴彻 [37] 列出了 10 个有智力价值的知识点，她认为这 10 个知识点是心理学训练特别要灌输的，而这其中有 4 个属于统计学和方法学领域。由于认识到了统计学对心理学职业生涯的重要性，一些大学甚至设置了心理学的预备课程，要求学生先学习统计学。对统计学感到吃力的学生，校方也只能建议他们，也许心理学并不适合他们，这样的建议很难一下子接受，但却是真诚的 [38]。

鲁迪·本杰明（Ludy Benjamin）是美国心理学协会（APA）一项著名的教学奖的获得者，他讨论了心理学导论课程中应讲授的最重要的内容。虽然他承认这门课当然要介绍该学科中最重要的发现，但他又接着说："从长远来看，教会学生去评估数据也同样重要。考完试六周后，他们可能就忘了负强化和惩罚之间的区别，但如果他们能记得如何对数据进行批判性思考……那才是我真正希望看到的课程成果”[39]。

这一点在心理学学术领域之外的现实世界中也受到高度重视。美国《金钱》杂志在其工商调查中列出了 21 项最有价值的职业技能[40]，该榜单充满了统计和数据分析技能（数据挖掘、预测、统计软件设施、数据建模等等）。如果你是心理学专业的学生，你应该会注意到像博阿兹·萨利克[41]这样的 CEO 越来越多了。他在面试来其咨询公司应聘的求职者时，会问到如何计算两个事件的联合概率！这个问题对心理学专业的学生来说是小菜一碟，但那些不熟悉统计学和概率论的人恐怕就难以过关了。

当今世界到处都是统计数据和用图表呈现的数字。在医学、金融、广告领域以及新闻中，我们不断看到基于统计数据的主张[42]。我们需要学会评估它们，幸运的是，心理学研究有个独特的能力，就是培养我们的统计直觉和洞察力。显然，本书的目的之一就是要使心理学的研究更容易为普通读者所理解。然而，心理学中理论建构所使用的实证方法和技术，与统计学是如此密不可分（就像其他很多领域一样，如经济学、社会学和遗传学），以至于人们无法在对统计学一无所知的情况下精通心理学。因此，虽然这一章对统计思维进行了非常简要的介绍，但它的主要目的是强调要充分理解心理学，统计学这个专业领域的知识是必不可少的。

116 小　结

和大多数学科一样，心理学研究得出的是概率性的结论——大多数情况下成立，但并不适用于所有情况。根据心理学研究结果及理论所做出的预测尽管不是百分之百准确（就像其他学科中的情况一样），但它们仍然有用。阻碍人们理解心理学研究的一个原因是，人们很难从概率的角度来思考。在这一章，我们讨论了几个经过充分研究的实例，说明许多人如何将概率推理抛诸脑后：当人们遇到具体的、鲜活的证据时，就把概率信息抛到一边；他们没有考虑到，较大的样本能够提供对总体数值更为精确的估计；最后，人们表现出赌徒谬误（倾向于把原本无关的事件看成是有联系的）。赌徒谬误源于下一章将要讨论的一个更为普遍的倾向：未能认识到偶然性在决定结果中的作用。

第 11 章

偶然性在心理学中扮演的角色

117 **学习目标**

11.1 解释为什么偶然性会妨碍对科学证据的解释

11.2 解释人们如何误解巧合的含义

11.3 区分统计预测和临床预测

在上一章，我们讨论了概率趋势、概率思维和统计推理的重要性。本章将继续这一话题，重点围绕人们在理解随机性和偶然性这两个概念时遇到的困难。我们将强调，由于没有充分领会偶然性这一概念如何始终贯穿于心理学理论之中，人们常常误解研究对临床实践的贡献。

试图解释偶然性事件的倾向

我们大脑的进化方式，让我们不懈地寻求世界中的各种模式。我们从身边发生的事物中寻找关系、解释和意义。对人们这种寻找事物结构的强烈倾向，心理学家已经有所研究。它是人类智力的特征，能解释许多人类在信息处理和知识获取方面取得的辉煌成就。

然而，人类认知过程的这种极具生存适应性的方面，有时也会产生事与愿违的结果。例如，当环境中没有什么可以概念化的东西时，我们还一味地寻求概念性的理解，这就是一种适应不良的行为。那么，到底是什么在破坏人类认知这一显著特征？是什么干扰了我们对结构的寻求并阻碍了我们对事物的理解？你猜对了，是概率。说得更具体些，是偶然性和随机性。

偶然性和随机性是我们所处环境不可分割的一部分。自然界发生的很多事情，都是系统的、可解释的因素与偶然因素共同作用的结果。回想一下前面谈到的吸烟导致肺癌的例子。生物学的一个系统的、可解释的方面，将吸烟与这一疾病联系在一起。并不是所有吸烟者都会患肺癌，这种趋势是概率性的。或许最终我们能解释为什么有些吸烟者不会患肺癌，但在现阶段，这种可变性必须归因于大量的偶然因素，这些因素决定了一个人是否患某一疾病。

这个例子说明，当我们说一件事是出于偶然时，并不一定表示它是*不确* 118
定的，只是说它目前是*无法确定的*。掷硬币是偶然事件，但并不是说在对抛掷的角度、硬币的金属成分以及许多其他变量加以测量之后，也不可能确定抛掷的结果。实际上，这些变量确实决定了抛掷的结果。我们称掷硬币为偶然事件，是因为在每一次抛掷时，我们没有简单快捷的方法来测量所有这些变量。一次抛掷的结果并不是在原则上具有不确定性，只是在当下无法确定而已。

世界上的许多事件不能完全以系统性的因素来解释，至少现在还不能。然而，当一个特定的现象没有现成的系统性解释时，我们喜欢寻求结构的头脑不会因此停止运作，它会将无意义的理论强加在原本随机的数据上。心理学家对此现象进行了实验研究。在一个实验情境中，研究者要求被试观察一系列在多个维度上有所变化的刺激物，并告诉他们其中的一些刺激物属于一类，其余的则属于另一类。被试的任务是去判断连续出现的每一个刺激物属于这两类中的哪一类。实际上，刺激物是研究者随机归类的，因此除了随机性，并没有任何其他规律。但是，被试很少敢做随机猜测。相反地，他们通常会绞尽脑汁地虚构一个复杂的理论，以解释他们对刺激物的分类。

许多金融分析师的想法表明，在某些领域中，要想承认随机性的巨大影响是多么困难。金融分析师通常会对股市价格的每一次小的波动都做出精心的解释。事实上，这种变动大多只是随机波动[1]。我们在晚间电视节目中听到的应该是这样的报道："由于一个复杂的交互系统出现随机波动，道琼斯指数今天上涨了 27 个点。"但你永远听不到这样的新闻标题，因为金融分析师想让你以为他们可以解释*一切*——市场行为的任何一个小动静。他们继续向其客户暗示（也许他们自己也相信）他们可以"打败市场"，即使有大量证据表明他们中的绝大多数人做不到这一点。过去几十年的大部分时间里，如果你购买了标准普尔指数的所有 500 只股票，然后放任不管（我们可以称之为"无脑策略"——实际上你只需购买一个跟踪该指数的互惠基金就行了），那么你的回报率将超过华尔街 3/4 的理财经理[2]。你还将击败 80% 的财经通讯杂志，这些杂志每年的订阅费就高达 1000 美元。

但是，我们要如何看待那些*确实*打败了无脑策略的经纪人呢？你可能想知道这是否意味着他们具有某些特殊的才能。我们通过设想这样一个思想实验来回答这个问题：有 100 只猴子，每只猴子手中握有 10 支飞镖，它们都向一面写有标准普尔 500 种股票名称的墙上掷飞镖，飞镖扎中的股票就是猴子那年要买的股票。那么，一年后它们的业绩如何呢？有多少只猴子能打败标准普尔 500 指数呢？你答对了。大概有一半的猴子。那么，你会不会愿意付钱给这一半打败标准普尔 500 指数的猴子，让它们在下一年帮你选股票呢？

将这个财经预测例子延伸一下就可以说明，是什么样的逻辑让纯粹随机的一系列事件看起来像是由可以预测的因素造成的。假想你收到一封信，告诉你有这样一份关于股票市场预测的简报。这个简报并不收费，只是要求你测试一下它的预测是否准确。它告诉你 IBM 的股票会在下个月攀升。你把这封信随手一扔，之后你注意到下个月 IBM 的股票果真涨了。如果你读过一本与本书类似的书，你就知道这并不代表什么，只会将其视为一次侥幸的猜中。后来你又收到另一份来自同一家投资咨询公司的简报，该简报说 IBM 股 119
票会在下个月下跌。当股票确实下跌时，你仍将其视为侥幸，但是这一次你可能就有点儿好奇了。当这家公司寄来第三份简报，预测 IBM 下个月会再次下跌时，你发现自己对报纸上财经内容的关注度提高了，并且发现这个简报又一次做出了准确预测，IBM 这个月确实又下跌了。当来自这家公司的第四份简报说 IBM 下月会涨，而且股票的走势再次与简报的预测一致时，你难免会觉得这份简报还真神，不由自主地想花 29.95 美元订阅一年的简报。这种冲动难以抵挡，除非你能想象：此时在一个简陋的地下室里，某人正在准备下周要寄出的 1600 份简报，其中 800 份预测 IBM 下月上涨，800 份预测下跌。当 IBM 在下个月真的涨了，这个人就继续把简报只发给上月接收到正确预测的 800 位客户（当然，其中还是 400 份预测涨，400 份预测跌）。然后，你可以想象，这个“锅炉房”——可能背景中还有人在打诈骗电话——正在向第二周接收到正确预测的 400 位客户发送第三个月的预测简报（还是 200 份预测涨，200 份预测跌）。是的，你就是连续四次收到正确的随机预测信息的 100 个幸运儿之一！这 100 个幸运儿中，有不少人会为了能继续收到简报而支付 29.95 美元。

现在看来这就像是一个玩弄众人于股掌之上的可怕骗局。实际也是如此。而当那些“受人尊敬”的财经杂志或电视节目推出“连续四年击败多半同行的股票经纪人”时，情况也好不到哪儿去。请回想一下猴子掷飞镖的场景，设想这些猴子是年复一年挑选股票的经纪人。很明显，第一年它们之中有 50% 会击败同行。第二年，这 50% 的猴子中又有一半——按照随机水平——会击败同行，即总共有 25% 的猴子能连续两年击败同行。之后第三年又有一半——按照随机水平——能击败同行，即总共有 12.5% 的猴子连续三年击败同行。最终到第四年，又有一半（也就是所有猴子的 6.25%）能击败同行。因此，100 只猴子中大概有 6 只能取得像财经节目和报纸所说的“连续四年击败其他经纪人”的骄人成绩。那么，既然这 6 只猴子击败了一起扔飞镖的同伴（正如你所见，也将击败大多数现实世界中的华尔街经纪人[3]），它们当然有资格在财经电视节目中亮相，你不觉得吗？

解释偶然性：相关错觉和控制错觉

人们有解释偶然事件的倾向，这一现象在心理学的研究中被称为相关错觉。当人们相信两类事件通常应该一起发生时，就会认为两类事件同时出现的频率很高，即使它们的同时发生是随机的，并不比任何其他两个事件同时发生的频率更高。总之，即使是面对随机事件，人们也倾向于看到他们所期望的联系。他们看到了并不存在的结构[4]。

许多控制研究都表明，当人们预设两个变量有关联时，即使在两个变量毫无关系的数据中，他们也能发现联系。不幸的是，这一现象在现实生活中也广泛存在，并对人们的生活产生了负面影响。例如，许多心理治疗师仍然
120 相信罗夏墨迹测验的功效。这个著名的墨迹测验要求被试对一张白纸上的墨迹做出反应。因为墨迹没有结构，所以其理论是，人们会以自己对模糊情境的典型反应来对这些墨迹做出反应，从而揭示其“潜藏的”心理特质。这种测验也被称为投射测验，因为它假定被试对墨迹的反应，是其潜意识的思维和感受的投射。然而问题在于，没有任何证据表明当罗夏测验被作为一个投射测验使用时，提供了任何额外的诊断价值[5]。对罗夏测验的信心，是源于相关错觉这一现象。临床心理医生从病人的反应模式中看到了关联，是因为他们相信这些关联是存在的，而不是因为这些关联确实出现在反应模式中。

在我们的生活中，人与人的相遇包含大量的偶然成分：互不相识的男女因一次偶然的相亲而结婚，因取消一次约谈而丢了工作，因误了班车而遇到了高中的老同学，等等。认为生活中每一件偶然的小事都需要精细的解释，这种想法是错误的。但是，当偶然事件产生了重大影响时，人们不免要建构

一些复杂的理论去解释它们。

试图去解释偶然事件的倾向，可能源于一种我们想要相信自己可以控制这些事件的深切渴望。心理学家研究了所谓的“控制错觉”现象，即人们倾向于相信个人能力可以影响偶然事件的结果[6]。这一错觉广泛存在的证据来自于美国发行彩票的各个州的经验。这些州充斥着教人们如何“战胜”彩票的伪科学书籍。这类书之所以畅销，是因为人们不懂得随机性的含义。事实上，直到 20 世纪 70 年代中期新泽西州引入了参与性抽彩（即购买者可以刮奖或自行挑选号码）之后，美国各州才爆发购买彩票的热潮。

偶然性与心理学

在心理学中也存在这样的倾向：研究者试图解释一切，希望其理论不仅能解释行为中系统的、非偶然的成分，还要能解释任何细微的变异。这种倾向导致了不可证伪的心理学理论的泛滥，既包括个人理论，也包括那些貌似科学的理论。受过正规训练的心理学家承认他们的理论只能解释人类行为变化的一部分而非全部。他们会坦然面对偶然因素。那个在电视脱口秀节目中出现的嘉宾（第 4 章），对每一个案例和每一个人类行为的细节都有一套解释，对此我们应该表示怀疑而不是钦佩。真正的科学家不怕承认他们的无知。

巧　合

为纯粹偶然的事件寻求解释的倾向，也导致我们对许多巧合事件的性质产生误解。许多人认为巧合需要特别的解释，他们不理解的是，即使只有偶然因素起作用，巧合也是必定会发生的。巧合并不需要特别的解释。

大多数字典对“巧合”一词的定义是指相互关联的事件意外地、不可思议地出现。鉴于这些字典把“意外的”定义为“偶然发生的”，所以这个定义没有问题。巧合只是相互关联的事件偶然地同时发生。不幸的是，许多人并不这样解释巧合。在事件中寻求模式和意义的倾向，加上巧合的“不可思议”
121 特性，让许多人忘记可以用偶然性来解释巧合，反而为理解这些事件寻求复杂的理论。下面要讲的这个故事你一定已经听过无数次了：“那天我正坐在那儿寻思，我好久没给得克萨斯州的老比尔叔叔打电话了，紧接着电话铃就响了，你猜怎么着？正是老比尔叔叔打来的。这种“心灵感应”的背后肯定有点儿什么原因！”这就是一个为巧合事件编造解释的典型例子。每天，大多数人都可能想到很多或远或近的人，在我们想起他们时，有多少人可能会打电话来呢？几乎没有。这样，一年之内，我们可能想过数百个不曾打来电话的人。最终，在经历数百次这种我们不曾意识到的“阴性结果”之后，终于有人在我们想到他或她的时候，正好给我们打来电话。这种事情难得一见，但难得一见的事情也会发生——纯粹出于偶然。其他解释都是画蛇添足。

如果人们真正理解了巧合的含义（一件出于偶然的不可思议的事情），就不会落入为这样的偶然事件寻求系统的、非偶然性解释的陷阱。然而，与字典的定义正相反，对很多人来说，巧合是需要用偶然性以外的原因来解释的东西。例如，许多人都听到过这样的说法：“天哪！简直太巧了！我真想知道为什么！”这反映了一个基本的错误——巧合不需要一个解释。

心理学家大卫·马科斯[7]建议，如果两个事件的同时发生令我们感到奇怪或者古怪，我们可以用“罕见匹配”这个比较中性的名词来表示这两个事件。有一种错误想法认为罕见的事不会发生，罕见匹配也绝非偶然，这种想法助长了为巧合事件寻求解释的倾向。这类错误信念之所以如此强烈，是因为概率有时用“赔率”（odds）一词来表述，而这种表述有其隐含的意思。看看我们平时是怎么说的：“啊！天哪，这事儿是极不可能发生的！它发生的赔率是 1:100！”我们的表述方式让人强烈地感觉这件事永远不会发生。当然，我们可以用另一种完全不同的方式来表述同一件事，这种方式可能给人带来完全不同的感受：“在 100 个同类事件中，这种结果可能会出现一次。”后一种表述方式强调，尽管这一事件很少见，但时间长了，罕见的事终究会发生。

概率定律确保了随着事件发生次数的增加，一些罕见匹配出现的概率会变得非常高。这一定律不仅允许罕见匹配出现，而且从长远来看几乎保证了它的出现。如果一次掷 5 枚硬币，结果它们都是正面朝上，你会认为这是一个罕见匹配，一件不太可能发生的事情。是的，它发生的概率是 1/32 或 0.03。但是如果你将这 5 枚硬币掷 100 次，然后问，在这 100 次中，至少有一次全部正面朝上的可能性有多大，答案将是 0.96。也就是说，100 次中，这一罕见匹配是极有可能发生的。

简而言之，如果你等得够久，几乎任何你能想到的罕见匹配都一定会发生。1913 年 8 月，在蒙特卡洛的一个赌场里[8]，轮盘赌中连续出现了 26 次黑色号码！或者，再举一个例子：如果彩票发行的时间足够长，出现相同中奖号码的情况最终一定会发生。例如，1995 年 6 月 21 日德国 49 选 6 彩票的中奖号码为 15-25-27-30-42-48，与 1986 年 12 月 20 日抽取的号码完全相同[9]。许多人惊讶地发现，在这段时间里，某一组号码重复出现的概率高达 28%。

有一些网站专门讨论许多著名音乐家死于 27 岁这一“恐怖”事实：艾米·怀恩豪斯、科特·柯本、吉姆·莫里森、吉米·亨德里克斯、詹尼斯·乔普林等等[10]。这不过就是一个事实而已，没什么可怕的，也不需要解释。这只是一个随机事件。我们知道这一点，是因为《英国医学期刊》（*British Medical* 122
Journal）发表了一项对 1 046 名音乐家的统计分析，这些音乐家的专辑在 1956 年到 2007 年期间登上过英国排行榜的冠军[11]。分析表明，明星音乐家没有在 27 岁死亡的集中趋势。

懂得何时避免为随机事件编造复杂的解释，具有实际的作用。认知心理学家丹尼尔·卡尼曼[12]描述了 1973 年赎罪日战争期间，以色列空军曾向他寻求建议。两个飞行中队出发并返航，一队损失了四架飞机，另一队则没有损失。军方希望卡尼曼调查一下，不同的中队是否存在着特有的因素，从而导致了这种结果上的差异。但是卡尼曼知道，找到的任何因素都极有可能是虚假的——不过是纯粹的随机波动的结果而已。所以卡尼曼并没有去调查，他仅仅运用了本章所谈到的理念，告诉以色列空军不要浪费时间。他说："我推断，最有可能的答案是运气，胡乱寻找一个勉强沾边的原因是毫无意义的。况且，其中一支中队已经蒙受损失了，不应再让活着回来的飞行员背负不必要的负担，让他们觉得自己和死去的队友犯了错"（p. 116）。

个人的巧合

发生在我们个人生活中的罕见匹配往往对我们具有特殊的意义，因此我们尤其不愿将其归因为偶然。产生这种倾向的原因有很多，某些是动机性和情感性的，还有一些则是概率推理的失败。我们通常不能意识到，罕见匹配只是巨大的"非罕见匹配"事件库中的一个非常小的部分而已。在某些人看来，罕见匹配好像经常发生，但是它真的经常发生吗？

想想如果我们现在对你个人生活中的罕见匹配加以分析，会得到什么结果。假定某一天里你参与了 100 件不同的事。考虑到现代工业社会中生活的复杂性，这个数字并没有高估，实际上可能还低估了。你看电视、打电话、与人会面、去上班、逛商店、做家务、阅读以获取信息、收发电子邮件和短信、在上班时完成复杂的任务等等。所有这些事件都包含着几个可单独记忆的成分。这样一算，100 件事其实真不多，不过我们就按 100 件事情来算吧。罕见匹配是指其中两个事件不可思议地联系在一起。那么，在这典型的一天中，将这 100 件事进行两两配对，共有多少种不同的组合呢？用一个简单的公式就能算出结果：在典型的一天里共有 4 950 个不同的配对组合。一年有 365 天，天天如此。

我们知道，罕见匹配是令人难忘的，比尔叔叔打来电话的那一天可能令你数年难忘。假如你把 10 年内记得的所有罕见匹配数出来，也许就六七件（或多或少，不同的人对罕见有不同的标准）。这六七个罕见匹配事件来自于一个多大的非罕见匹配事件库呢？每天 4 950 组配对事件，乘以一年 365 天，再乘以 10 年，得到 18 067 500 个配对。总之，10 年中有 6 个你认为是罕见匹配的联系发生了，那么剩下的 18 067 494 个也可能是罕见配对的事件同样发生了。所以，在你的生活中，一个罕见匹配发生的概率是 0.00000033。在你生活中的 1800 万个事件组合中，出现 6 次罕见匹配，其实并不奇怪。罕见的事件确实会发生。它们的确少见，但是偶然这一因素保证了它们一定会发生（回忆前面掷 5 枚硬币的例子）。在我们的例子中，6 件奇事发生在你身上，它们可能是巧合：两个相关事件由于偶然而不可思议地同时发生了。丹尼尔·卡尼曼[13]认为语言在这里是贫乏的。对于那些过去的想法，如果后来真的发生了，我们有词语可以形容，如 预感、直觉；但是，如果后来没有发生，我们却没有什么词语可以形容或者让我们注意到。大多数人不会自然而然地 123
想说：“我当时有预感婚姻不会长久，但我想错了”（p.202），因为在他们看来，这样说似乎有些奇怪。如果没有一个词可以形容发生的事情，我们不倾向于把所有没有发生的预测都标记下来。

心理学家、统计学家以及其他科学家都指出，许多罕见匹配实际上并没有人们通常认为的那么“罕见”。著名的“生日问题”是最好的例子。在一个 23 人的班级里，有两个人同一天生日的概率是多少？大多数人会认为非常低。实际上，在 23 人的班级中，两人同一天生日的可能性大于 50%。而在 35 人的班级，可能性就更大了（概率大于 0.80）。因此，因为美国历史上有 45 位总统，其中有两位总统（詹姆斯·波尔克和沃伦·哈丁）同一天（11 月 2 日）生日也就不足为奇了。同样地，有 39 位总统已经过世，其中两位（米勒德·菲尔莫尔和威廉·塔夫脱）同一天（3 月 8 日）去世，也不应令人感到惊讶，甚至还有另外三位总统——约翰·亚当斯、托马斯·杰菲逊、詹姆斯·门罗——都死于同一天，而这一天竟然是 7 月 4 日美国独立日！！

接受错误以减少错误：临床预测与统计预测

我们在试图解释世界上发生的事件时，往往拒绝承认偶然因素的作用，这实际上会降低我们对现实世界的预测能力。在某个领域中，承认偶然因素对结果所起的作用，意味着我们必须接受这样一个事实，即预测永远不可能百分之百准确，我们在预测中总是会犯一些错误。但有趣的是，承认我们的预测达不到百分之百的准确度，实际上反而有助于我们提高整体预测的准确性。这听起来好像有点儿矛盾，但是事实确实如此：为了减少错误就必须接受错误。

"接受错误以减少错误"这一概念，可以通过一个在认知心理学实验室里研究了数十年的非常简单的实验任务来说明。这个实验任务是这样的，被试坐在两盏灯（一红一蓝）前，实验者要求他们去预测每次测试时哪一盏灯会亮，被试要做很多轮这样的测试（通常被试会因为正确预测而获得报酬）。实际上，所有的测试都是在70%的次数亮红灯、30%的次数亮蓝灯的条件下进行的，两种灯以随机顺序出现。实验过程中，被试很快就感到红灯亮的次数比较多，因此也就在更多的测试中预测红灯会亮。事实上，他们确实在大约70%的测试中预测红灯会亮。然而，正如前面所讨论的，被试在实验过程中开始相信灯亮是有一定模式的，但却几乎从没想过顺序是随机的。因此，他们在红灯与蓝灯之间换来换去，但保持70%的次数预测红灯会亮，30%预测蓝灯会亮。被试极少意识到，尽管蓝灯亮的次数为30%，但如果他们不换来换去，而是每次都预测红灯会亮，他们的预测会更好一些！为什么会这样呢？

让我们想想这一情境背后的逻辑。在以70:30的比例随机点亮红灯或蓝灯的情况下，如果被试在大约70%的测试中预测红灯会亮，30%的测试中预测蓝灯会亮，他的准确率会是多少呢？我们用实验中间部分的100次测试来
124 计算——因为那时被试已经注意到红灯亮的次数比蓝灯多，从而开始在70%

的测试中预测红灯会亮。因为在 100 次测试中有 70 次红灯亮，所以被试在这 70 次中有 70% 的准确率（因为被试在 70% 的测试中预测红灯会亮），即被试在 70 次中有 49 次正确的预测（70×0.7）；100 次测试中有 30 次蓝灯亮，被试在这 30 次中有 30% 的正确率（因为被试在 30% 的测试中预测蓝灯会亮），即被试在 30 次中有 9 次正确的预测（30×0.3）。因而，在 100 次测试中，被试的准确率是 58%（49 次正确预测红灯和 9 次正确预测蓝灯）。但是，请注意，这是多么糟糕的成绩啊！如果被试在注意到哪一盏灯亮得比较多之后，总是预测那盏灯会亮——在本实验中就是注意到红灯亮的次数比较多，因此总是预测红灯会亮（姑且称之为“百分之百红灯策略”）。那么，他在 100 次测试中会有 70 次准确的预测。虽然在蓝灯亮的 30 次测试里，被试都预测错了，但是总的准确率仍然高达 70%——比在红灯与蓝灯之间来回变换的 58% 的准确率要高 12 个百分点！

百分之百红灯策略也会带来令人困扰的后果——每次蓝灯亮你都错了。而且，由于蓝灯至少会亮若干次，对有些人来说，永远不预测蓝灯亮似乎也不对。但这正是正确的概率思维所需要的，它要求我们接受在蓝灯亮时将会犯的错误，以换得每次都预测红灯所能获得的更高的整体命中率。简而言之，为了减少总体的错误，我们必须接受蓝灯错误。以一定的准确度预测人类行为通常也需要接受错误以减少错误，也就是说，依靠一般性的原则来做出比较准确的预测，同时也要承认我们不可能在每件具体事情上都预测准确。

然而，“接受错误以减少错误”做起来很难，心理学领域 60 年来关于临床预测和统计预测的研究就证明了这一点。统计预测是指依据从统计资料中得出的群体趋势所做的预测。本章一开始所讨论的群体（也就是总体）预测就属于这种预测。一种简单的统计预测是，针对凡是具有某种特征的所有个体，做出相同的预测。所以，举一个虚构的例子，预测不吸烟者的寿命是 79.5 岁，而吸烟者是 66.3 岁，就是一个统计预测。如果我们考虑的群体特征不止一个（运用第 5 章谈到的复杂相关技术——尤其是多元回归技术），我们的预测将更加准确。例如，预测吸烟、肥胖且不运动者的寿命是 60.2 岁，就是一个在多变量（吸烟行为、体重和运动量）基础上的统计预测，这样的预测总是比单变量的预测更加准确。

统计预测在经济学、人力资源、犯罪学、商业与营销学以及医学等领域都很常见。例如，发表在《美国医学会期刊》（*Journal of the American Medical Association*）和《内科医学年鉴》（*Annals of Internal Medicine*）的研究报告了如下的概率趋势：中年时肥胖的人在 65 岁之后出现心脏问题的概率比中年时不肥胖的人高四倍；超重（但不肥胖）的人出现肾脏问题的概率是常人的两倍；而肥胖的人出现肾脏问题的概率是常人的七倍[14]。但概率预测是会犯错的。不是所有肥胖的人都会有健康问题。回想政治播音员蒂姆·拉瑟特的例子（第 10 章），他 58 岁时死于心脏病。医生判断拉瑟特先生 10 年
125 内死于心脏病的概率只有 5%。这意味着与拉瑟特的身体状况相似的大多数人（100 人中的 95 人）10 年内不会患心脏病。拉瑟特先生就是那不幸的 5%——他是一般趋势的例外。

然而，人们有时发现很难按照统计证据行事，因为这需要心理上的训练。例如，2003 年美国食品药品监督管理局发布了一条健康警告，指出一种流行的抗抑郁药与青少年自杀存在潜在关联。很多医生担心，在统计基础上，这一警告会导致更多自杀事件。医生们承认，这个警告可能会让因为使用该药物而自杀的青少年减少，但会有更多的青少年因医生们不愿开这种药而死亡。事实上这的确发生了。用这种药进行治疗会给孩子们带来暂时的风险，但不治疗抑郁的话情况会严重得多。很多医生认为相较于这一警告所拯救的生命，更多的人会因为它而丧生[15]。这就是这一情况的得失计算。或者我们应该说：这是统计预测的计算。但是当世俗观念告诉你“事后追悔不如事前稳妥”时，你很难进行这种计算。在医学治疗中，“事后追悔不如事前稳妥”忽略了等式的另一半。它让我们的注意聚焦在那些可能被治疗伤害的人身上，却完全忽略了那些因无法获得治疗而被伤害的人。

心理学许多分支领域的知识都是通过统计预测来表述的，如认知心理学、发展心理学、组织心理学、人格心理学及社会心理学。相比之下，一些临床心理从业者声称他们可以超越群体预测，对特定个体的结果做出百分之百准确的预测。这种预测被称为临床预测或个案预测。与统计预测相反，在进行临床预测时，专业的心理学家声称，他们能对特定的个体进行预测，从而超越了对“一般人”或不同类别的人所进行的预测。临床预测似乎是对统计预测的一个非常有用的补充，但问题是，临床预测是无效的。

要证明临床预测有效，那么临床医生利用他与病人接触的经验以及病人的相关信息所做出的预测，就一定要比只对病人信息进行简单编码再输入统计程序所得到的预测更准确。简而言之，这种主张认为，临床心理从业者的经验使得他们能够超越研究所揭示的总体关系。因此，“临床预测是有效的”这一观点很容易验证。不幸的是，经过检验，这一观点被证明是错误的。

对临床预测与统计预测的比较研究所得的结果是一致的，并且这种情况已经持续了很长时间。自从保罗·米尔（Paul Meehl）的经典著作《临床预测与统计预测》（*Clinical Versus Statistical Prediction*）于 1954 年出版以来，数十年间有 100 多个研究表明，在几乎每一个曾经验证过的临床预测领域（心理治疗的结果、假释行为、大学生毕业比例、对电击治疗的反应、累犯问题、精神病住院治疗期的长短等等），统计预测都优于临床预测[16]。正因为如此，美国一些州在决定囚犯是否可以获得假释时，已经开始用统计方法取代假释委员会的主观意见[17]。

在多个临床领域中，研究者给临床心理医生一份来访者的信息，让其预测这个来访者的行为。与此同时，他们也把同样的信息加以量化，用一个统计方程加以分析，这一方程是基于先前研究所发现的统计关系开发的。结果 126
都是统计预测比临床医师的预测更为准确。事实上，即使临床心理医生可以获得比统计方法更多的信息，统计预测仍然更准确。也就是说，临床心理医生除了拥有与统计预测相同的信息以外，还拥有与来访者个人接触和访谈所得到的信息，但是这些都没有让他的预测像统计预测那样准确。

这里我们有一个没能“接受错误以减少错误”的例子，这与前面描述的红蓝灯预测实验非常相似。被试没有依赖红灯更常亮这一统计信息并采用每次都预测红灯亮的策略（可获得 70% 的准确率），而是通过交替预测红灯或蓝灯亮，以力求每次都预测准确，结果准确率降低了 12%（只有 58% 的准确率）。类似地，这些研究中的临床医生相信他们的经验给了他们“临床洞察力”，使其能够比依据来访者档案中的量化信息做出更好的预测。事实上，他们的“洞察力”根本不存在，他们的预测反而不如只依赖公开的统计信息所做出的预测。不过，应当指出的是，统计预测的优势并不局限于心理学，还扩展到许多其他临床科学如医学，以及其他领域如金融服务[18]和运动训练[19]。

关于这些表明统计预测优于临床预测的研究，保罗·米尔[20]说：“社会科学中没有其他争论像这个问题一样，如此之多的不同性质的研究都指向同一方向”（pp.373-374）。然而，令人尴尬的是，心理学领域并没有根据这一研究结果采取行动。例如，尽管大量证据表明个人面试实际上是无效的，该领域仍继续在研究生招生过程和心理健康培训的招生过程中使用这种方法[21]。而且，临床从业者仍在使用似是而非的论点对其依赖“临床直觉”而非更有效的整体预测进行合理化。

一个经常被用来反对统计预测的论点是，群体统计不适用于单个个体或单个事件。这个说法是一种陈词滥调，而且模糊不清。提出这一论点的人难道认为，如果一个人被迫玩一次俄罗斯轮盘赌，并且被允许选择一支膛内装有一发或五发子弹的手枪，那么你也会选择五发的那支而不是一发的那支吗？这是一个单一的、独特的事件，所以无关紧要，对吗？

要揭示“群体统计数据不适用于个体”这一论点的谬误，还有一个方法，那就是试试下面这个思想实验。问问你自己，你会对如下的科学发现做出怎样的反应：完成过多次某类手术的医生，下次类似手术的成功率会更高[22]。

如果 A 医生对这类手术很有经验且失败率很低，B 医生对这类手术没有实践经验且失败率很高，那么你愿意让哪一个医生为你做手术呢？既然你认为“概率不适用于单一案例”，你就不应该介意让没有经验的 B 医生给你做手术，或者用那把带五发子弹的手枪玩俄罗斯轮盘赌。如果统计数据不适用于单个案例，你就根本不应该在意概率。

承认在诸如预测心理治疗结果这样的领域中，统计预测优于临床判断，并不会使心理学领域的声誉因此而受损，因为在医学、商业、犯罪学、会计和家畜鉴别等众多专业领域也是如此。尽管总体上心理学领域没有什么损失，但那些以“专家”的身份开展活动（如在法庭上作证），或让人觉得他们对 127
个案具有独特临床知识的从业者，不但会失去声望，而且收入可能受到影响。

事实上，如果我们养成“接受错误以减少错误”的习惯，心理学和社会都将受益。在试图为每一个不同寻常的案例寻找独特的解释时（就我们目前的知识水平而言，可能根本无法找到这样的独特解释），我们往往失去了对更常见的个案的准确预测。再回忆一下红蓝灯实验。“百分之百红色策略”对所有少数或不寻常的事件（蓝灯亮）做出错误的预测。如果我们采取“70% 红灯、30% 蓝灯策略”，更多地关注那些少数事件呢？我们现在可以预测到 30 个不寻常事件中的 9 个（30×0.30）。但代价是我们失去了预测 21 个多数事件的能力。我们现在只能正确预测 49 次红灯亮（70×0.70），而不是 70 次。临床领域的行为预测也有相同的逻辑。在为每一个案例编造复杂的解释时，我们可能确实会发现一些更不寻常的案例，但代价是失去了对大多数个案的准确预测，而对大多数个案来说，简单的统计预测效果更好。

强迫性赌徒有强烈的不去“接受错误以减少错误”的倾向。例如，21 点玩家倾向于拒绝所谓的“基本”策略，该策略保证将庄家的赢率从 6% 或 8% 降低到 1% 以下。基本策略是一个长期的统计策略，强迫性赌徒之所以倾向于拒绝它，是因为他们相信最好的策略应该每次都奏效，并且要根据具体的情境来制定。这些强迫性赌徒抛弃了能保证为其少输数千美元的统计策略，而是徒劳地追求建立在每个具体情境的独特性基础上的临床预测。

在另一个领域中，统计预测也常常胜过临床预测，这就是体育界。很多人都看过 2011 年上映的电影《点球成金》，这部电影是根据迈克尔·刘易斯[23]的书改编的。它讲述了奥克兰运动家队的经理比利·比恩的故事。比恩否决了他的棒球球探们的“临床”判断（他们往往高度依赖于可见的身体特征），并依据过去表现的统计数据来评估未来的球员。相比于花掉的钱，他的球队可以说是超水平发挥了，他从棒球统计员那里借用的统计方法随后被许多其他球队所模仿。在许多其他体育项目中，统计方法都被证明优于“教练的判断”[24]。

当然，这里对临床预测与统计预测研究文献的讨论并不意味着个案研究在心理学中毫无价值。在引发对重要的、需要进一步研究的变量的关注上，个案信息是非常有用的。我们在这一节中所说的是，一旦确定了相关的变量，而且我们想使用这些变量来预测行为，那么最佳的方法就是测量它们，并使用统计方程来进行预测。首先，通过统计方法可以得到更准确的预测。其次，与临床预测相比，统计方法的优势在于，统计方程是公开的知识，所有人都可以使用、修改、批评或争论。相比之下，使用临床预测相当于依靠某个权威人士，他们做出的评估——正因为他们声称这些判断是自己所独有的——不受公众批评。

我们将以心理学家尼古拉斯·埃普利[25]对一个有趣的访谈问题的回答来结束本章：关于你所在的领域，你害怕被问到的问题是什么？埃普利挑了一个心理学家在平常交谈中经常被问到的经典问题：“你在分析我吗？”这个
128 问题反映了第 1 章讨论的弗洛伊德问题。但埃普利接着解释说，这个问题的另一个方面更让他困扰；他认为这是一个“更深层次的问题”，我同意他的看法。埃普利声称这个问题“意味着作为一名心理学家，我确实能够分析你。问题在于，心理科学一直都是（而且将来也是）基于群体的事业……所有的科学都是这样运作的。以医学为例，医生开药是因为在药物试验中，治疗组

的平均结果要比安慰剂组的结果好……但作为一名心理学家，我经常会遇到一些问题，这些问题要求我提供更加个人化的答案，这已经超出了心理学所能保证的范畴了。”

小　结

偶然性在心理学中扮演的角色，时常被外行人士和临床心理从业者所误解。人们很难认识到，行为结果的部分变异性是由偶然因素决定的。也就是说，行为的变化有一部分是随机因素作用的结果，因此心理学家不应自诩能够预测每一例个案的行为。心理学的预测应该是概率性的，是对总体趋势的预测。

让人以为自己可以在个体层次上进行心理预测，是临床心理学家常犯的错误。他们有时候会错误地暗示他人，临床训练赋予了他们一种对个别案例做出准确预测的“直觉”能力。恰恰相反，数十年的研究一致表明：在解释人类行为的原因方面，统计预测（基于群体统计趋势的预测）优于临床预测。目前还没有证据表明临床直觉能够预测一个统计趋势在特定情况下是否成立。因此，当对行为进行预测时，千万不要忽视统计信息。统计预测也正确地预示着，当对人类的行为进行预测时，错误和不确定性将始终存在。

第 12 章

不招人待见的心理学

129 学习目标

12.1　总结心理学受负面形象影响的原因

12.2　解释为什么心理学的跨学科性会削弱其科学贡献

12.3　概述心理学领域内部导致其负面形象的问题

12.4　描述日趋单一的意识形态带来的问题对心理学领域的影响

12.5　区分个人心理学与科学心理学

12.6　区分科学的心理学研究与伪科学主张

12.7　总结心理学如何利用科学的全部要素来理解人类行为的本质

罗德尼·丹杰费尔德（Rodney Dangerfield）是一位走红了 30 多年的美国喜剧演员，他标志性的口头禅是：“我得不到尊重！”从某种意义上说，这也正是对心理学公众形象的恰当总结。本章就是想谈谈为什么在科学界，心理学会像丹杰费尔德那样无法获得应有的尊重。

虽然公众对心理学话题怀有浓厚兴趣，但他们对心理学领域及其成就的大多数评价都是负面的。心理学家们意识到了这个“形象问题”，但他们又感到无能为力，所以干脆不去管它，这样做其实是错误的。不理会心理学的形象问题只会让情况变得更糟。

心理学的形象问题

之前我们曾讨论过造成心理学形象问题的部分原因。例如，第 1 章讨论的弗洛伊德问题，无疑导致了人们对心理学较低的评价。如果要公众列举他们所知道的心理学家的话，这个人不是弗洛伊德就是斯金纳[1]。弗洛伊德的精神分析在许多方面确实不科学，但正如第 1 章所述，这些不可证伪的思想在现代心理学研究中并不起什么作用。至于斯金纳，作为心理学领域最具影响力的学者之一，据说当他声称人没有思想、人和老鼠没有差别的时候，这门学科还有什么希望？当然，斯金纳没有这样说过[2]，但他的理论被歪曲成各种版本，而很少有人知道他从动物身上发现的许多操作性条件作用的定律，已被证实的确能推广到人类行为上[3]。然而，公众对这些科学事实却知之甚 130
少。

心理学和超心理学

除了弗洛伊德和斯金纳的研究，外行人对其他卓越的心理学研究几乎一无所知。要证明这一点，可以到附近的书店去看看公众能买到什么样的心理学读物。你的调查会发现，书店里的心理学读物通常可以分为三类。第一类是少数几本心理学早期经典著作（弗洛伊德、斯金纳、弗洛姆、埃里克森等人的著作），这些著作多半侧重老式的精神分析观点，已经完全不能代表当代心理学了。令心理学家感到沮丧的是，这一领域真正有价值的著作却往往被摆放在书店的科学或生物学类的书架上。例如，心理学家史蒂芬 · 平克（Steven Pinker）的名著《心智探奇》（*How the Mind Works*）[4] 常常被归在科学类而非心理学类图书中。因此，他所探讨的认知科学领域的重要成果，被视为与生物学、神经生理学或计算机科学有关，而与心理学毫无瓜葛。又比如，在我家附近的巴诺书店，科学类书籍又细分为生物学、化学、地球科学、物理学等类别，但它还有一个被称为认知科学的类别，其中摆放了一些近期出版的最好的心理学研究书籍 :《思考，快与慢》(*Thinking, Fast and Slow*) [5]、《思维俱乐部》(*The Mind Club*) [6]、《房间里最睿智的人》(*The Wisest One in the Room*) [7] 以及《超预测》(*Superforecasting*) [8]。这些书中没有一本摆放在这家书店的心理学类别下，因此，公众不会把这些书中一流的心理科学知识与心理学这一学科联系起来。

在多数书店中可以找到的第二类读物，是那些伪装成心理学的伪科学书籍，里面充斥着无数的超常现象，如心灵感应、千里眼、意念移物、超前感知、转世重生、生物节律、星体投射、金字塔力量、通灵手术等等。书店中这类所谓心理学图书的大量存在，无疑导致了人们的普遍误解 : 心理学家就是证实了这些超常现象存在的人。这种误解对心理学具有苦涩的讽刺意味。事实上，心理学与这些超常现象之间的关系很容易说清楚。这些现象压根儿就不在现代心理学感兴趣的范畴之内，个中缘由可能会令许多人大吃一惊。

认为超感官知觉（ESP）和其他超常能力的研究不是心理学一部分的说法无疑会引起很多读者的不满。许多调查结果一致显示，多达 40% 的公众相信此类现象的存在，并且常常狂热地坚持这些信念 [9]。像大多数宗教一样，许多所谓的超常现象似乎也许诺诸如转世之类的说法。对部分人来说，来世的说法能满足其超越现有生命极限的需求。心理学研究“不识时务”地指出超感官知觉无法证实，无疑粉碎了这些人的热切企盼，因此不招人待见，也就不足为奇了。

心理学主张不把超感官知觉视为一个可行的研究领域，这不可避免地引发了其信徒的不满，他们常常指责，心理学家把这类主题排除在心理学研究之外的做法是武断的。但这种批评是错误的。科学家们并不是根据什么法令来确定研究主题，也没有什么条例指出什么能研究、什么不能研究。研究领域的兴起、发展或终结，依据的是理论和方法的自然选择过程。那些产生出丰硕的理论和实证发现的领域会获得大量科学家的认可，而那些理论上行不通的领域，或者没能产出可以重复的或有趣的研究发现的领域，就会被摒弃。

例如，现代心理学之所以不认为超感官知觉是一个可行的研究主题，就是因为其研究一直无法积累丰硕的成果，使得大部分心理学家对它失去了兴 131
趣。在这里我要强调“现代”一词，因为多年以前心理学家确实对超感官知觉怀有极大的兴趣，直到累积了大量的负面证据之后，这种兴趣才消退了。正如历史所展示的那样，研究课题通常不是由某个权威政府机构宣布停止的，它们只是在思想的竞争环境中被淘汰出局了而已。

在心理学领域里，超感官知觉从来没有被认为是一个不能研究的主题，有关这一事实的证据是清楚且公开的[10]。多年来，有许多研究超感官知觉的论文发表在了正规的心理学刊物上。2011 年，美国心理学协会旗下的一份重要期刊还发表了一篇关于超心理学效应的论文[11]。遗憾的是，与过去经常发生的一样，该论文所报告的效应并不可靠，也不可重复[12]。

那些在媒体上频频曝光的超心理学家，总喜欢让人们觉得这一领域是崭新的，惊人的新发现即将出现。但事实却远没有那么令人兴奋。对超感官知觉的研究和心理学自身的历史一样久远，它并不是什么全新的研究领域。在心理学文献中，它也曾经像许多现在被认为是可行的主题一样被认真地研究过。然而，正规的心理学期刊上发表的很多有关这一领域的研究，均无法证明超感官知觉的存在。在研究了 90 多年之后，我们仍然无法在控制实验条件下重复任何超感官知觉现象。简而言之，没有任何已被证实的现象需要科学的解释。仅仅这个原因，就使得心理学对这一主题失去了兴趣。

心理学家在评估超常能力的主张方面发挥了重要作用。很多评估超常能力证据的重要书籍都出自心理学家之手。这种情况的讽刺意味显而易见，心理学作为一门可能对超感官知觉的言论做出了最多负面评价的学科，在公众的心目中却与这类伪科学的联系最紧密。

自助类读物

书店里常见的第三类心理学读物就是所谓的自助类读物。当然，这类读物也有许多不同的种类[13]。有一些书是励志类的，目的是为了提升人们的自我价值感和自信心。另一些书则是新瓶装旧酒，将一些关于人类行为的老生常谈重新包装了一下。只有少数（简直是凤毛麟角）书籍是由负责任的心理学家为公众撰写的。还有许多书标榜其“独特性”，声称自己发明了一些新“疗法”，不但可以矫正某些特殊行为问题，还能满足人们的一般需求（赚钱、减肥和拥有更好的性生活是其“三大”主题），以确保图书能大卖。这些所谓的新疗法很少基于控制实验的研究，如果作者是临床医生的话，他们通常只是依靠个人经验或者几例个案来支持自己的“新疗法”。所谓“替代医学”的疗法通常也是如此。

然而，许多经过严格的心理学检验被证明有效的认知和行为疗法，却很少出现在书店的书架上。有研究者[14]估计每年出版的 3500 本自助类图书中，仅有 5% 的书籍是有一些科学依据的。

电子媒体和互联网的情况更糟糕。电台和电视台几乎没有任何正规的心理学报道，相反，它们总是邀请一些江湖术士和爱出风头的媒体名人，这些人与真正的心理学毫无瓜葛。出现这种现象的主要原因是，正规的心理疗法从来都不会声称自己能立竿见影、药到病除，甚至不会担保治疗一定会成功，或者夸大其治疗的范围（如，“你不仅会把烟戒掉，而且你生活的方方面面都会得到改善！”）。

132 现在互联网上的情形也类似。由于缺乏同行评审，人们在网络上看到的疗法通常都是骗局。这里有个例子。保罗·奥菲特（Paul Offit）2008 年出版了一本书，题为《孤独症的错误预言者》（*Autism's False Prophets*），他详细描述了很多治疗孤独症的方法，这些方法虽然已经被真正的科学研究证明是虚假的，但在病急乱投医的家长中却十分流行。其中一种疗法是在第 6 章讨论过的辅助沟通术。奥菲特还描述了很多其他伪科学的疗法，这些疗法错误地抬高了家长们的希望，让他们花费大量金钱、时间和精力去寻求一种虚假的“疗法”。2017 年 3 月 12 日，我发现了该书讨论过的一种治疗孤独症的假药（在此我不提及其名称，以免替它做了广告），并在谷歌中输入它的名称和“孤独症”。在搜索结果的前十个链接中，四个链接都指向鼓吹这一假药的网站。

网络搜索无法保证科学的准确性，因为网站内容没有经过同行评审。因此，对于不甚了解相关主题的科学文献的随机搜索用户，网站不提供任何消费者保护。电视节目给出的建议也好不到哪儿去[15]。事实上，医生们越来越关注所谓的网络疑病症[16]，人们由于沉迷于在网络上搜索负面症状而认为自己患有某种疾病。的确，互联网上充斥着太多糟糕的医疗建议，以至于谷歌正在研发搜索工具来解决这个问题[17]。乱七八糟的心理建议甚至更多！

自助类读物还让人们对心理学的研究方法和目的产生了错误的印象。正如我们在第 4 章中所指出的，心理科学并不认为几例个案研究、一些见证叙述和一点个人经验就足以构成支持某种疗法有效性的实证证据——而这些却恰恰是大多数自助类“疗法”安身立命的根本。自助类读物因此误导了社会大众，使他们认为大多数的心理学理论都是基于此类证据得出的。在第 8 章中我们已阐明，一个理论的确认必须基于许多不同类型的证据，个案研究所提供的数据在其中是最薄弱的。将此类证据视为证实某一理论或疗法的确凿证据，无疑犯了根本性的错误。

菜谱式知识

最后，自助类读物使公众误解了心理学的目标和大多数心理学研究所寻求的知识类型。这种读物带给人们一种强烈的印象，那就是认为心理学研究者所追求的是“菜谱式知识”。菜谱式知识是指那些只告诉你如何去使用某物，但对其基本的运作原理一概不谈的知识。例如，大多数人都知道如何使用电脑，但对电脑实际上如何运作却知之甚少。这就是电脑的菜谱式知识。在我们的社会里，许多有关科技产品的知识都是菜谱式知识。

当然，这也不完全是坏事。事实上，大多数科技产品的设计初衷，就是为了让那些对其背后的运作原理一无所知的用户也能使用。实际上，菜谱式知识的概念提供了一个概括基础研究和应用研究之间的区别的方式。基础研究工作者试图发现自然界的基本原理，而不去考虑这些原理能否转化为菜谱式知识。应用研究工作者则致力于将基本原理转化成一个个只需菜谱式知识就能使用的产品。

大多数自助类读物只提供关于人类行为的菜谱式知识，它们通常能简化为这样的形式：“你只要做 X，你就会变得更加 Y”或者“做 Z，某 A 就会表现出更多的 B”。当然，如果这个菜谱是正确的（这一假设往往并不成立），这么做也不为过。许多正规的心理治疗也提供了大量的菜谱式知识。然而，
133 当人们错误地认为所有心理学研究的终极目标就是提供菜谱式知识时，问题就产生了。尽管许多心理学研究者确实致力于将基本的行为理论转化为实用的心理治疗技术、保健行动方案或有效的工业组织模式，但大部分心理学研究是基础研究，旨在发现有关行为的普遍事实和理论。

在所有科学，特别是在心理学中，科学家认为有建设性的想法，与那些可以打包出售给公众的想法是不同的。例如，心理学中有关于“积极思考的力量”的正规研究[18]，但它与人们在“奥普拉秀”上听到的自助处方几乎没有相似之处。相反，真正的心理学研究文献充满了各种限制条件、对聚合性证据的关注以及对不同研究方法之间关联性的探索——简而言之，你会看到本书讨论的所有真正的研究所关注的问题。

让我们来看看减肥处方领域。科学家们慢慢积累了一些证据，证明某些温和的药物可以帮助人们控制体重，但它们绝非突破性的治疗手段。肥胖问题显然是极其复杂的，并且是由多重原因导致的[19]。这个问题明显没有一个

神奇子弹式的解决方案。例如,许多科学家都强调,食品环境本身的复杂性(广告、食物分量、面向儿童的营销)促成了美国人的肥胖问题。对“公众感兴趣”的问题，媒体想立刻知道答案，而对科学上可以回答的问题，科学产生答案的过程却比较缓慢——并且所有公众觉得有趣的问题可能都无法回答。

心理学与其他学科

当然，心理学并没有垄断对行为的研究。许多其他的相关学科采用不同的技术和理论视角，也对我们关于行为的知识有所贡献。许多有关行为的问题都需要跨学科的研究方法。然而，大多数心理学家必须接受一个令人沮丧的事实，那就是当这种跨学科问题的研究成果发表时，心理学家的贡献往往会被归功于其他学科。

关于心理学家的科学贡献被忽略、贬低或者被部分归功于其他学科的例子不胜枚举。例如，几十年前，第一个有关电视暴力对儿童行为影响的大型调查是由美国公共卫生局主持开展的，研究结果表明二者之间存在因果关系。因此，美国医学会（AMA）之后通过了一项决议，重新确认该项研究的成果并向公众推广。这本来是顺理成章的事，的确没什么错，但将关于电视暴力的研究成果与美国医学会联系在一起，无意间给公众造成了这样一个印象，即确立这一发现的研究是由医学专业人士主持的。事实上，绝大多数有关电视暴力对儿童行为影响的研究都是由心理学家完成的。几十年后，美国儿科学会发布了一份报告，建议限制儿童使用互联网和手机[20]，这些建议所依据的科学成果大部分是由心理学家而不是儿科医生完成的。

心理学家的工作经常被划入其他学科的原因之一是，这些年来，“心理学家”一词的含义已经变得模糊不清了。许多心理学研究者在描述自己时，往往把自己的研究专长加在“心理学家”之前，例如自称生理心理学家、认知心理学家、工业心理学家、进化心理学家和神经心理学家等。还有一些称谓 134

甚至摒弃了“心理学家”一词，例如神经科学家、认知科学家、人工智能专家和动物行为学家等。这两种做法，再加上媒体认为“心理学不是一门科学”的偏见，共同导致了心理学家的成就被误划入其他学科：生理心理学家的成果被归入生物学，认知心理学家的成果被归入计算机科学和神经科学，工业心理学家的成果被归入工程学和商学，等等。即使当代最杰出的心理学研究者之一——丹尼尔·卡尼曼获得了2002年的诺贝尔经济学奖，心理学也没分到任何好处！当然，诺贝尔奖并没有为心理学单独设立奖项。作家迈克尔·刘易斯[21]写了一本书来介绍卡尼曼的工作，他承认，一个外行人很自然会问：“一个心理学家怎么可能获得诺贝尔经济学奖？！”但是卡尼曼所研究的决策科学是跨学科的领域，既属于经济学也属于心理学。

最后，即使是在大学内部，心理学系也常常被误解。凯尼休斯学院的心理学项目主任苏珊·普特南（Susan Putnam）讲述了她如何费尽一番努力，才让该学院将心理学列为一门科学[22]。她描述了不得不为此而奋斗的挫折感，尽管像生物学和物理学这样的STEM学科［STEM是科学（Science）、技术（Technology）、工程（Engineering）、数学（Mathematics）四门学科英文首字母的缩写——译者注］的学生也经常被派到她所在的系来学习统计学和研究方法的课程！

我们是自己最坏的敌人

为了避免我们看起来只会把心理学的形象问题归咎于他人，现在是时候检讨心理学家自己在这方面的“功劳”了。大多数研究型心理学家很少向公众传播心理学知识，这是因为试图把真正的心理学传播给公众的正规心理学家，往往得不到什么回报。然而，本节的重点是一个截然不同的问题：存在于心理学某些分支领域中的反科学态度问题。

临床心理学领域内的一些心理治疗圈子，一向拒绝对自己所采用的疗法进行科学评估。这种态度对心理治疗的声誉造成了严重损害。第一，由于拒绝去莠存良，造成各种疗法泛滥成灾。这种泛滥不仅使消费者的权益受到损害，而且造成这一领域的混乱。第二，心理治疗这个圈子有一个内在矛盾：一方面，他们认为心理治疗“更像一门艺术而非科学”，因此反对用科学方法进行评估；另一方面，他们仍然非常关注所谓的“房间里的 800 磅大猩猩”，即政府和私营保险公司对心理治疗服务的医疗偿付。但如果心理治疗真的是一门艺术而非科学的话，那么它应该由国家人文基金提供资助，而不是医疗保险和私营保险公司。

本书早期版本的一些读者评论说，他们认为我没有特别强调心理学家自身的不专业行为和反科学态度在很大程度上导致了这个学科的公众形象问题，因此认为我“轻易地放过了心理学家”。在这一版，为了做到更加平衡，我将着重介绍罗宾·道斯[23]和斯科特·利连菲尔德[24]的工作。道斯毫不犹豫地自曝家丑，同时他还认为，对人类问题的科学态度是真正的心理学的核心所在，对整个社会有很大的实用价值。例如，道斯写道：“确实有一门真正的心理科学，这门科学是在无数人多年来努力工作的基础上建立起来的，但是，这门科学目前正因为一些从业者的行为而越来越被人们所忽视、贬低和反对，当然，这些从业者只是在口头上承认这门科学的存在而已”[25]。同样，利连菲尔德[26]认为：“心理学家不应将自身研究领域的形象受损问题，轻率 135
地全部归咎于公众普遍存在的误解。至少有一部分心理学的负面声誉是由心理学家自己造成的，因为心理学的某些领域，特别是与心理治疗有关的领域，仍然深陷于不科学的实践中”。

道斯和利连菲尔德所反对的是，心理学领域基于心理学的科学性来颁发资格认证，然后又用资格认证来保护心理学从业者的不科学行为。例如，一个受过良好训练的心理学家应当知道，我们有把握对总体的行为做出预测，但是在预测某个特定个体的行为时，就存在很大的不确定性（见第 10 章和第 11 章）。然而，美国心理学协会曾经助长了临床心理学的这股不正之风。

这股风气让人觉得，心理学家能够通过训练获得对个体行为的“直觉洞察力”，但研究证据并不支持这一观点。当有人提出质疑，认为执照制度只是一种行业限制时，该组织就把它的科学资历作为武器（美国心理学协会的一位前主席曾这样回应社会人士对心理学的攻击：“我们是以科学为基础的，这就是我们有别于社会工作者、咨询师和吉卜赛卜卦者的地方”[27]）。但是，该领域用来维护其科学地位的这个理由却正好揭示出，有执照的心理学家具有独特的“临床洞察力”的观点是完全错误的[28]。正是美国心理学协会这种学术上的表里不一催生了道斯的研究工作，也在一定程度上促成了 20 世纪 80 年代美国心理科学协会（APS）的成立。这一协会是由那些厌倦了美国心理学协会“对蓝十字付款的关注胜过科学”的做法的心理学家组成的。

在过去的几十年中，有几种伪科学在临床心理学领域蓬勃发展。其中包括：用于治疗心理创伤的未经检验的怪异疗法；已证实无效的孤独症疗法，例如辅助沟通术（见第 6 章）；继续使用未经充分验证的心理评估工具（例如各种投射测验）；使用高度暗示性的治疗技术诱发儿时受虐的记忆[29]。

除了彻头彻尾的伪科学，还有一些有问题的疗法仍然在临床心理学领域泛滥[30]。这样的例子不胜枚举，在这里我们只能列出一小部分。例如，“紧急事件应激晤谈”在许多场合已经成为标准化的程序，用于治疗那些灾难性和创伤性事件（例如爆炸、枪击、战争、恐怖主义和地震）的目击者[31]。晤谈程序包括让来访者“谈论事件并公开表达他们的情绪，尤其是在经历同样事件的同伴的陪同下”[32]，其目的是为了减少创伤后应激障碍（PTSD）的发生。大多数经过晤谈的来访者报告说这种体验是有帮助的。当然，看过本书的人都不会认为这样的证据有说服力（回想一下第 4 章中关于“安慰剂”效应的讨论）。显然，此处缺少一个控制组（该组成员不接受紧急事件应激晤谈）。事实上，“绝大多数创伤幸存者都在没有专业帮助的情况下从最初的创伤后反应中恢复过来”[33]，因此，紧急事件应激晤谈的使用带来了更高恢复率的说法，显然需要经过证明。虽然真正的控制实验表明事实并非如此[34]，但这一疗法仍在使用。

艾莫瑞等人[35]在一篇收集了大量证据的综述中指出，与儿童监护权评估相关的临床心理学中同样充斥着伪科学[36]。例如，他们描述了一些临床心理学家在儿童监护权纠纷中使用的据称可以评估儿童最大利益的工具。在考察了一些这类工具——例如，声称能够测量关系知觉和父母觉知能力的量表——之后，艾莫瑞等人[37]得出结论：没有一个工具被证明具有信度和效度。 136
他们写道："没有一项检验这些测量工具有效性的研究发表在有同行评审机制的期刊上，而这是科学的一个必要标准"（p. 8）。同时他们总结道："我们对这类测量工具的评价是严厉的：这些测量工具所评估的概念模糊不清，并且表现糟糕，在儿童监护权评估中使用这些工具是没有科学依据的"（p. 7）。

不过，事情可能正在好转。美国心理科学协会在 2009 年发布了一份关于临床心理学现状的重要报告，该报告得出结论："临床心理学类似于历史上某个时期的医学，当时的医学从业者在很大程度上还依靠科学发展以前的工作方式。在 20 世纪初医学的科学改革之前，医生通常持有一些与当今许多临床心理学家相同的态度，例如重视个人经验胜过科学研究……大量证据表明，许多临床心理学博士培训项目，尤其是心理学博士（PsyD）和营利项目，对研究生入学的标准要求不高，师生比很低，在培养过程中不强调科学，使得培养出来的学生不能运用或发展出科学知识"[38]。这份报告受到了广泛的关注，但大众媒体的一些讨论在厘清这个问题的同时，也同样让人产生困惑。《新闻周刊》刊登了一篇内容准确的报道，但该报道采用的标题却是："忽略证据：心理学家为什么拒绝科学？"[39]这个标题让人误以为所有的心理学领域都拒绝科学，而不是只有临床心理学这个有问题的分支领域。这个令人困惑的标题极具讽刺意味，因为美国心理科学协会报告的逻辑是：坚持使用科学方法的所有其他心理学分支领域在向这一个没有采用科学方法的分支领域（临床心理学）发出呼吁。

简言之，从整体上来说，心理学具有像吉柯（Jekyll）和海德（Hyde）（英国作家史蒂文森的小说《化身博士》中的人物，分别代表善与恶——译者注）那样的双重人格，极端缜密的科学与伪科学及反科学的态度并存。这个学科的双重人格特征在过去20年关于“恢复的记忆与虚假记忆”的争论中表现得淋漓尽致[40]。曾有许多个案报道——人们声称回忆起了几十年前自己儿时遭受虐待的经历，而这些记忆过去被遗忘了。大部分这类记忆出现在治疗性干预的情境中。我们现在已经清楚，其中一些记忆是由治疗本身引起的[41]。在这个爆炸性的社会话题所营造出的极具情绪化的氛围下，心理学家们提供了一些较为理性、平衡的意见，更为重要的是，还提供了一些关于恢复的记忆或虚假记忆的客观的实证证据[42]。

从这里我们能充分地看出心理学的这种双重人格特征。在由治疗干预所引发的、与事实真相相反的虚假记忆中，有一部分是由某些不称职的、对科学无知的治疗师造成的，而这些治疗师都是心理学专业人士。另一方面，目前对这场争论所做的结论，很大程度上要归功于那些对相关现象开展实证研究的心理学家的不懈努力。最后，我必须澄清，我并不是想暗示只有心理学有这样的困扰。实际上，医学也在一直朝着完全基于证据的方向蹒跚前行，并且现在依然在路上[43]。

心理学家道格拉斯·穆克[44]在他的一本关于研究方法的书中，曾提到过我借用丹杰费尔德的笑话作为本章的章名，并且评论道：“确实，通常心理学得不到应有的尊重，但有时，它又因为错误的原因而受到了不应得的尊重”（p. 473）。我完全同意这一感受。穆克是对的，学习心理学的学生应当理解
137 这个学科所面临的两难困境。就像本书所表述的那样，作为一门研究人类行为的科学，心理学得到的尊重通常太少。但是，心理学呈现给公众的形象——临床治疗师宣称自己具有“独特的”洞察人心的能力，而这种洞察力在研究证据方面却站不住脚——通常又获得了过多的尊重。心理学独特的定义性特征是采取科学的方法来验证有关人类行为的主张，但对于公众来说，代表心理学的常常是那些不尊重这一特征的部分。

不过，我们说心理学得到了过多的尊重还有另一方面的原因，下一节将讨论这个问题。正是现代心理学的某个方面，威胁着这一学科的客观性。

我们是自己最坏的敌人之二：心理学已成为单一的意识形态文化

正如我所提到的，我从一些读者那里得到了反馈，他们认为本书对心理学的评价过于正面，于是有了上一节的讨论。可以说，本书早期几个版本的读者认为我“袒护心理学”，是因为我对这门学科的缺陷着墨不多。这些读者向我指出的主要是心理学内部（主要是临床心理学）存在的反科学态度。我在最近几个版本中加入了上一节的内容，也是为了采纳这些批评者的反馈意见。

在此次的版本中，我又新增了这一节，目的是为了消除“心理学所有的问题和缺陷都只存在于临床心理学中”这一观念。事实上，在前面几章中，我已经指出心理学作为一门科学，它的一些缺陷是许多分支领域所共有的。例如，我在第 1 章就开门见山地承认，心理学领域的期刊可能太多了，太多劣质期刊在发表处于边缘水平的研究，这些研究不会推动心理学的发展。在其后的一章中，我还指出心理学中存在大量重复失败的情况[45]。太多的心理学家所发表的论文，是史蒂芬·平克[46]所说的“记者诱饵”——这些精巧但不可重复的研究，得到了媒体的报道和政府的资助，但对科学没有产生持久的影响。我还引用了一项研究，该研究指出心理学报告重复失败的可能性似乎比物理学要小[47]。所有这些缺陷都表明心理科学并不健全。

这些批评中的许多问题，已经存在于心理学中一段时间了。然而，我接下来要讨论的是一个在过去 20 年里愈演愈烈的问题。与 1986 年本书第 1 版出版时相比，这个问题在 2018 年对心理学发展的阻碍要严重得多。这就是心理学这门学科在意识形态上的同质化。

一直以来，在心理学教员中从未有过意识形态上的平衡。即使在三四十年前，自由派的心理学教授也多于保守派的心理学教授——民主党多于共和党。但是，很多聚合研究表明，这种失衡在过去 20 年里甚至变得更加明显[48]，以至于把心理学领域说成是单一的意识形态文化也不为过。对大学中的社会科学系进行的研究表明，58%~66% 的教授认为自己是自由派，只
138 有 5%~8% 的教授认为自己是保守派[49]。这种失衡在心理学系甚至更为严重，84% 的教授认为自己是自由派，只有 8% 认为自己是保守派。近年来，这种失衡还在加剧。1990 年，心理学系中自由派和保守派人数的比例为 4:1（在美国全部人口中，这一比例为 1:2），虽然这也是严重的失衡，但 20% 的保守派教员至少还是增加了一些多样性。然而，到了 2000 年，这一比例上升到了 6:1[50]。到了 2012 年，这一比例达到了惊人的 14:1——心理学真正成为了单一的意识形态文化。

诚然，对心理学的许多领域来说，意识形态上的失衡并不是一个问题。研究者的政治偏见不会影响他们对生理心理学、感知心理学或人类记忆基本过程的研究。所以，我们在这里并不是说心理学的所有研究领域都有这个问题，甚至大多数的研究领域都不存在这个问题。不过，在心理学家涉足的许多研究领域中，意识形态上的偏见确实可能是一个潜在的问题。例如，心理学家会研究诸如性、道德、贫困的心理影响、家庭结构、犯罪、儿童照料、生产力、婚姻、行为诱因、规训技术、教育实践等方面的议题。在诸如此类的议题中，人们的政治态度与其信念交织在一起。我们最担心的是在这些领域中，研究者的政治意识形态可能会影响他们设计研究的方式，或者影响他们对结果的解释。

在我刚刚列举的研究领域中，为什么意识形态上的失衡是一个问题，原因应该显而易见。在第 2 章，我讨论了科学所独有的特征，正是这些特征使其能够克服个别科学家的自我中心偏见。回想一下那次讨论，我强调科学之所以如此有效，并不是因为科学家自身具有独特的美德（他们绝对客观或毫

无偏见），而是因为科学家处在一个相互制衡的系统中——持有不同偏见的科学家可以对其进行批评和纠正。研究者 B 可能没有研究者 A 的偏见，他就会用怀疑的眼光来看待 A 的结果。同样，当研究者 B 发布一项研究结果时，研究者 A 往往也会持批评态度，并用怀疑的眼光来看待它。

那么，什么能够破坏这种错误检测和交叉检查的科学过程呢？答案很明显，那就是当所有的研究者都持有完全相同的偏见时！此时，这个错误检查和纠正的社会过程就无法像我在第 2 章中所描述的那样发挥作用。不幸的是，在政治意识形态方面，心理学领域似乎正陷入这样的局面。研究者这个群体在政治上具有同质性，因此我们不能保证心理学有足够的多样性来客观地处理上面提到的那些充满政治色彩的主题。

如果心理学家认为避免这种同质性很简单，比如只要在个人层面上尽量保持客观就行了，那就大错特错了。这等于否认了我在第 2 章中所说的：科学家并不比一般人客观；相反，是科学的社会过程让他们保持诚实。单一的意识形态文化无法以这种方式保持心理学的诚实，因为它消除了批评和交叉检查的社会环境。极为讽刺的是，有一个众所周知的心理学现象表明，心理学家很容易自认为没有“自我中心偏见”，他们自以为在做科学研究时可以抛开意识形态上的偏见。这种现象被称为偏见盲点，是指人们很容易发现他人决策中的偏见，但难以察觉自己判断中的偏见[51]。心理学家很容易（错误地）认为他们不受偏见盲点的影响，并认为意识形态上的同质性对他们的研究领域来说不算是个问题。

心理学家之所以容易错误地假设自己有避免偏见的独特能力，还有另一个原因。正如上面的统计数据所示，绝大多数心理学家是自由派的民主党人。 139
与我们所有人一样，自由派的心理学研究者已经习惯了媒体对那些不接受气候科学或进化生物学结论的保守派共和党人的批评。当然，媒体报道并没有错。人类活动对气候变化的影响已被科学所证实，进化也是一个生物学事实。因此，对气候科学或进化生物学的否认显然具有消极意义，这没什么问题。

然而，这里有一个陷阱在等着自由派心理学家。他们很可能会这样告诉自己：好吧，我对气候科学的理解是正确的，而共和党人的理解是错误的；我对进化的理解是正确的，保守派共和党人又是错的；因此，我们自由派心理学家对心理学的理解也全都是对的（请再次回想我们上面提到的所有敏感议题：教养、性、犯罪、贫困等等）。

简言之，心理学家可能会对自己说："好吧，就算我们都是民主党人，政治立场差不多，那也没什么关系，因为共和党人否认科学，而我们才是科学的政党。"这与多年前民主党宣称自己是"科学的政党"并给共和党扣上否定科学的帽子的做法几乎如出一辙。这种立场催生了一系列诸如《共和党向科学宣战》（*The Republican War on Science*）[52]一样旗帜鲜明的书籍的出版。对民主党来说，这可能是一个很好的政治策略，但心理学研究者应该能明白此中的道理。他们应该可以看出，这显然是选择效应在作祟，也就是说，这些争论中的议题（气候科学和创造论 / 进化论）都是出于政治立场和媒体的兴趣精心挑选出来的。要想*正确地*将一党称为科学的政党，而将另一党称为否定科学的政党，我们当然必须对科学问题进行代表性取样，以确定哪一党的成员更可能接受科学共识。

事实上，要找到在哪些科学问题上不接受科学共识的正是自由派民主党人，一点也不难。在这些例子中，自由派反倒成了"科学否定者"。事实上，讽刺的是，这样的例子多到足以写成一本类似于上面提到的穆尼所著的书，名为《被遗忘的科学：感觉良好的谬论与反科学左派的崛起》（*Science Left Behind: Feel-Good Fallacies and the Rise of the Anti-Scientific Left*）[53]。在前面的章节中，我们提到过其中的两个例子：自由派倾向于否认心理科学中一个压倒性的共识，即智力是中度可遗传的[54]；自由派也非常不愿意接受另一个共识，即当对职业选择和工作经历进行适当的控制后，女性从事相同工作的收入并不比男性少 20% 以上[55]。

不过，这并不是仅有的两个问题。自由派往往否认或混淆（就像保守派混淆关于全球变暖的研究）那些表明单亲家庭会导致儿童出现更多行为问题的数据[56]；自由派占多数的教育学院否认一个强有力的科学共识，即以语音为基础的阅读教学法有利于培养大多数学生的阅读能力，尤其是那些阅读困难的学生[57]；许多自由派人士很难相信，在最初聘用女性担任大学 STEM 学科终身教职时，是完全没有偏见的[58]；自由派倾向于否认转基因生物可以安全食用的共识[59]；核能是美国能源政策中一个安全可行的组成部分，他们也否认这一共识[60]；女性主义者一概否认有关性别差异的生物学事实[61]；民主党人占多数的城市总是站在反疫苗运动的最前线，这也否认了科学共识；这些城市的民众也很难相信经济学家达成了一个强烈共识，即租金管制会导致住房短缺和住房品质下降。

例子就举到这里，因为已经说得够明白了。虽然保守派对气候变化和进 140
化论持反科学态度，但自由派也对许多科学共识持否定态度，在这一点上双方打成了平手。没有哪个党称得上是科学的政党，也没有一个党全部都是科学否认者。意识形态分歧的每一方都很难接受挑战其意识形态信仰和政策的科学证据，只是取决于所讨论的议题而已。我所列举的众多例子应该足以使心理学家清醒过来，不再认为他们能免受自己所发现的偏见盲点的影响[62]。

杜阿尔特等人[63]提供了几个例子，表明心理学内日益增长的单一意识形态文化，已经开始影响心理学研究。他们讨论了一项试图将保守主义世界观与“否认环境现实”联系起来的研究。该研究呈现给被试的一句陈述是：如果按照目前的趋势发展下去，我们将很快经历一场重大的环境灾难。如果被试不同意这一陈述，就会被评定为否认环境现实。但杜阿尔特等人指出，“否认”一词意味着被否认的是一个描述性的事实。然而，这句陈述并没有对“很快”“重大”“灾难”等词的含义做出清晰的描述，它本身就不是一个事实，因此，给一组受访者贴上否认者的标签，反映的不过是研究者在意识形态上的偏见。调查问卷中的其他陈述也有类似的逻辑。如果被试不同意模糊的环境价值观，却肯定诸如“大自然的平衡能力足以应对现代工业国家的影响”

之类的陈述，那么他们就被标记为否认环境“现实”。

杜阿尔特等人讨论的另一项研究试图将保守主义气质与不道德的决策联系起来。其中有个测验项目描述了一个非常简短而模糊的场景：两名员工在工作上发生分歧后，一名员工向另一名员工（费莉西蒂）发送了一封带有性别歧视的电子邮件。被试需要把自己想象为一名与此事无关的经理，决定是否应该写一封信来支持费莉西蒂的性骚扰投诉。如果被试（经理）立即写信，则被标记为“合乎道德的行为”。只要被试没有做出这样的选择，就被标记为不太合乎道德，甚至是不道德。因为这个性骚扰场景给出的信息非常少，所以这个项目测量的只是被试对某一方的预设偏见。然而，这项研究却被标榜为对不道德决策的检验。就像上一段环境研究的例子一样，这项研究显示了人们多么容易把合理的政策差异标记为绝对正确（或合乎道德）或绝对错误（或不合乎道德），而且往往将“正确的”反应认定为自由派的反应！

这种将自由派的反应与正确的反应（合乎道德的反应、公平的反应或开明的反应）混为一谈的倾向，在社会心理学和人格心理学这两个分支领域尤为普遍。它通常采取的形式是，将任何与自由主义不同的合法政策都贴上某种智力或人格缺陷（教条主义、威权主义、种族主义或偏见）的标签。在社会心理学家对种族主义的研究中，多年来一直存在这种现象。当前在使用的许多量表都包含涉及政策议题的项目，如平权行动、犯罪预防、为实现学校整合而使用校车接送学生或对福利改革的态度。某些人与平权行动或校车接送学生在政策上有合法的差异，或者表明自己关心犯罪，他们在这些量表中的得分几乎总是偏向种族主义[64]。在这些研究中，立场中立的人一眼便能看出心理学存在明显的意识形态偏见。看起来，这些研究的目的似乎就是要给任何不坚持自由主义这一正统思想的人贴上种族主义者的标签。

事实上，社会心理学中有一个专门的亚领域致力于证明诸如偏见、刻板
141 印象和不公平等负面特质与保守气质有关。甚至有一个名为“内在论”的理论，该理论假设：围绕科学议题日益加剧的政治两极化，是由于“相比于

自由派，保守派具有心理上的缺陷”[65]。近来更是冒出了一系列心理学研究，号称证实了保守派比自由派有更多的偏见，思想更不开明，并且确实也更不聪明。问题是，这些研究有很多都不能重复，设计上也不严谨，或者在研究设计和结果解释上带有偏见[66]。

还有大量的研究因为看似支持自由派的结论而被过度或带有误导性的炒作。典型的例子是关于刻板印象威胁的研究[67]，许多媒体和心理学教科书都对其进行了不正确的报道。真实的研究发现是，刻板印象威胁的引入增加了非裔美国人和白人大学生测验分数上的差异[68]。由于原作者采用的统计报告程序混乱不清，导致教科书经常（错误地）报告说，研究发现，当去除了刻板印象威胁时，不同种族群体在测验分数上的差异就消失了。这根本就不是真正的研究发现，但它却由于心理学趋于单一的意识形态文化而广为流传。

相关的例子还有很多[69]，我就不再赘述，但我想强调的是所有这些对心理学都没有好处。对社会大众来说，这一学科在意识形态上的偏见正变得越来越明显。的确，心理学的单一文化让一个老笑话变成了现实：正是有了心理学系，民主党人才可以说“研究表明……”。更严重的是，资助机构肯定会更加意识到心理学在意识形态上的偏见，资助各州立大学的州议会也会意识到这一点。这对心理学的发展不利。

过去十年来，大量准心理学概念被用来打压美国大学校园里的言论自由，而单一意识形态的文化阻碍了我们对这些概念进行质疑[70]。这些概念——如安全空间、触发警告、强暴文化或微攻击——在心理学研究中大都没有实证或理论基础。然而，心理学家却没有挺身而出，向大学生和校方解释这些概念并非建立在心理科学的基础之上。况且，许多心理学家自己就在一些大学担任高层管理者，但学校里还是充斥着这些概念，并像精神病毒一样到处传播。但也有例外，利连菲尔德[71]就是一个著名的例子，他从研究的角度，详细地阐述了怎样为微攻击这一概念找到恰当的基础——将微攻击这样一个单纯的政治武器，转变为行为科学的概念。他建议改用一个没有太多理论色彩、更中性的词来替代微攻击，如果你读过第 6 章（聪明的汉斯等例子），对此就不会太吃惊了。

最后，心理学领域的一个重要组织——美国心理学协会——经常超越科学的范畴，在其公共政策声明中介入政治和社会宣传领域，这对挽救心理学的形象问题无济于事（另一个重要的心理学组织——美国心理科学协会——则在很大程度上避免了这种情况的发生）。弗格森[72]就心理学的形象问题写了一篇颇有见地的文章，讨论了美国心理学协会的公共政策声明如何反复地偏离正轨，走向政治化，并加深了公众对美国心理学协会是一个倡议组织（宣扬自由派和民主党的政治思想）而非科学组织的看法。弗格森指出，美国心理学协会关于堕胎和福利改革的政策声明尤其不当——已经超出了科学范畴而进入政治领域。因此，大学心理学系内单一意识形态的文化，已经体现在公众最常见到的代表心理学家的组织——美国心理学协会——的身上了。

142 每个人不都是心理学家吗？行为的内隐理论

我们每个人都有一套关于人类行为的理论。很难想象，如果没有这些理论，我们该怎样活下去。从这一意义上讲，人人都是心理学家。尽管如此，区分这种个人心理学和心理科学所产生的知识体系，仍然是十分重要的。我们将看到，这种区分之所以重要，是因为在许多大众读物里，二者经常被故意混淆了。

我们的许多个人心理学知识是“菜谱式知识”。我们做某些事是因为我们认为它们会导致其他人以某种方式行事，或是因为我们相信这些事能帮助我们实现某些目标。这些都是所谓的菜谱式知识。但是，个人心理学和科学心理学（也包括一些菜谱式知识）的区别并不在于有没有菜谱式知识。最主要的区别在于，科学心理学总是力图通过实证方法来检验菜谱式知识的有效性。

科学评估具有系统性和可控性，这些特性是个人的评估程序所不可能具备的。此外，科学想从自然界获得的远不只是菜谱式知识。科学家们想要寻求那些能够解释事物运作机制的更为普遍的基本原理。许多人的个人心理学理论缺乏严密的建构，只是一些适用于个别情形的流行语和老话的简单堆砌，还常常自相矛盾。它们向人们保证，无论如何都能找到一个对事物的解释，而那些与之完全矛盾因而会彻底动摇人们信念的事件是不太可能发生的。尽管这些理论的确具有抚慰功能，但正如第 2 章所讨论的，除了抚慰之外，以这种方式提出的理论再无别的用处。这些理论都以“事后诸葛亮”的方式解释一切，对未来没有预测能力。没有预测，也就没有给我们提供任何信息。心理学这门学科中的理论必须符合可证伪的标准，这就是心理科学与许多外行人的个人心理学的不同之处。心理学理论是能够被证伪的，因此，心理学理论具有一种确保其发展和进步的机制，而这是个人心理学所不具备的。

科学心理学受到抵制的根本原因

基于我们刚刚讨论过的那些理由，千万不要把个人的心理学理论与科学心理学的知识混为一谈。有些人常常故意混淆概念，以削弱心理学在公众心目中的地位。如果把“人人都是心理学家”这句话简单地理解为每个人都有自己的心理学理论，那么这句话也没什么错。但是它常常被隐晦地歪曲为心理学不是一门科学。

我们在第 1 章讨论过，为什么科学心理学的概念会对某些人造成威胁。一门日趋成熟的行为科学，势必会改变作为心理信息来源的个体、团体和组织的类型。那些长期担任人类心理和行为评论员的人自然会抵制任何可能削弱其权威地位的变革。第 1 章曾描述过科学的进步如何逐渐剥夺了其他团体关于世界本质的话语权。行星的运行、物质的本质和疾病的成因，都曾经是神学家、哲学家和通才作家把持的领域。如今，天文学、物理学、医学、遗传学和其他学科逐渐夺取了这些主题，并将其完全置于不同的科学专业领域内。

143 因此，问题在于信念评估标准的改变。很少有新闻报纸会刊登有关土星带构成的立场鲜明的社论。为什么？并没有审查机构阻止这类社论的发表。很明显，因为写这类社论将是徒劳的。因为社会大众知道，对这一方面的知识有发言权的是科学家，而不是评论员。但涉及心理学时，有些人却发现自己很难接受这种情况。他们顽固地坚持自己有权利对人类行为发表看法，即使这些看法与事实相去甚远。当然，“权利”用在这里并非一个准确的措词，因为在一个自由社会里，每个人都有发表意见的权利，无论这些意见是否正确。重要的是要意识到，许多人想要的不仅仅是发表有关人类行为见解的权利，他们真正想要的是让人们相信他们所说的话的必要条件。当他们表达一个关于人类心理的观点时，他们希望周围的环境有利于人们接受他们的想法。这就是为什么认为心理学是“怎么说都行”的说法会有大量拥护者的原因，也就是说心理学的主张不能由实证方法来判定对错，只是观点不同而已。但科学对这种“怎么说都行”的观点来说始终是一种威胁，因为它有一系列严格的标准和程序，用以确定哪些说法是可信的。科学可不是“怎么说都行”。正是这种去伪存真的能力推动了科学的进步。

简言之，许多对科学心理学的抵制都可以归因为“利益冲突”。在前面几章中已经讨论过，许多伪科学已经发展成价值数百万美元的产业，它们之所以能蓬勃发展，利用的正是公众没有意识到关于行为的主张也可以用实证方法来检验这一事实。公众也没有意识到，支撑这类产业的许多主张（如星相预测、潜意识减肥、生物节律、辅助沟通术、通灵手术）都已被检验过，并被证明是无效的。公众在这些骗人的医学疗法上花的钱，比花在正规医学研究上的钱还要多[73]。

我们如何识别伪科学的主张？临床心理学家斯科特·利连菲尔德[74]给出了一些注意事项，也是对本书很多要点的一个概括。他认为伪科学的主张有以下一些特征：

- 总是提出一个似是而非的假设，使得主张免于被证伪；
- 强调支持其主张的证据而忽略反驳其主张的证据；
- 总是将提供证据的任务强加给怀疑者而非支持者；
- 过度依赖逸事和见证叙述来证实其主张；
- 逃避同行评审所提供的审查；
- 并非建立在已有的科学知识之上（缺乏关联性）。

真正的科学家会不遗余力地强调这些标准，而不是回避它们。作为回应，伪心理学产业一直极力反对科学心理学在评估行为主张方面的权威性。然而，伪科学的散播者通常不与心理学家正面交锋，他们绕过心理学，带着其主张直奔媒体而去。那些江湖术士和伪科学家很容易利用媒体不经过同行评审程序就将自己的主张公之于众。铺天盖地的电视脱口秀节目并不要求嘉宾出示具体的科学研究证据。这些嘉宾只要“足够有趣”，就可以在电视上露脸。互联网也好不到哪儿去，任何人都可以在网站上发表高见或销售商品。至少可以说，网站上的内容没有经过同行评审！

科学确实在把那些不符合最低检验标准的知识主张清除出局。法庭也在摒弃这些知识主张。在裁决著名的道伯特诉梅里尔·道案（Daubert vs. Merrell Dow）时，最高法院确立了何时才可以在法庭上呈现专家证词的原则——也就是说，专家证词在什么条件下具有专家性！最高法院认为，法官在决定是否让专家提供证词时，应考虑四个因素：（1）专家意见的理论基础的“可检验性”；（2）与该方法相关的错误率（如果已知的话）；（3）专家意 144
见所基于的技术或方法是否经过了同行评审；（4）这些技术或方法是否被相关的科学共同体所普遍接受[75]。这四个标准对应了本书的主旨：（1）可证伪性；（2）概率性预测；（3）经过同行评审的公共知识；（4）建立在聚合性和共识之上的科学知识。法院与科学一样，已经把那些以特殊知识、直觉和见证叙述作为充分证据的主张排除在外了。

本书曾经简要地提及，科学领域中的充分检验和不充分检验分别是什么意思。内省、个人经验和见证叙述都被认为是不充分的检验，不能用来证明关于人类行为本质的主张。早在科学心理学诞生之前，这些证据就一直被那些非心理学家的评论者用来支持其有关人类行为的观点，因此，此时会发生冲突也就不足为奇了。

请不要以为我想把科学心理学刻画成一个酸腐且令人扫兴的角色。恰恰相反，正规心理学的研究成果其实要比媒体上那些反反复复、大惊小怪的伪科学有趣和精彩得多。同时，也不应该认为科学家是反对幻想和想象的。只不过，我们应该去电影院或剧院体验各种幻想的场景，而不是在我们去看病、买保险、到托儿所给孩子注册、坐飞机或者修理汽车的时候。这种幻想也不太可能发生在我们进行心理治疗、让学校心理学家测试自己有学习障碍的孩子，或把朋友带到大学心理诊所进行自杀干预咨询的时候。心理学在追求真相的过程中，正如其他学科一样，必须把那些幻想、毫无依据的观点、“常识”、商业广告卖点、大师的建议、见证和妄想都清除出去。

任何一门学科都必须告诉社会中的一部分人，他们的想法和意见是有用的，但不是在专业领域，这是一件相当困难的事情。心理学是一门面临这种困境的新兴学科。这与心理学产生的时间有关。大多数学科成熟于精英控制社会结构的年代，在那个时代，普通人的意见没有影响力。而心理学则产生于一个民主的传媒时代，忽视公众意见会危及自身。许多心理学家正在努力修复心理学与公众在沟通方面的不良记录。当越来越多的心理学家开始与公众沟通时，他们与那些将个人心理学和科学心理学混为一谈者的冲突必然会加剧。

虽然每个人都有一套直觉的物理学理论，但不是每个人都是物理学家。如果不让那些个人的物理学理论取代科学的物理学，我们就为真正的物理科学让出了空间，而这门学科的理论成果将为我们所共享，因为科学具有公开性。同样，并非人人都是心理学家，但人人都能将心理科学所发现的事实和理论付诸实践，以丰富我们对全人类的理解。

结束语

我们对“什么才是真正的心理学”的描绘至此已到了尾声。尽管这一描绘很粗略，但对你理解心理学这门学科的运作方式以及评估新的心理学主张应当有很大的帮助。我们的描绘揭示了以下几点：

1. 心理学的进步是通过研究可解决的实证问题取得的。这种进步是不均衡的，因为心理学由许多不同的子领域构成，某些领域的问题要比其他领域难度更高；
2. 心理学家提出可证伪的理论来解释他们的研究发现； 145
3. 理论中的概念都拥有操作性定义，这些定义将随着证据的积累而逐渐演变；
4. 这些理论是通过系统实证的方法来检验的，用这种方法收集的数据是公开的，也就是说，它允许其他科学家重复这些实验并提出批评；
5. 心理学家的数据和理论，只有在那些有同行评审程序的科学期刊上发表之后，才算是进入了公共领域；
6. 实证主义之所以具有系统性，是因为它遵循控制和操纵的逻辑，这二者也是真实验的特征；
7. 心理学家采用许多不同的方法来获得他们的结论，这些方法的优缺点各有不同；
8. 心理学家最终所揭示的行为规律，绝大多数情况下都是概率性的关系；
9. 大多数时候，知识只能在众多实验数据的缓慢积累之后获得。虽然这些实验都有各自的缺陷，但是它们总能聚合于一个共同的结论。

当今科学最令人激动的尝试和努力，就是寻求对人类行为本质的理解。掌握这本书中的观念将使你能够跟上追寻的脚步，或许还能真正成为追寻过程中的一员。

主题索引

注：下文中的页码是指英文原版书的页码，请参见本书页边的编码。

Actuarial predictions, 123–128（统计预测）

Adolescent driving, 101（青少年驾驶）

Alcohol consumption, 57（饮酒）

Alternative medicine, 46, 86（替代医学）

Altruism, 54–55（利他主义）

American Psychological Association, 1–3, 134–135（美国心理学协会）

taking political stances, 141（采取政治立场）

Animal research, 78–79（动物研究）

Anti-social behavior, 101（反社会行为）

Artificiality criticism, 74–75（人为性批评）

Association for Psychological Science, 1–3, 135–136（心理科学协会）

Autism, 17（孤独症）

bogus cures for, 142（虚假治疗）

facilitated communication, 67–69（辅助沟通术）

vaccination and, 48（接种疫苗）

Automobile safety, 41–42（汽车交通安全）

Barnum effect, 45（巴纳姆效应）

Basic versus applied research, 76–78（基础研究与应用研究）

Bias blind spot, 138（偏见盲点）

Biofeedback, 75（生物反馈）

"Brain training" programs, 98（"大脑训练"项目）

Case studies, 37–38（个案研究）

Causal continuum, 101（因果影响的连续体）

Cell phones and driving accidents, 73, 77–78, 93（手机与交通事故）

Child abduction, 42（儿童绑架）

Child custody disputes, 135–136(儿童监护权纠纷）

Cholera, 59（霍乱）

Clever Hans, 65–67（聪明汉斯）

Clinical prediction, 123–128（临床预测）

Clinical psychology, 134–137（临床心理学）

Clinical psychology and pseudoscience, 136–137（临床心理学与伪科学）

Clinician's illusion, 56（临床医生的错觉）

Cognitive illusions, 110（认知错觉）

Cognitive miser, 43–44（认知吝啬者）

Coincidence, 120–123（偶然）

College attendance, 53（进入大学）

College sophomore problem, 79–82（"大二学生"问题）

Common sense, 9–12, 19–20, 72–73, 142（常识）

Connectivity principle, 85–87（关联性原则）

Conspiracy theories, 22（阴谋论）

Contraception, 50–51（避孕）

Control group, 62–65（控制组）

Converging evidence, 87–93（聚合性证据）

Correlation（相关）

and causation, 50–54（与因果）
spurious, 53（虚假）
Correlational designs, complex, 53（复杂相关设计）
Crime（犯罪）
causes of, 102（原因）

Depression, 32–33, 101, 103（抑郁）
Diagnostic and Statistical Manual of Mental Disorders, 32（精神障碍诊断与统计手册）
Directionality problem, 54–55（方向性问题）
Dual process theory, 43–44（双重加工理论）

Earthquake prediction, 106, 109（地震预测）
Economic problems, 102–103（经济学问题）
Educational achievement, 52–53（学业成就）
Elections,（选举）
probabilistic predictions, 106–107（概率预测）
Empiricism, systematic, 6（系统的实证主义）
ESP (extrasensory perception), 18–19, 44, 130–131（超感官知觉）
See also Parapsychology（也见超心理学）
Essentialism, 25–26, 34–35（本质主义）
Evolution, 15–16（进化）
Evolutionary psychology, 3（进化心理学）
Experiment（实验）
control, 59–60（控制）
manipulation, 59–60（操纵）
special conditions, 69–71, 74–75（特殊条件）

Facilitated communication, 67–69（辅助沟通术）
Falsifiability, 14–22（可证伪性）
Federal Trade Commission,（联邦贸易委员会）
and pseudoscience, 46–47（与伪科学）
Field experiment, 63–65, 81, 92–94（现场实验）
Fluoridation, 46（饮用氟化水）
Folk wisdom, 9–12, 19–20, 72–73, 143（世俗智慧）
Freud problem, 1–2, 16–18, 38, 129（弗洛伊德问题）

Gambler’s fallacy, 112–114（赌徒谬误）
Gambling, 127（赌博）
Generalizability, 78–79（可推广性）
Genetics,（遗传学）
as third variable, 55（作为第三变量）
Global warming（全球变暖）
converging evidence and, 93–94（聚合性证据）

Happiness, 54–55（快乐）
Heart attack, 95–96, 106（心脏病发作）
Heat hypothesis, 53（高温假说）
Hypothesis, 15（假设）

Illusion of control, 120（控制错觉）
Illusory correlation, 119–120（相关错觉）
Implicit theories, 9（内隐理论）
Inequality of wealth, 102（财富不平等）
Intelligence, 12, 21, 29, 31, 33, 62, 139（智力）
Interaction of variables, 100–101（变量的交互作用）
Internet, 131–132（互联网）
and experimentation, 81（实验）
IPod shuffle, 114（IPod 的随机播放功能）

Knowledge, publicly verifiable, 6–8（可公开验证的知识）

Learning disabilities, 103（学习障碍）
Learning styles, 94（学习风格）
Liberal bias of psychology, 137–141
（心理学的自由主义倾向）
Life, definition of, 26（生命的定义）
Lotteries, 120–121（彩票）

Mammography, 97（乳房 X 光图）
Measurement, 28–30（测量）
Medical quackery, 46–48, 132（江湖医术）
Medical research, 82, 97（医学研究）
Meta-analysis, 97–98（元分析）
Micro-aggressions, 141（微攻击）
Multiple causation, 99–101（多重原因）
Multiple regression, 53（多元回归）
Multitasking, 11–12, 73（多任务处理）
Myside bias, 21, 138（自我中心偏见）

National Basketball Association, 27
（美国职业篮球联赛）
National Football League passer rating, 29
（美国职业橄榄球联盟“传球者评分”）
Neuroscience,（神经科学）
over interpretation of, 42（过度解释）
Nobel Prize（诺贝尔奖）
won by a psychologist, 2, 109, 134
（心理学家获得）

Obesity, 103–104, 133（肥胖）
Objectivity, 20–22（客观性）
Oddmatches, 121–123（罕见匹配）
Open-mindedness, 20–22（思想开明）
Operational definitions, 26–32（操作性定义）
humanizing force, 33-34（人性化力量）
in physics, 31–32（在物理学中）
in psychology, 32–33, 34–35（在心理学中）
Opportunity costs, 45（机会成本）
Oprah Winfrey Show, 36–37, 47
（奥普拉·温弗瑞脱口秀）

Parapsychology, 18–19, 45, 130–131（超心理学）
Parsimony, 35, 67, 68–69（简约）
Path analysis, 53（路径分析）
Pay gap, 21, 66, 139（薪酬差距）
Peer review, 7–8（同行评审）
Pellagra, 51–52（糙皮病）
Personal experience, 71–73（个人经验）
“Person-who” statistics, 107–108
（“某某人”统计学）
Physics, intuitive, 71–72（直觉物理学）
Placebo effects, 38–41（安慰剂效应）
Posttraumatic stress disorder, 135
（创伤后应激障碍）
Poverty, 12, 51–53, 103（贫困）
Pre-existing bias problem, 32–33（预设偏见问题）
Pluto, planet of, 31–32（冥王星）
Probabilistic reasoning, 105–116（概率推理）
chance events, 105–107, 117–119, 120–122
（随机事件）
illusion of control, 120（控制错觉）
illusory correlation, 119–120（相关错觉）
randomness, 112–114, 117–119（随机）
sample size, 111–112（样本大小）
stock market, 118–119（股市）
Problems, empirically solvable, 8–9, 15
（可实证解决的问题）

Projective tests, 119–120（投射测验）
Prostate cancer testing, 30, 43, 98（前列腺癌检测）
Pseudoscience, 7–8, 38, 45–49, 135–136, 143–144（伪科学）
  internet and, 131（互联网）
Psychic scams, 46（通灵骗局）
Psychoanalytic theory, 17–18（精神分析理论）
Psycho-fact, 11（心理事实）
Psychological journals, 8（心理学期刊）
Psychology（心理学）
  applications of, 78–79（应用）
  as a young science, 12–13（一门年轻的科学）
  as an ideological monoculture 137–141（单一的意识形态文化）
  clinical, 134–137（临床）
  diversity of, 2–4（多样性）
  faults in, 4, 49, 82, 134–137, 137–141（过错）
  intuitive, 72–73, 142（直觉）
  unity in science, 4–5（科学的统一性）
Psychotherapy（心理治疗）
  effectiveness of, 40（有效性）

Racism scales, 140（种族主义量表）
Random assignment, 60–62, 75–76（随机分配）
Random sample, 75–76（随机样本）
Reading ability, 27（阅读能力）
Reading difficulties, 54, 86, 90, 97, 103（阅读困难，阅读障碍）
Reading education, 94, 97（阅读教育）
Recipe knowledge, 132–133（菜谱式知识）
Recovered memories, 12, 136（恢复的记忆）
Reliability, 28–30（信度）
Replication, 6–8, 81（重复）
Risk（风险）
  misperceptions of, 41–42（错误知觉）
Rorschach test, 119–120（罗夏测验）

Saccadic eye movements, 75（跳阅眼动）
“Safe spaces”, 20, 141（安全空间）
School achievement, 54（学业成就）
Science（科学）
  and conceptual change, 20, 30–32（概念变化）
  definition of, 5–6（定义）
  publicly verifiable knowledge, 6–8（可公开验证的知识）
  solvable problems, 8–9, 14（可解决的问题）
  systematic empiricism, 6（系统的实证主义）
Scientific consensus, 93–94（科学共识）
Scientific investigation, stages of, 37–38（科学研究的阶段）
Scientific values, 20–22（科学价值）
Selection bias, 55–57（选择偏差）
Self-esteem, 10–11, 54（自尊）
Self-help literature, 131–132（自助读物）
Single-cause explanation, 102–104（单一原因解释）
Single-Parent households, 12（单亲家庭）
Smoking, 92–93, 107–108（吸烟）
Solvable problems, 8–9, 15, 24（可解决的问题）
Spontaneous remission, 40（自发性缓解）
Sports statistics, 73, 121, 127（体育统计数据）
Statistics, and psychology, 114–116（统计与心理学）
Stereotype threat, 141（刻板印象威胁）
Stock market, 118–119（股市）
Student debt, 43（学生债务）

Suicide, anti-depressants and, 125
（自杀与抗抑郁药）

Teenage drivers, 101（青少年司机）
Television（电视）
violence, 91–92, 133（暴力）
Testimonials, 38–41（见证叙述）
and pseudoscience, 45–49（与伪科学）
Theory（理论）
falsifiability, 15–16, 22（可证伪性）
testable, 24（可检验）
Therapeutic touch, 70（治疗性触摸）
Third-variable problem, 51–54（第三变量问题）
Tourette syndrome, 17–18（抽动秽语综合征）
"Truthiness," 21（"感实性"）
Type 1 versus Type 2 processing, 43–44
（1 型加工与 2 型加工）
Type A behavior pattern, 30,
95–96, 98（A 型行为模式）
Typing ability, 27（打字能力）

Unemployment rate, 31（失业率）
Universities（大学）
antiscientific courses, 49（反科学的课程）

Vaccination, 48（接种疫苗）
Validity, 28–30（效度）
Vietnam War（越南战争）
vividness and, 43（鲜活性）
Vividness problem, 41–45（鲜活性问题）

Wages, 102（工资）

参考文献著录索引

序言

1. Kowalski & Taylor, 2009; Lilienfeld, 2014; Taylor & Kowalski, 2004
2. Arum & Roksa, 2011; Sternberg, Roediger, & Halpern, 2006

第 1 章

1. Roediger, 2016; Sternberg, 2016
2. Engel, 2008
3. Wade & Tavris, 2008
4. Gopnik, 2014
5. Lowman & Benjamin, 2012
6. Engel, 2008, p.17
7. Boudry & Buekens, 2011; Dufresne, 2007; Engel, 2008
8. Gleitman, 1981, p.774
9. Brewer, 2013; Schwartz et al., 2016; Simonton, 2015
10. Buss, 2011; Cartwright, 2016; Geary, 2005, 2009
11. Cacioppo, 2007
12. Jaffe, 2011; Klatzky, 2012
13. Duarte et al., 2015; Ferguson, 2015; Lilienfeld, 2012
14. Dennett, 1995; Stanovich, 2004
15. Shermer, 2011
16. Hung, 2013, p. 426
17. Lukianoff, 2012
18. Levitin, 2016
19. Gilbert et al., 2016; Open Science Collaboration, 2015
20. Kolata, 2017
21. Foster et al., 1998
22. Pinker, 1997
23. Pinker, 1997
24. Watts, 2011
25. Lazarsfeld, 1949
26. Singh et al., 2012
27. Bushman et al., 2009; Krueger et al., 2008
28. Lilienfeld et al., 2012
29. Kruger et al., 2005, p.725
30. Kruger et al., 2005; Lilienfeld et al., 2010
31. Ferguson et al., 2017; Lilienfeld et al., 2010; Stix, 2015
32. Lilienfeld et al., 2010; Radford, 2011
33. Lilienfeld, 2012
34. Jaffe, 2012; Kirschner & van Merrienboer, 2013; Ophir et al., 2009; Strayer et al., 2013
35. Deary, 2013; Ferguson et al., 2017; Waterhouse, 2006
36. Rayner et al., 2016
37. 见 Lilienfeld, 2012
38. Lilienfeld, 2010; Rind, 2008
39. Ariely, 2013; Greene, 2013
40. Chetty et al., 2014; McLanahan et al., 2013; Murray, 2012
41. Observations, 2017; Sleek, 2017
42. Buss, 2011; Deary, 2013; Ferguson, et al.,

2017; Shermer, 2011, 2017; Stanovich et al., 2016

第 2 章

1. Eisenberg, 1977, p. 1106
2. Koepsell, 2015
3. Firestein, 2016
4. Miller, 2008; Scott, 2005
5. 见 Randall, 2005
6. Dawkins, 2010, 2016
7. Dobzhansky, 1973
8. Hacohen, 2000
9. Firestein, 2016
10. Boudry & Buekens, 2011
11. Offit, P. A. 2008, p. 3
12. Smith et al., 2016; Suski & Stacy, 2016
13. 见 Kushner, 1999
14. Thornton, 1986, p. 210
15. Shapiro et al., 1978
16. Kagan, 2006
17. Galak et al., 2012; Hand, 2014; Nickell & McGaha, 2015
18. Magee, 1985, p. 43
19. Furedi, 2017; Lilienfeld, 2017; Lukianoff & Haidt, 2015
20. Dennett, 1995
21. Firestein, 2016
22. Medawar, 1979
23. Zimmer, 2010
24. Manjoo, 2008, p. 189
25. Azar, 1999, p. 18
26. Azar, 1999
27. Stanovich, West, & Toplak, 2013
28. Paulos, 2016
29. Gould, 1987
30. Chen, 2014
31. Davies, 2012
32. Lewandowsky et al., 2013; Majima 2015
33. Asimov, 1989
34. Asimov, 1989
35. Asimov, 1989
36. Lilienfeld, 2005

第 3 章

1. Medawar, 1984
2. Medawar & Medawar, 1983, pp. 66—67
3. Woodcock, 2011
4. Levitin, 2016
5. Lewis, 2017
6. Levy, 2009
7. Levy, 2009
8. Seife, 2010
9. Cozby, 2014
10. Deary, 2013; Duncan, 2010; Hunt, 2011; Ritchie, 2015; Sternberg & Kaufman, 2011
11. Sielski, 2010
12. Ellenberg, 2015
13. Kolata, 2016a
14. Kolata, 2016a
15. Stanovich et al., 2016; Thaler, 2015
16. Boehm & Kubzansky, 2012; Chida & Hamer, 2008; Martin et al., 2011; Matthews, 2013; Mostofsky et al., 2014
17. Zvolensky et al., 2010
18. Deary, 2013; Deary et al., 2010; Duncan, 2010; Plomin et al., 2016; Shipstead et al., 2016
19. Bureau of Labor Statistics, 2014, 2017; Craven McGinty, 2016
20. Adler, 2006; Brown, 2010
21. Layton & Koh, 2015
22. Phelps, 2013
23. American Psychiatric Association, 2000
24. Klein, 2010
25. Levitin, 2016
26. Immen, 1996
27. Gallistel, 2016

第 4 章

1. Martin & Hull, 2006
2. Bjorklund & Causey, 2017; Goswami, 2013
3. Boudry & Buekens, 2011
4. Dufresne, 2007, p. 53
5. Lilienfeld et al., 2010
6. Harrington, 2008
7. Benedettiet al., 2011; Churchland, 2015; Lu, 2015; Marchant, 2016; Schwarz et al., 2016
8. Choet al., 2005
9. Roller & Gowan, 2011
10. Kolata, 2009
11. Carvalho et al., 2016
12. Tilburtet al., 2008
13. Waberet al., 2008
14. Lilienfeld, 2007
15. Driessen et al., 2015
16. 见 Lewis, 2017
17. Lewis, 2017, p. 221
18. 见 Boot et al., 2013
19. Engel, 2008; Shadish & Baldwin, 2005
20. Driessen et al., 2015; Tracey et al., 2014
21. Hall, 2016
22. Levitin, 2016
23. Slovic, 2007; Slovic & Slovic, 2015; Wang, 2009
24. National Highway Traffic Safety Administration, 2014
25. Lewis, 2017, p.346
26. Galovskiet al., 2006; National Safety Council, 2016
27. Sivak & Flannagan, 2003; Smith, 2013
28. Associated Press, 2010
29. Cheng, 2017
30. Frank, 2007
31. Frank, 2007
32. Gardner, 2008; Skenazy, 2009
33. Gardner, 2008
34. Kalb & White, 2010
35. Beck, 2010
36. Rhodes et al., 2014; Weisberg et al., 2015
37. Quart, 2012
38. Michel, 2015; Voss, 2012
39. Rodriguez et al., 2016
40. Arkes & Gaissmaier, 2012
41. Russo, 1999
42. Wessel, 2016
43. Stanovich et al., 2016
44. Polidoro, 2015; Randi, 2005, 2011; Shermer, 2011
45. Hines, 2003
46. Claridge et al., 2008
47. Shermer, 2005, p.6
48. Beck, 2008; Griffin et al., 2007; Singh et al., 2007
49. Brody, 2012
50. Shermer, 2005; Stanovich, 2009
51. Radford, 2010; Shaffer & Jadwiszczok, 2010
52. Radford, 2009
53. Newmaster et al., 2013
54. Dorlo et al., 2015; Mielczarek & Engler, 2013; Swan et al., 2015
55. Gideon Burrows, 2015
56. Hall, 2016
57. de la Cruz, 2007, p. A10
58. Bronson & Merryman, 2009; DeLoache et al., 2010
59. Gardner, 2010
60. Kosova & Wingert, 2009, p. 59
61. Isaacson, 2011; Shermer, 2012
62. Grant, 2011; Honda et al., 2005; Nyhan et al.,2014; Offit, 2011; Taylor, 2006
63. Deer, 2011; Offit, 2011; Randi, 2017
64. Brody, 2015; Cheng, 2013; Nisbet, 2016
65. Pigliucci, 2010
66. Mielczarek & Engler, 2014; Nattrass, 2012

67. 例如，Obrecht et al., 2009; Slovic & Slovic, 2015; Wang, 2009
68. Lilienfeld, 2017; Novella, 2012
69. Furedi, 2017; Lilienfeld, 2017; Lukianoff, 2012; Lukianoff & Haidt, 2015; Otto, 2016

第 5 章

1. Li, 1975
2. Bronfenbrenner & Mahoney, 1975
3. 见 Vigen, 2015
4. McAdams et al., 2014; Plomin et al., 2016
5. Wheelan, 2013
6. Carnoy et al., 2005
7. Liu et al., 2016; Vyse, 2016a
8. Anderson & Anderson, 1996
9. 也见 Larrick et al., 2011; Plante & Anderson, 2017
10. Rayner et al., 2012
11. Cunningham & Zibulsky, 2014; Hulme & Snowling, 2013; Seidenberg, 2017; Willingham, 2017
12. Krueger et al., 2008; Lilienfeld et al., 2012
13. Mazur, 2016
14. Haidt, 2006
15. Chabris & Simons, 2013
16. Jaffee et al., 2012
17. Satel & Lilienfeld, 2013
18. Satel & Lilienfeld, 2013
19. Wheelan, 2013
20. Bluming & Tavris, 2009; Seethaler, 2009
21. Ellenberg, 2014
22. Blastland & Dilnot, 2009
23. Landsburg, 2007
24. Rabin, 2009
25. Rabin, 2009
26. University of California, 2015a

第 6 章

1. Johnson, 2007; Shapin, 2006
2. Ross & Nisbett, 1991
3. Stanovich, 2010
4. Gawande, 2010; Lewis, 2017
5. Burton, 2008
6. Sanger-Katz, 2014
7. Castleman, 2015; Kirp, 2017
8. Banerjee & Duflo, 2009; Duflo & Karlan, 2016
9. Buckley, 2010
10. Parker, 2010, p. 87
11. Ariely, 2016
12. Heinzen et al., 2014
13. Lit et al., 2011
14. Bertrand et al., 2010; Black et al., 2008; CONSAD, 2009; Kolesnikova & Liu, 2011; O'Neill & O'Neill, 2012; Solberg & Laughlin, 1995
15. Heinzen et al., 2014
16. Baron-Cohen, 2008
17. Hagen, 2012; Heinzen et al., 2014; Offit, 2008
18. Offit, 2008, p. 7
19. Hagen, 2012
20. Hagen, 2012; Heinzen et al., 2014; Offit, 2008
21. Offit, 2008
22. Frazier, 2015
23. Hagen, 2012
24. Radford, 2016a
25. the Clever Hans Syndrome; Hagen, 2012
26. Hagen, 2012
27. Shermer, 2016; Vyse, 2016b
28. Baron-Cohen, 2005; Oberman & Ramachandran, 2007; Rajendran & Mitchell, 2007; Wellman et al., 2011
29. Tuerkheimer, 2010
30. Richtel, 2016
31. Vanderbilt, 2008
32. Vanderbilt, 2008

33. Harlow & Suomi, 1970; Tavris, 2014
34. Stanovich, 2004, 2009, 2011
35. Hines, 2003; Shermer, 2005
36. Dacey, 2008
37. Bloom & Weisberg, 2007; Riener et al., 2005
38. McCloskey, 1983
39. Peer & Solomon, 2012
40. Ariely, 2015
41. Ariely, 2015, p. C3
42. Tait et al., 2009
43. Dingfelder, 2006
44. Paloutzian & Park, 2005
45. Moskowitz & Wertheim, 2011
46. Moskowitz & Wertheim, 2011
47. Keith & Beins, 2008
48. Kunar et al., 2008; Richtel, 2014; Strayer et al., 2016; Strayer & Drews, 2007
49. McEvoy et al., 2005; Novotny, 2009; Parker-Pope, 2009; Richtel, 2014
50. Univ. of California, 2013; Foster & Roenneberg, 2008
51. Youyou et al., 2017
52. Kruger et al., 2005
53. Claypool et al., 2008; Zebrowitz et al., 2008
54. Lilienfeld, 2014
55. 参见 Lilienfeld et al., 2010

第 7 章

1. deCharms et al., 2005; Maizels, 2005
2. Seidenberg, 2017
3. Fackelman, 1996
4. Gladwell, 2010
5. Reif, 2016
6. Mischel, 2015
7. Sleek, 2015
8. Winerman, 2014
9. Strayer et al., 2016
10. 例如，Kahneman, 1973
11. Insurance Institute for Highway Safety, 2005; Kunar et al., 2008; Levy et al., 2006; McEvoy et al., 2005; Richtel, 2014; Strayer & Drews, 2007; Strayer et al., 2016
12. Vazire & Gosling, 2003
13. Gosling, 2001; Kalat, 2007; Zimbardo, 2004
14. Mineka & Zinbarg, 2006
15. Collier, 2014
16. Durso et al., 2007; Wickens et al., 2012
17. Salthouse, 2012
18. Schaie & Willis, 2010
19. Croskerry, 2013; Stanovich et al., 2016; Tetlock & Gardner, 2015; Thaler, 2015
20. Blass, 2004; Cohen, 2008
21. Wells et al., 2015; Wixted et al., 2015
22. Seidenberg, 2017; Willingham, 2017
23. Thaler, 2015
24. Price, 2009
25. Attari et al., 2010
26. Chamberlin, 2010
27. Horswill, 2016
28. Grant & Hofmann, 2011
29. Deangelis, 2010
30. McKinley et al., 2015; Zuger, 2015
31. Bryan et al., 2011
32. Willingham, 2010
33. Appelbaum, 2015; Author, 2016; Lewis, 2017
34. 例如，Demetriou et al., 2005
35. 例如，Buchtel & Norenzayan, 2009; Henrich et al., 2010
36. Buchtel & Norenzayan, 2009; Henrich et al., 2010
37. Kahneman, 2011; Lewis, 2017; Thaler, 2015; Zwieg, 2008
38. Germine et al., 2012; Maniaci & Rogge, 2014
39. Birnbaum, 1999, 2004
40. Gosling et al., 2004
41. DeSoto, 2016; Paolacci & Chandler, 2014;

Stewart et al., 2015
42. Kholodkov, 2013; Kosinski et al., 2015
43. Gilbert et al., 2016; Open Science Collaboration, 2015
44. Maxwell et al., 2015
45. Fanelli, 2010
46. Author, 2013
47. Schmidt & Oh, 2016
48. Mitchell, 2012
49. Lewis, 2017; Novella, 2015
50. Welch et al., 2012
51. Kolata, 2014
52. Cuzick, 2015; Marks, 2015
53. Jaffe, 2005; Henrich et al., 2010
54. Wang, 2017
55. Simmons et al., 2011
56. Duarte et al., 2015; Inbar & Lammers, 2012; Jussim et al., 2016; Lukianoff & Haidt, 2015; Tetlock, 2012

第 8 章

1. Bronowski, 1977; Haack, 2007
2. Debakcsy, 2014; Hassani, 2016
3. Hulme & Snowling, 2013; Seidenberg, 2017
4. Novella, 2015
5. Dorlo et al., 2015; Mielczarek & Engler, 2013; Swan et al., 2015
6. Novella, 2015
7. Hall, 2013
8. Kachka, 2012, p. 92
9. Miller, 2016, p. 19
10. Kantrowitz & Underwood, 1999
11. Gains, 2001
12. Gorman et al., 2003
13. Cuthbertson, 2016
14. Seidenberg, 2017
15. Gonon et al., 2012
16. Reporting Science, 2012
17. Bushman et al., 2016; Carnagey et al., 2007; Feshbach & Tangney, 2008; Fischer et al., 2011b
18. Calvert et al., 2017; Carnagey et al., 2007
19. Ferguson, 2013; Furuya-Kanamori & Doi, 2016
20. Seethaler, 2009
21. Gigerenzer et al., 2007
22. Offit, 2008
23. Insurance Institute for Highway Safety, 2005; Kunar et al., 2008; Levy et al., 2006; McEvoy et al., 2005; Richtel, 2014; Strayer et al., 2016; Strayer & Drews, 2007
24. Chaker, 2016; White, 2014
25. Leonhardt, 2017
26. Cook, 2016; Powell, 2015
27. Oreskes & Conway, 2011
28. Fischer et al., 2011a; Thomas et al., 2016
29. Kahneman, 2011; Lewis, 2017; Thaler, 2015; Zwieg, 2008
30. Ehri et al., 2001; Seidenberg, 2017; Willingham, 2017
31. Hood, 2017; Kirschner & van Merrienboer, 2013; Pashler et al., 2009
32. Medin, 2012
33. West, 2009
34. Chida & Hamer, 2008; Martin et al., 2011; Matthews, 2013
35. Chida & Hamer, 2008; Matthews, 2013
36. Vyse, 2017
37. Kachka, 2012, p. 92
38. Lewis, 2017; Novella, 2015
39. Gladwell, 2004
40. Beck, 2014; Reddy, 2016; University of California, 2016
41. Gigerenzer et al., 2007
42. Braver et al., 2014; Card, 2011; Schmidt & Oh, 2016

43. National Reading Panel, 2000; Ehri et al., 2001
44. Myers, 2015, 2017; Robles et al., 2014
45. Simons et al., 2016
46. Schmidt & Oh, 2016
47. Franklin et al., 2017
48. Arkes & Gaissmaier, 2012
49. Chida & Hamer, 2008
50. Currier, Neimeyer & Berman, 2008

第 9 章

1. Jaffee et al., 2012
2. Ferguson, 2013; Furuya-Kanamori & Doi, 2016
3. Ferguson, 2009; Rosenthal, 1990
4. Evans et al., 2013
5. Grant et al., 2015
6. Hariri & Holmes, 2006
7. Dodge & Rutter, 2011
8. Raine, 2008
9. Nolen-Hoeksema et al., 2008
10. Keating, 2007
11. Lilienfeld, 2006
12. Brooks, 2008; Caldwell, 2016; Conard, 2016; Fairless, 2017; Lemann, 2012; Murray, 2012
13. AEI/Brookings Working Group on Poverty, 2015
14. Peterson & Pennington, 2012; Seidenberg, 2017; Tanaka et al., 2011
15. Peterson & Pennington, 2012
16. Cunningham & Zibulsky, 2014; Seidenberg, 2017
17. Engel, 2008
18. Brody, 2011
19. King, 2013; Taubes, 2017
20. Hewer, 2014; University of California, 2015b
21. University of California, 2015b
22. Kolata, 2016b

第 10 章

1. Kalanithi, 2016
2. Grady, 2008
3. Angier, 2007
4. Flint & Albert, 2016; Hemingway, 2016; Lohr & Singer, 2016
5. Gigerenzer et al., 2007
6. Stanovich, West, & Toplak, 2016
7. Silver, 2012
8. Diacu, 2012; Radford, 2016b
9. Silver, 2012
10. Lewis, 2017
11. Hand, 2014; Mazur, 2016
12. 见 Stanovich, 2010
13. Pohl, 2017
14. Croswell et al., 2009
15. 见 Kahneman, 2011
16. Kahneman, 2011
17. Kahneman, 2011
18. Parker-Pope, 2011
19. Petry, 2005
20. Toplak et al., 2007
21. Fischer & Savranevski, 2015; Scholl & Greifeneder, 2011
22. Levy, 2005; Froelich et al., 2009
23. Ziegler & Garfield, 2012
24. Levy, 2005
25. Kahneman, 2011
26. Hastie & Dawes, 2001
27. Baron, 2008
28. Stanovich, 2010
29. Wheelan, 2013
30. Ellenberg, 2014
31. Croskerry, 2013
32. Fischhoff & Kadvany, 2011
33. Gigerenzer et al., 2007
34. Gigerenzer et al., 2007; Groopman, 2007
35. Lewis, 2017; Thaler, 2015; Zwieg, 2008

36. Evans, 2015
37. Gernsbacher, 2007
38. Parry, 2012
39. Dingfelder, 2007, p. 26
40. Weisser et al., 2016
41. Salik, 2016
42. Silver, 2012

第 11 章

1. Ellis, 2016; Kahneman, 2011
2. Bogle, 2015; Ellis, 2016; Investor's Guide, 2017; Malkiel, 2016
3. Ellis, 2016; Malkiel, 2016
4. Kahneman, 2011; Whitson & Galinsky, 2008
5. Lilienfeld et al., 2010, 2012
6. Matute et al., 2011
7. Marks, 2001
8. Kaplan & Kaplan, 2007
9. Mlodinow, 2008
10. O'Connor, 2011
11. Barnett, 2011
12. Kahneman, 2011
13. Kahneman, 2011
14. Seppa, 2006
15. Dokoupil, 2007
16. Kahneman, 2011; Lewis, 2017; Morera & Dawes, 2006; Tetlock & Gardner, 2015
17. Walker, 2013
18. Ellis, 2016; Lewis, 2017
19. Moskowitz & Wertheim, 2011
20. Meehl, 1986
21. Dana et al., 2013
22. Grady, 2009; Groopman, 2007
23. Lewis, 2004
24. 更多例子见 Moskowitz & Wertheim, 2011
25. Epley, 2013

第 12 章

1. Overskeid, 2007
2. Gaynor, 2004
3. Freedman, 2012
4. Steven Pinker, 1997
5. Kahneman, 2011
6. Wegner & Gray, 2016
7. Gilovich & Ross, 2015
8. Tetlock & Gardner, 2015
9. Poppy, 2017; Shermer, 2011
10. Galak et al., 2012; Hand, 2014; Nickell & McGaha, 2015
11. Bem, 2011
12. Galak et al, 2012; Wagenmakers et al., 2011
13. Lilienfeld, 2012; Meyers, 2008
14. Lilienfeld, 2012
15. 见 Korownyk et al., 2014
16. Peterson, 2012
17. Mole, 2016
18. Sharot, 2011
19. Hewer, 2014; University of California, 2015b
20. Peterson, 2013
21. Lewis, 2017
22. Weir, 2015
23. Dawes, 1994
24. Lilienfeld, 2012; Lilienfeld et al., 2014
25. Dawes, 1994, p.vii
26. Lilienfeld, 2012, pp. 122-123
27. Dawes, 1994, p. 21
28. Tracey et al., 2014
29. Baker et al., 2009; Lilienfeld, 2007, 2013
30. Lilienfeld et al., 2014
31. Foa et al., 2013; McNally et al., 2003
32. McNally et al., 2003, p. 56
33. McNally et al., 2003, p. 45
34. Foa et al., 2013; McNally et al., 2003
35. Emery et al., 2005
36. Novotney, 2008

37. Emery et al., 2005
38. Baker et al., 2009, p. 67
39. Begley, 2009
40. Lilienfeld, 2007; Loftus & Guyer, 2002; McHugh, 2008; Patihis et al., 2014
41. Ammirati & Lilienfeld, 2015; Lilienfeld, 2007; Loftus & Guyer, 2002
42. Brainerd & Reyna, 2005; McNally & Geraerts, 2009; Moore & Zoellner, 2007; Patihis et al., 2014
43. Kenney, 2008; Novella, 2015
44. Mook, 2001
45. Gilbert et al., 2016; Open Science Collaboration, 2015
46. Pinker, 2016
47. Fanelli, 2010
48. Duarte et al., 2015
49. Duarte et al., 2015
50. Duarte et al., 2015
51. Pronin, 2007
52. Mooney, 2005
53. Berezow & Campbell, 2012
54. Deary, 2013; Plomin et al., 2016
55. Bertrand et al., 2010; Black et al., 2008; CONSAD, 2009; Kolesnikova & Liu, 2011; O'Neill & O'Neill, 2012; Solberg & Laughlin, 1995
56. Chetty et al., 2014; McLanahan et al., 2013; Murray, 2012
57. Seidenberg, 2017
58. Williams & Ceci, 2015
59. National Academies of Sciences, 2016
60. Vogel, 2016
61. Pinker, 2002
62. Pronin, 2007
63. Duarte et al., 2015
64. Snyderman & Tetlock, 1986; Tetlock, 1994
65. Nisbet et al., 2015, p. 36
66. Brandt et al., 2014; Chambers et al., 2013; Crawford, 2012; Duarte et al., 2015; Jussim et al., 2016; Kahan, 2013; Nisbet et al., 2015; Oswald et al., 2013
67. 见 Jussim et al., 2016
68. Jussim et al., 2016
69. 见 Duarte et al., 2015; Jussim et al., 2016
70. Lukianoff & Haidt, 2015
71. Lilienfeld, 2017
72. Ferguson, 2015
73. Mielczarek & Engler, 2012
74. Lilienfeld, 2005, p. 40
75. Emery et al., 2005; Michaels, 2008

参考文献

American Psychiatric Association (2000). *Diagnostic and statistical manual of mental disorders* (4th ed.; Text Revision). Washington, DC: Author.

Ammirati, R., & Lilienfeld, S. (2015, March). Forget psychological science. *Skeptical Inquirer, 39*(2), 9–10.

Anderson, C. A., & Anderson, K. B. (1996). Violent crime rate studies in philosophical context: A destructive testing approach to heat and Southern culture of violence effects. *Journal of Personality and Social Psychology, 70*, 740–756.

Arkes, H. R., & Gaissmaier, W. (2012). Psychological research and the prostate-cancer screening controversy. *Psychological Science, 23*, 547–553.

Asimov, I. (1989). The relativity of wrong. *Skeptical Inquirer, 14*, 35–44.

Attari, S. Z., DeKay, M. L., Davidson, C. I., & Bruine de Bruin, W. (2010). Public perceptions of energy consumption and savings. *Proceedings of the National Academy of Sciences, 107*, 16054–16059.

Azar, B. (1999, November). Crowder mixes theories with humility. *APA Monitor*, p. 18.

Barnett, A. (2011, December 20). Is 27 really a dangerous age for famous musicians? A retrospective cohort study. *British Medical Journal.*

Beck, D. M. (2010). The appeal of the brain in the popular press. *Perspectives on Psychological Science, 5*, 762–766.

更多参考文献请扫描二维码或登录网址http://box.ptpress.com.cn/y/46453下载。